# 建筑工程施工图设计文件审查要点解读与问题分析

## ——结构专业

魏文彪　主编

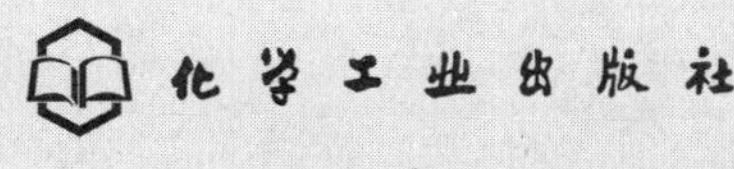


·北京·

## 内容提要

本书参考最新国家标准，以施工图设计文件审查为主导，详细分析了施工图设计文件在审查过程中的常见问题和注意事项。全书共分为七章，包括：施工图审查必备基础；设计总说明审查要领及常见问题；结构计算书审查要领及常见问题；地基与基础审查要领及常见问题；混凝土结构审查要领及常见问题；砌体结构审查要领及常见问题；钢结构审查要领及常见问题。

书中内容翔实、言简意赅、针对性强、循序渐进、深入浅出。本书可供刚走上工作岗位的结构设计人员使用，也可作为从事施工图设计、审核人员的参考用书，还可作为大专院校建筑设计及结构专业师生的参考用书。

**图书在版编目（CIP）数据**

建筑工程施工图设计文件审查要点解读与问题分析——结构专业/魏文彪主编．—北京：化学工业出版社，2015.4
ISBN 978-7-122-23186-4

Ⅰ.①建…　Ⅱ.①魏…　Ⅲ.①建筑结构-结构工程-工程施工-工程制图-设计审评　Ⅳ.①TU204

中国版本图书馆CIP数据核字（2015）第043713号

---

责任编辑：彭明兰
责任校对：徐贞珍
装帧设计：关　飞

---

出版发行：化学工业出版社（北京市东城区青年湖南街13号　邮政编码100011）
印　　装：大厂聚鑫印刷有限责任公司
787 mm×1092 mm　1/16　印张14¼　字数330千字　　2015年6月北京第1版第1次印刷

---

购书咨询：010-64518888（传真：010-64519686）　售后服务：010-64518899
网　　址：http://www.cip.com.cn
凡购买本书，如有缺损质量问题，本社销售中心负责调换。

---

**定　　价：45.00元**

# 前　言

随着我国国民经济的飞速发展，建筑业已成为当今最具有活力的一个行业。纵观全国，数以万计的高楼拔地而起；公路建设、铁路建设发展迅猛，成就斐然，纵横交错的公路网，铁路网不断延伸、完善。而建筑业行业的卓越成就，会更进一步推动国民经济的健康持续稳定增长。所以，努力发展建筑业行业，有利于各行业的共同进步，也可以把我国经济建设推入一个良性循环之中。

目前，建设工程规模的日益扩大促使建设施工队伍不断增加，这也严重考验着建设行业的综合素质，而要想监督和管理建设工程，就一定要从开端入手，即从施工图设计文件入手。

施工图设计文件是建筑工程施工的依据之一，而且是重中之重。建筑工程施工图设计文件审查，是建设行政主管部门对建筑工程勘察设计质量进行监督管理的重要环节，也是政府强制实施的一项工作。这项工作的开展可以有效地保护国家财产和人民生命安全，进而维护勘察设计市场秩序，保证基本建设的顺利进行。

为此，我们精心编写了本套图书，目的就是让设计人员能够快速提高自己的专业技能，培养设计人员具备按照国家标准，正确设计施工图的能力。同时，本套丛书中提出大量常见问题、共性问题，也为设计及审查人员敲了警钟，有助于相关人员对新规范的理解，提高自己的专业技术水平，最终确保建筑的安全和维护公众的利益。

本套图书遵循认知规律，将理论基础与实际工程紧密结合，以新规范为指导，通过大量的常见问题列举，循序渐进地介绍了施工图设计文件审查的思路、流程、技巧及注意事项。

本套图书共分为四个分册：

《建筑工程施工图设计文件审查要点解读与问题分析——建筑专业》；

《建筑工程施工图设计文件审查要点解读与问题分析——结构专业》；

《建筑工程施工图设计文件审查要点解读与问题分析——水暖专业》；

《建筑工程施工图设计文件审查要点解读与问题分析——电气专业》。

本套图书主要作为相关专业院校的辅导教材，也可作为从事施工图设计、审核人员的参考用书。

本书由魏文彪主编，第一章由刘海明、刘娇编写；第二章由魏文彪、李仲杰、编写；第三章由魏文彪、朱思光编写；第四章由魏文彪编写；第五章由李仲杰、祖兆旭编写；第六章由张忍忍、王文慧编写；第七章由付亚东、梁燕编写。

由于编者的水平有限，疏漏之处在所难免，恳请广大同仁及读者不吝赐教，同时，本书在编写过程中，参考了大量的文献资料，吸收了该学科目前研究的最新成果，特别是援引、借鉴、改编了大量的案例和训练素材，编者在此对上述文献的作者一并表示致敬和感谢！

**编　者**

**2015 年 1 月**

# 目录

# 第一章
# 施工图审查必备基础

## 第一节　施工图文件设计原则

### 一、建筑结构设计原则

① 建筑结构设计中，要结合工程的具体情况精心设计，做到安全适用、经济合理、技术先进和确保质量。

② 设计前，必须对建筑物的安全性、耐久性和舒适性等使用要求，以及施工技术条件、材料供应情况及工程地质、地形等情况进行补充调查研究，做到心中有数，以使设计符合实际情况。

③ 在确保工程质量与安全的前提下，结构设计应积极采用和推广成熟的新结构、新技术、新材料和新工艺，所选结构设计方案应有利于加快建设速度。

④ 在设计中，应与建筑专业、设备专业和施工单位密切配合。设计应重视结构选型、结构计算和结构构造，根据功能要求选用安全适用、经济合理、便于施工的结构方案。

a. 结构选型是结构设计的首要环节，必须慎重对待。对高风压区和地震区应力求选用承载能力高，抗风力及抗震性能好的结构体系和结构布置方案，应使选用的结构体系受力明确、传力简捷。

b. 结构计算是结构设计的基础，计算结果是结构设计的依据，必须认真对待。设计中选择合适的计算假定、计算简图、计算方法及计算程序，是得到正确计算结果的关键。当前结构设计中大量采用计算机，设计中必须保证输入信息和数据正确无误，对计算结果进行仔细分析，保证安全。

c. 结构构造是结构设计的保证，构造设计必须从概念设计入手，加强连接，保证结构有良好的整体性、足够的强度和适当的刚度。对有抗震设防要求的结构，尚应保证结构的弹塑性和延性；对结构的关键部位和薄弱部位，以及施工操作有一定困难的部位或将来使用上可能有变化的部位，应采取加强构造措施，并在设计中适当留有余地，以策安全。

d. 在设计中选用构配件标准图和通用图时，应按次序采用国家标准图、区标准图和省通用图，并应结合工程的具体使用情况，对构配件的设计、计算和构造进行必要的复核和修改补充，以保证结构安全和设计质量。

e. 建筑物所在地区的抗震烈度应由工程地质勘察报告提供。工程中如发现实际情况与《建筑抗震设计规范》(GB 50011—2010) 附录 A 的基本烈度表有矛盾时，应协助建设单位委托有关部门做进一步的地震烈度论证后再予采用。

f. 民用建筑结构设计尚应符合《建筑设计防火规范》(GB 50016—2014) 等有关条文的要求，应根据建筑的耐火等级、燃烧性能和耐火极限，正确地选择结构与构件的防火与抗火措施，如相应保护层的厚度等。

## 二、建筑抗震设计原则

**1. 抗震设计基本原则**

① 抗震设防烈度为 6 度及以上地区的建筑，必须进行抗震设防设计。

② 抗震设防烈度必须按国家规定的权限审批、颁发的文件（图件）确定。

③ 按照《建筑抗震设计规范》(GB 50011—2010) 的规定，抗震设计所能达到的抗震设防的目标是："小震不坏、中震可修、大震不倒"。

④ 建筑设计应根据抗震概念设计的要求明确建筑形体的规则性。不规则的建筑方案应按规定采取加强措施；特别不规则的建筑方案应进行专门研究和论证，采取特别的加强措施；严重不规则的建筑不应采用。

⑤ 结构体系应符合下列各项要求。

a. 应具有明确的计算简图和合理的地震作用传递途径。

b. 应避免因部分结构或构件破坏而导致整个结构丧失抗震能力或对重力荷载的承载能力。

c. 应具备必要的抗震承载力、良好的变形能力和消耗地震能量的能力。

d. 对可能出现的薄弱部位，应采取措施提高抗震能力。

⑥ 结构体系宜符合下列各项要求。

a. 宜有多道抗震防线。

b. 宜具有合理的刚度和承载力分布，避免因局部削弱或突变形成薄弱部位，产生过大的应力集中或塑性变形集中。

c. 结构在两个主轴方向的动力特性宜相近。

**2. 结构构件设计原则**

① 钢筋混凝土框架、框筒的设计宜符合"四强、四弱"准则。

a. "强节点弱杆件"——框架梁、柱节点域的截面抗震验算，应符合《建筑抗震设计规范》(GB 50011—2010) 附录 D 的要求，使杆件破坏先于节点破坏。

b. "强柱弱梁"——框架各楼层节点的柱端弯矩设计值，应符合《建筑抗震设计规范》(GB 50011—2010) 第 6.2.2、6.2.3、6.2.6 和 6.2.10 条的要求，使梁端破坏先于柱端破坏。

c. "强剪弱弯"——框架梁、柱的截面尺寸应满足《建筑抗震设计规范》(GB 50011—

2010）第 6.3.1、6.3.3 条的要求，框架梁端截面和框架柱的剪力设计值，应分别符合《建筑抗震设计规范》（GB 50011—2010）第 6.2.4、6.2.5 条的要求，使梁柱的弯曲破坏先于剪切破坏。

d. “强压弱拉”——框架柱的截面尺寸应满足《建筑抗震设计规范》（GB 50011—2010）第 6.3.5 条的要求。框架梁、柱的纵向受拉钢筋和箍筋的配置，应分别符合《建筑抗震设计规范》（GB 50011—2010）第 6.3.3、6.3.7 条和 6.3.8～6.3.10 条的要求，使梁、柱截面受拉区钢筋的屈服先于受压区混凝土的压碎。

② 有地震作用效应组合时，仅重力荷载作用下可考虑对钢筋混凝土框架梁端的负弯矩设计值以调幅系数进行调幅。

③ 钢筋混凝土结构高层建筑中、上段的设备层（兼作结构转换层的情况除外），因层高突然减小，使全部框架柱的剪跨比均不大于 2 时，对剪跨比不大于 2 但不小于 1.5 的柱的轴压比限值应比剪跨比大于 2 的数值减小 0.05，对剪跨比小于 1.5 的柱的轴压比限值应专门研究并采取特殊构造措施；对剪跨比均不大于 2 的柱的箍筋加密区取柱全高范围，其箍筋加密区范围内的最小体积配箍率，应符合《建筑抗震设计规范》（GB 50011—2010）第 6.3.9 条的规定。

④ 设置地下室的多层、高层建筑，地下结构钢筋混凝土柱和型钢混凝土柱的轴压比限值可按《建筑抗震设计规范》（GB 50011—2010）中相应的数值增加 0.1。

⑤ 一级框架的钢筋混凝土梁端箍筋加密区段内，宜在距梁底面 200mm 高度处设置 $\phi$8 横向拉筋，其纵向间距和箍筋相同。

⑥ 高层建筑宜设置地下室。当地下室的层数较多时，为使深基坑能采用造价低、工期短的自支护系统，地下结构宜采用钢管混凝土柱或型钢混凝土柱，并采用逆作业法施工。

⑦ 对钢结构高层建筑，为减缓地下结构到上部钢结构的侧向刚度突变，底层或底部两层宜采用型钢混凝土结构作为过渡层。

⑧ 为确保结构具有足够的延性，所采用高强混凝土的强度等级，8、9 度时宜分别不超过 C70 和 C60，而且在构造方面应符合《建筑抗震设计规范》（GB 50011—2010）附录 B 的规定。

⑨ 多、高层建筑的顶层为空旷大厅时，除对结构进行弹性时程分析外，对顶层结构构件宜采取高一等级的抗震构造措施，以增强其适应较大变形的能力。

⑩ 对转换层楼盖的托柱梁、托墙梁，作用于其跨间的上层柱（或墙肢）由地震倾覆力矩引起的附加轴压力，宜乘以增大系数 1.5。

## 三、建筑荷载设计原则

① 民用建筑设计时，对其承受的永久荷载和可变荷载应按《建筑结构荷载规范》（GB 50009—2012）的有关规定取值。施工过程中的临时荷载可按预期的最大合理值确定。应避免在建筑设计使用年限内由于设计不周发生结构构件不应有的超载。

② 对重要建筑物、中外合资工程或国外工程，可根据业主的要求确定楼面活荷载标准值。设计时宜考虑使用期间设备更新或用途变更的可能，适当增大楼面活荷载标准值。对办公用房一般不宜小于 2.5kPa。

③《建筑结构荷载规范》(GB 50009—2012) 及其他有关设计规范中未予明确的楼面活荷载标准值，可根据在楼面上活动的人和设施的不同状况，粗略地将其标准值 ($L_k$) 分为七个档次。

a. 活动的人很少 $L_k=2.0$kPa。

b. 活动的人较多且有设备 $L_k=2.5$kPa。

c. 活动的人很多且有较重的设备 $L_k=3.0$kPa。

d. 活动的人很集中，有时很挤或有较重的设备 $L_k=3.5$kPa。

e. 活动的性质比较剧烈 $L_k=4.0$kPa。

f. 储存物品的仓库 $L_k=5.0$kPa。

g. 有大型的机械设备 $L_k=$ (6～7.5) kPa。

注：设计人员可根据工程的实际情况对照上述类别选用。但当有特别重的设备时（如医院的核磁共振设备室、银行的保管箱用房等），应根据实际情况另行考虑。

④ 确定建筑物的风荷载体型系数 $\mu_s$时，可采用以下规定。

a. 当建筑物与《建筑结构荷载规范》(GB 50009—2012) 表 8.3.1 中的体型类同时，可按该表的规定采用。

b. 当建筑物与《建筑结构荷载规范》(GB 50009—2012) 表 8.3.1 中的体型不同时，可按有关资料采用；当无资料时，宜由风洞试验确定。

c. 对于重要且体型复杂的建筑物，应由风洞试验确定。

⑤ 对风荷载比较敏感的高层建筑，承载力设计时应按基本风压的 1.1 倍采用。

⑥ 设计屋面结构构件时应按《建筑结构荷载规范》(GB 50009—2012) 的规定考虑不均匀积雪分布的不利影响。

⑦ 计算建筑物地震作用时，应符合《建筑抗震设计规范》(GB 50011—2010) 的规定在计算中应考虑楼梯构件的影响。

⑧ 当建筑物体量过大、体型复杂或平面过长时，由于温度变化、材料收缩和徐变、地基不均匀变形等原因可能对结构产生较大的附加作用力，应根据建筑物的实际情况在适当部位采取后浇带、温度伸缩缝、沉降缝等措施，将建筑物分割成若干单元以减少上述原因产生的结构附加内力；也可通过计算手段估算结构中的附加内力并采取相应设计措施。

⑨ 结构构件按承载能力极限状态设计时，应按荷载效应的基本组合进行荷载（效应）组合，并应采用下列表达式进行设计。

a. 持久设计状况、短暂设计状况：

$$\gamma_0 S_d \leqslant R_d$$

b. 地震设计状况：

$$S_d \leqslant R_d/\gamma_{RE}$$

式中 $\gamma_0$——结构重要性系数，对安全等级为一级的结构构件不应小于 1.1，对安全等级为二级的结构构件不应小于 1.0；

$S_d$——作用组合效应的设计值，应符合《高层建筑混凝土结构技术规程》(JGJ 3—2010) 第 5.6.1～5.6.4 条的规定；

$R_d$——构件承载力设计值；

$\gamma_{RE}$——构件承载力抗震调整系数。

⑩ 结构构件荷载效应的基本组合设计值应按下列公式确定。

a. 持久设计状况、短暂设计状况：

$$S_d=\gamma_G S_{Gk}+\gamma_L \psi_Q \gamma_Q S_{Qk}+\psi_w \gamma_w S_{wk}$$

b. 地震设计状况：

$$S_d=\gamma_G S_{GE}+\gamma_{Eh} S_{Ehk} \gamma_{Ev} S_{Evk}+\psi_w \gamma_w S_{wk}$$

式中　$S_{Gk}$——永久荷载效应标准值；

$S_{Qk}$——楼面活荷载效应标准值；

$S_{wk}$——风荷载效应标准值；

$\gamma_G$——永久荷载分项系数；

$\gamma_Q$——楼面活荷载分项系数；

$\gamma_L$——考虑结构设计使用年限的荷载调整系数，设计使用年限为50年时取1.0，设计使用年限为100年时取1.1；

$\gamma_W$——风荷载的分项系数；

$\psi_Q$、$\psi_w$——分别为楼面活荷载组合值系数和风荷载组合值系数，当永久荷载效应起控制作用时应分别取0.7和0.0；当可变荷载效应起控制作用时应分别取1.0和0.6或0.7和1.0；

$S_{GE}$——重力荷载代表值的效应；

$S_{Ehk}$——水平地震作用标准值的效应，尚应乘以相应的增大系数、调整系数；

$S_{Evk}$——竖向地震作用标准值的效应，尚应乘以相应的增大系数、调整系数；

$\gamma_{Eh}$——水平地震作用分项系数；

$\gamma_{Ev}$——竖向地震作用分项系数。

## 第二节　施工图文件审查要领

### 一、审查依据

**1. 设计总说明**

见《建筑工程设计文件编制深度规定》(2008年版)。

4.4.3　结构设计总说明。每一单项工程应编写一份结构设计总说明，对多子项工程应编写统一的结构设计总说明。当工程以钢结构为主或包含较多的钢结构时，应编制钢结构设计总说明。当工程较简单时，亦可将总说明的内容分散写在相关部分图纸中。

结构设计总说明应包括以下内容：

1　工程概况。

2　设计依据。

1）主体结构设计使用年限；

2）自然条件：基本风压、基本雪压、抗震设防烈度等；

3）工程地质勘察报告；

4）场地地震安全性评价报告；（编者注：按规定不需地震安全性评价的除外。）

5）风洞试验报告；（编者注：按规定不需进行风洞试验的除外。）

7）初步设计的审查、批复文件；（编者注：按规定不需进行初步设计审查、批复的除外。）

9）采用桩基础时，应有试桩报告或深层平板载荷试验报告或基岩载荷板试验报告（若试桩或试验尚未完成，应注明桩基础图不得用于实际施工）（编者注：相关标准规定可以不做试验的除外）。

10）本专业设计所执行的主要法规和所采用的主要标准（包括标准的名称、编号、年号和版本号）。

3　图纸说明。

2）设计±0.000标高所对应的绝对标高值；

6）混凝土结构采用平面整体表示方法时，应注明所采用的标准图名称及编号或提供标准图。

4　建筑分类等级。应说明下列建筑分类等级及所依据的规范或批文：

1）建筑结构安全等级；

2）地基基础设计等级；

3）建筑抗震设防类别；

4）结构抗震等级；

6）人防地下室的设计类别、防常规武器抗力级别和防核武器抗力级别；

7）建筑防火分类等级和耐火等级；

8）混凝土构件的环境类别。

5　主要荷载（作用）取值。

7　主要结构材料。

8　基础及地下室工程。

1）工程地质及水文地质概况，各主要土层的压缩模量及承载力特征值等；对不良地基的处理措施及技术要求，抗液化措施及要求，地基土的冰冻深度等；

2）注明基础形式和基础持力层；采用桩基时应简述桩型、桩径、桩长、桩端持力层及桩进入持力层的深度要求，设计所采用的单桩承载力特征值（必要时尚应包括竖向抗拔承载力和水平承载力）等；

3）地下室抗浮（防水）设计水位及抗浮措施。

**2. 抗震设计**

见《建筑工程抗震设防分类标准》（GB 50223—2008）。

3.0.1　建筑抗震设防类别划分，应根据下列因素的综合分析确定：

4　建筑各区段的重要性有显著不同时，可按区段划分抗震设防类别。下部区段的类别不应低于上部区段。

注：区段指由防震缝分开的结构单元、平面内使用功能不同的部分、或上下使用功能不同的部分。

3.0.4　本标准仅列出主要行业的抗震设防类别的建筑示例；使用功能、规模与示例类似或相近的建筑，可按该示例划分其抗震设防类别。本标准未列出的建筑宜划为标准设防类。

注：主要行业的抗震设防类别的建筑示例，详见本标准第4、5、6、7、8章。

见《建筑抗震设计规范》(GB 50011—2010)。

3.4.3　建筑形体及其构件布置的平面、竖向不规则性，应按下列要求划分：

1　混凝土房屋、钢结构房屋和钢—混凝土混合结构房屋存在表3.4.3-1所列举的某项平面不规则类型或表3.4.3-2所列举的某项竖向不规则类型以及类似的不规则类型，应属于不规则的建筑。

**表 3.4.3-1　平面不规则的主要类型**

| 不规则类型 | 定义及参考指标 |
| --- | --- |
| 扭转不规则 | 在规定的水平力作用下，楼层的最大弹性水平位移（或层间位移），大于该楼层两端弹性水平位移（或层间位移）平均值的1.2倍 |
| 凹凸不规则 | 平面凹进尺寸，大于相应投影方向总尺寸的30% |
| 楼板局部不连续 | 楼板的尺寸和平面刚度急剧变化 |

**表 3.4.3-2　竖向不规则的主要类型**

| 不规则类型 | 定义及参考指标 |
| --- | --- |
| 侧向刚度不规则 | 该层的侧向刚度小于相邻上一层的70%，或小于其上相邻三个楼层侧向刚度平均值的80%；除顶层或出屋面小建筑外，局部收进的水平向尺寸大于相邻下一层的25% |
| 竖向抗侧力构件连续 | 竖向抗侧力构件（柱、抗震墙、抗震支撑）的内力由水平转化构件（梁、桁架）向下传递 |
| 楼层承载力突变 | 抗侧力结构的层间受剪承载力小于相邻上一楼层的80% |

3　当存在多项不规则或某项不规则超过规定的参考指标较多时，应属于特别不规则的建筑。

3.4.4　建筑形体及其构件布置不规则时，应按下列要求进行地震作用计算和内力调整，并应对薄弱部位采取有效的抗震构造措施：

1　平面不规则而竖向规则的建筑，应采用空间结构计算模型，并应符合下列要求：

1）扭转不规则时，应计入扭转影响，且楼层竖向构件最大的弹性水平位移和层间位移分别不宜大于楼层两端弹性水平位移和层间位移平均值的1.5倍，当最大层间位移远小于规范限值时，可适当放宽；

2）凹凸不规则或楼板局部不连续时，应采用符合楼板平面内实际刚度变化的计算模型；高烈度或不规则程度较大时，宜计入楼板局部变形的影响；

3）平面不对称且凹凸不规则或局部不连续，可根据实际情况分块计算扭转位移比，对扭转较大的部位应采用局部的内力增大系数。

2 平面规则而竖向不规则的建筑，应采用空间结构计算模型，刚度小的楼层的地震剪力应乘以不小于1.15的增大系数，其薄弱层应按本规范有关规定进行弹塑性变形分析，并应符合下列要求：

1）竖向抗侧力构件不连续时，该构件传递给水平转换构件的地震内力应根据烈度高低和水平转换构件的类型、受力情况、几何尺寸等，乘以1.25～2.0的增大系数；

2）侧向刚度不规则时，相邻层的侧向刚度比应依据其结构类型符合本规范相关章节的规定；

3）楼层承载力突变时，薄弱层抗侧力结构的受剪承载力不应小于相邻上一楼层的65%。

3 平面不规则且竖向不规则的建筑，应根据不规则类型的数量和程度，有针对性地采取不低于本条1、2款要求的各项抗震措施。特别不规则的建筑，应经专门研究，采取更有效的加强措施或对薄弱部位采用相应的抗震性能化设计方法。

5.1.2 各类建筑结构的抗震计算，应采用下列方法：

3 特别不规则的建筑、甲类建筑和表5.1.2-1所列高度范围的高层建筑，应采用时程分析法进行多遇地震下的补充计算；当取三组加速度时程曲线输入时，计算结果宜取时程法的包络值和振型分解反应谱法的较大值；当取七组及七组以上的时程曲线时，计算结果可取时程法的平均值和振型分解反应谱法的较大值。

采用时程分析法时，应按建筑场地类别和设计地震分组选用实际强震记录和人工模拟的加速度时程曲线，其中实际强震记录的数量不应少于总数的2/3，多组时程曲线的平均地震影响系数曲线应与振型分解反应谱法所采用的地震影响系数曲线在统计意义上相符，其加速度时程的最大值可按表5.1.2-2采用。弹性时程分析时，每条时程曲线计算所得结构底部剪力不应小于振型分解反应谱法计算结果的65%，多条时程曲线计算所得结构底部剪力的平均值不应小于振型分解反应谱法计算结果的80%。

**表5.1.2-1 采用时程分析的房屋高度范围**

| 烈度、场地类别 | 房屋高度范围/m |
|---|---|
| 8度Ⅰ、Ⅱ类场地和7度 | >100 |
| 8度Ⅲ、Ⅳ类场地 | >80 |
| 9度 | >60 |

**表5.1.2-2 时程分析所用地震加速度时程的最大值** 单位：$cm/s^2$

| 地震影响 | 6度 | 7度 | 8度 | 9度 |
|---|---|---|---|---|
| 多遇地震 | 18 | 35（55） | 70（110） | 140 |

续表

| 地震影响 | 6度 | 7度 | 8度 | 9度 |
|---|---|---|---|---|
| 罕遇地震 | 125 | 220（310） | 400（510） | 620 |

注：括号内数值分别用于设计基本地震加速度为0.15$g$和0.30$g$的地区。

5.3.2 跨度、长度小于本规范第5.1.2条第5款规定且规则的平板型网架屋盖和跨度大于24m的屋架、屋盖横梁及托架的竖向地震作用标准值，宜取其重力荷载代表值和竖向地震作用系数的乘积；竖向地震作用系数可按表5.3.2采用。

**表5.3.2 竖向地震作用系数**

| 结构类型 | 烈度 | 场地类别 | | |
|---|---|---|---|---|
| | | Ⅰ | Ⅱ | Ⅲ、Ⅳ |
| 平板型网架、钢屋架 | 8 | 可不计算<br>（0.10） | 0.08<br>（0.12） | 0.10<br>（0.15） |
| | 9 | 0.15 | 0.15 | 0.20 |
| 钢筋混凝土屋架 | 8 | 0.10<br>（0.15） | 0.13<br>（0.19） | 0.13<br>（0.19） |
| | 9 | 0.20 | 0.25 | 0.25 |

注：括号中数值用于设计基本地震加速度为0.30g的地区。

5.3.3 长悬臂构件和不属于本规范第5.3.2条的大跨结构的竖向地震作用标准值，8度和9度可分别取该结构、构件重力荷载代表值的10%和20%，设计基本地震加速度为0.30g时，可取该结构、构件重力荷载代表值的15%。

5.5.1 表5.5.1所列各类结构应进行多遇地震作用下的抗震变形验算，其楼层内最大的弹性层间位移应符合下式要求：

$$\Delta u_e \leqslant [\theta_e] h \tag{5.5.1}$$

式中 $\Delta u_e$——多遇地震作用标准值产生的楼层内最大的弹性层间位移；计算时，除以弯曲变形为主的高层建筑外，可不扣除结构整体弯曲变形；应计入扭转变形，各作用分项系数均应采用1.0；钢筋混凝土结构构件的截面刚度可采用弹性刚度；

$[\theta_e]$——弹性层间位移角限值，宜按表5.5.1采用；

$h$——计算楼层层高。

**表5.5.1 弹性层间位移角限值**

| 结构类型 | $[\theta_e]$ |
|---|---|
| 钢筋混凝土框架 | 1/550 |
| 钢筋混凝土框架-抗震墙、板柱-抗震墙、框架-核心筒 | 1/800 |
| 钢筋混凝土抗震墙、筒中筒 | 1/1000 |

续表

| 结构类型 | $[\theta_e]$ |
| --- | --- |
| 钢筋混凝土框支层 | 1/1000 |
| 多、高层钢结构 | 1/250 |

5.5.2 结构在罕遇地震作用下薄弱层的弹塑性变形验算，应符合下列要求：

1 下列结构应进行弹塑性变形验算：

1）8度Ⅲ、Ⅳ类场地和9度时，高大的单层钢筋混凝土柱厂房的横向排架；

2）7～9度时楼层屈服强度系数小于0.5的钢筋混凝土框架结构和框排架结构；

3）高度大于150m的结构；

4）甲类建筑和9度时乙类建筑中的钢筋混凝土结构和钢结构；

5）采用隔震和消能减震设计的结构。

2 下列结构宜进行弹塑性变形验算：

1）本规范表5.1.2-1所列高度范围且属于本规范表3.4.3-2所列竖向不规则类型的高层建筑结构；

2）7度Ⅲ、Ⅳ类场地和8度时乙类建筑中的钢筋混凝土结构和钢结构；

3）板柱-抗震墙结构和底部框架砌体房屋；

4）高度不大于150m的其他高层钢结构；

5）不规则的地下建筑结构及地下空间综合体。

注：楼层屈服强度系数为按钢筋混凝土构件实际配筋和材料强度标准值计算的楼层受剪承载力和按罕遇地震作用标准值计算的楼层弹性地震剪力的比值；对排架柱，指按实际配筋面积、材料强度标准值和轴向力计算的正截面受弯承载力与按罕遇地震作用标准值计算的弹性地震弯矩的比值。

5.5.5 结构薄弱层（部位）弹塑性层间位移应符合下式要求：

$$\Delta u_p \leqslant [\theta_p]\, h \tag{5.5.5}$$

式中 $[\theta_p]$——弹塑性层间位移角限值，可按表5.5.5采用；对钢筋混凝土框架结构，当轴压比小于0.40时，可提高10%；当柱子全高的箍筋构造比本规范第6.3.9条规定的体积配箍率大30%时，可提高20%，但累计不超过25%。

$h$——弱层楼层高度或单层厂房上柱高度。

**表5.5.5 弹塑性层间位移角限值**

| 结构类型 | $[\theta_p]$ |
| --- | --- |
| 单层钢筋混凝土柱排架 | 1/30 |
| 钢筋混凝土框架 | 1/50 |
| 底部框架砌体房屋中的框架-抗震墙 | 1/100 |
| 钢筋混凝土框架-抗震墙、板柱-抗震墙、框架-核心筒 | 1/100 |
| 钢筋混凝土抗震墙、筒中筒 | 1/120 |

续表

| 结构类型 | $[\theta_p]$ |
| --- | --- |
| 多、高层钢结构 | 1/50 |

**3. 地基与基础**

（1）基本规定　《建筑地基基础设计规范》（GB 50007—2011）

3.0.1　地基基础设计应根据地基复杂程度、建筑物规模和功能特征以及由于地基问题可能造成建筑物破坏或影响正常使用的程度分为三个设计等级，设计时应根据具体情况，按表3.0.1选用。

**表3.0.1　地基基础设计等级**

| 设计等级 | 建筑和地基类型 |
| --- | --- |
| 甲级 | 重要的工业与民用建筑物；<br>30层以上的高层建筑；<br>体型复杂、层数相差超过10层的高低层连成一体；<br>建筑物；<br>大面积的多层地下建筑物（如地下车库、商场、运动场等）；<br>对地基变形有特殊要求的建筑物；<br>复杂地质条件下的坡上建筑物（包括高边坡） |
| 甲级 | 对原有工程影响较大的新建建筑物；<br>场地和地基条件复杂的一般建筑物；<br>位于复杂地质条件及软土地区的二层及二层以上；<br>地下室的基坑工程；<br>开挖深度大于15m的基坑工程；<br>周边环境条件复杂、环境保护要求高的基坑工程 |
| 乙级 | 除甲级、丙级以外的工业与民用建筑物；<br>除甲级、丙级以外的基坑工程 |
| 丙级 | 场地和地基条件简单、荷载分布均匀的七层及七层以下民用建筑及一般工业建筑；次要的轻型建筑物。<br>非软土地区且场地地质条件简单、基坑周边环境条件简单、环境保护要求不高且开挖深度小于5.0m的基坑工程 |

（2）基础的埋置深度　《建筑地基基础设计规范》（GB 50007—2011）

5.1.4　在抗震设防区，除岩石地基外，天然地基上的箱形和筏形基础其埋置深度不宜小于建筑物高度的1/15；桩箱或桩筏基础的埋置深度（不计桩长）不宜小于建筑物高度的1/18。

（3）地基承载力计算　《建筑地基基础设计规范》（GB 50007—2011）

5.2.1 基础底面的压力，应符合下列规定。

1 当轴心荷载作用时：

$$p_k \leqslant f_a \quad (5.2.1\text{-}1)$$

式中 $p_k$——相应于作用的标准组合时，基础底面处的平均压力值（kPa）；

$f_a$——修正后的地基承载力特征值（kPa）。

2 当偏心荷载作用时，除符合式（5.2.1-1）要求外，尚应符合下式规定：

$$P_{kmax} \leqslant 1.2f_a \quad (5.2.1-2)$$

式中 $P_{kmax}$——相应于作用的标准组合时，基础底面边缘的最大压力值（kPa）。

5.2.4 当基础宽度大于3m或埋置深度大于0.5m时，从载荷试验或其他原位测试、经验值等方法确定的地基承载力特征值，尚应按下式修正：

$$f_a = f_{ak} + \eta_b\gamma(b-3) + \eta_d\gamma_m(d-0.5) \quad (5.2.4)$$

式中 $f_a$——修正后的地基承载力特征值（kPa）；

$f_{ak}$——地基承载力特征值（kPa），按本规范第5.2.3条的原则确定；

$\eta_b$、$\eta_d$——基础宽度和埋置深度的地基承载力修正系数，按基底下土的类别查表5.2.4取值；

$\gamma$——基础底面以下土的重度（$kN/m^3$），地下水位以下取浮重度；

$b$——基础底面宽度（m），当基础底面宽度小于3m时按3m取值，大于6m时按6m取值；

$\gamma_m$——基础底面以上土的加权平均重度（$kN/m^3$），位于地下水位以下的土层取有效重度；

$d$——基础埋置深度（m），宜自室外地面标高算起。在填方整平地区，可自填土地面标高算起，但填土在上部结构施工后完成时，应从天然地面标高算起。对于地下室，当采用箱形基础或筏基时，基础埋置深度自室外地面标高算起；当采用独立基础或条形基础时，应从室内地面标高算起。

**表5.2.4 承载力修正系数**

| 土的类别 | | $\eta_b$ | $\eta_d$ |
|---|---|---|---|
| 淤泥和淤泥质土 | | 0 | 1.0 |
| 人工填工；<br>$e$ 或 $I_L$ 大于等于0.85的黏性土 | | 0 | 1.0 |
| 红黏土 | 含水比 $\alpha_w$ ＞0.8； | 0 | 1.2 |
| | 含水比 $\alpha_w \leqslant 0.8$ | 0.15 | 1.4 |
| 大面积压实填土 | 压实系数大于0.95、黏粒含量 $\rho_c \geqslant 10\%$ 的粉土； | 0 | 1.5 |
| | 最大干密度大于2100kg/$m^3$ 的级配砂石 | 0 | 2.0 |
| 粉土 | 黏粒含量 $\rho_c \geqslant 10\%$ 的粉土； | 0.3 | 1.5 |
| | 黏粒含量 $\rho_c < 10\%$ 的粉土 | 0.5 | 2.0 |

续表

| 土的类别 | $\eta_b$ | $\eta_d$ |
|---|---|---|
| $e$ 及 $I_L$ 均小于 0.85 的黏性土； | 0.3 | 1.6 |
| 粉砂、细砂（不包括很湿与饱和时的稍密状态）； | 2.0 | 3.0 |
| 中砂、粗砂、砾砂和碎石土 | 3.0 | 4.4 |

注：1. 强风化和全风化的岩石，可参照所风化成的相应土类取值，其他状态下的岩石不修正。

2. 地基承载力特征值按本规范附录 D 深层平板载荷试验确定时 $\eta_d$ 取 0。

3. 含水比是指土的天然含水量与液限的比值。

4. 大面积压实填土是指填土范围大于两倍基础宽度的填土。

5.2.7 当地基受力层范围内有软弱下卧层时，应符合下列规定。

1 应按下式验算软弱下卧层的地基承载力：

$$p_z + p_{cz} \leqslant f_{az} \tag{5.2.7-1}$$

式中 $p_z$——相应于作用的标准组合时，软弱下卧层顶面处的附加压力值（kPa）；

$p_{cz}$——软弱下卧层顶面处土的自重压力值（kPa）；

$f_{az}$——软弱下卧层顶面处经深度修正后的地基承载力特征值（kPa）。

（4）**地基稳定性验算** 《建筑地基基础设计规范》（GB 50007—2011）

5.4.2 位于稳定土坡坡顶上的建筑，应符合下列规定。

1 对于条形基础或矩形基础，当垂直于坡顶边缘线的基础底面边长小于或等于 3m 时，其基础底面外边缘线至坡顶的水平距离（图 5.4.2）应符合下式要求，且不得小于 2.5m。

条形基础：

$$a \geqslant 3.5b - \frac{d}{\tan\beta} \tag{5.4.2-1}$$

矩形基础：

$$a \geqslant 2.5b - \frac{d}{\tan\beta} \tag{5.4.2-2}$$

式中 $a$——基础底面外边缘线至坡顶的水平距离（m）；

$b$——垂直于坡顶边缘线的基础底面边长（m）；

$d$——基础埋置深度（m）；

$\beta$——边坡坡角（°）。

2 当基础底面外边缘线至坡顶的水平距离不满足式（5.4.2-1）、式（5.4.2-2）的要求时，可根据基底平均压力按式（5.4.1）确定基础距坡顶边缘的距离和基础埋深。

3 当边坡坡角大于 45°、坡高大于 8m 时，尚应按式（5.4.1）验算坡体稳定性。

5.4.3 建筑物基础存在浮力作用时应进行抗浮稳定性验算，并应符合下列规定。

1 对于简单的浮力作用情况，基础抗浮稳定性应符合下式要求：

$$\frac{G_k}{N_{w,k}} \geqslant k_w \tag{5.4.3}$$

式中 $G_k$——建筑物自重及压重之和（kN）；

$N_{w,k}$——浮力作用值（kN）；

$k_w$——抗浮稳定安全系数。一般情况下可取1.05。

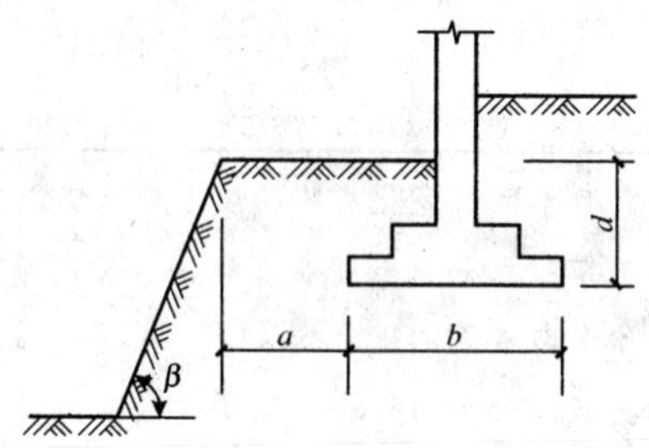


**图 5.4.2 基础底面外边缘线至坡顶的水平距离示意**

6.7.5 挡土墙的稳定性验算应符合下列规定：

1 抗滑移稳定性应按下列公式进行验算（图 6.7.5-1）：

$$\frac{(G_n+E_{an})\ \mu}{E_{at}-G_t}\geqslant 1.3 \tag{6.7.5-1}$$

$$G_n=G\cos\alpha_0 \tag{6.7.5-2}$$

$$G_\tau=G\sin\alpha_0 \tag{6.7.5-3}$$

$$E_{at}=E_a\sin(\alpha-\alpha_0-\delta) \tag{6.7.5-4}$$

$$E_{an}=E_a\cos(\alpha-\alpha_0-\delta) \tag{6.7.5-5}$$

式中 $G$——挡土墙每延米自重（kN）；

$\alpha_0$——挡土墙基底的倾角（°）；

$\alpha$——挡土墙墙背的倾角（°）；

$\delta$——土对挡土墙墙背的摩擦角（°），可按表 6.7.5-1 选用；

$\mu$——土对挡土墙基底的摩擦系数，由试验确定，也可按表 6.7.5-2 选用。

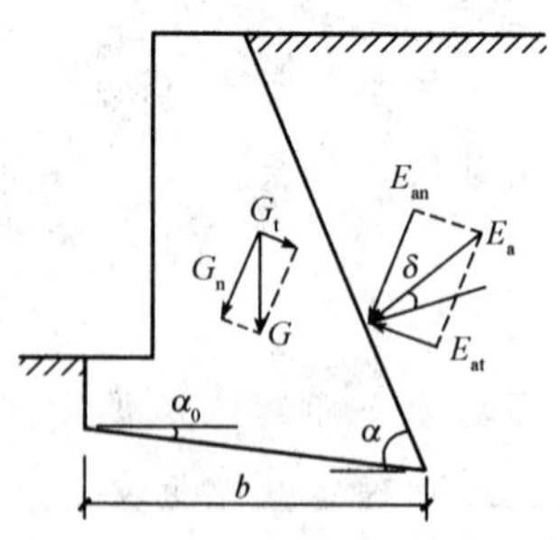


**图 6.7.5-1 挡土墙抗滑稳定验算示意**

**表 6.7.5-1　土对挡土墙墙背的摩擦角 δ**

| 挡土墙情况 | 摩擦角 δ |
| --- | --- |
| 墙背平滑、排水不良 | (0～0.33) $\varphi_k$ |
| 墙背粗糙、排水良好 | (0.33～0.50) $\varphi_k$ |
| 墙背很粗糙、排水良好 | (0.50～0.67) $\varphi_k$ |
| 墙背与填土间不可能滑动 | (0.67～1.00) $\varphi_k$ |

注：$\varphi_k$ 为墙背填土的内摩擦角。

**表 6.7.5-2　土对挡土墙基底的摩擦系数 μ**

| 土的类别 | | 摩擦系数 μ |
| --- | --- | --- |
| 黏性土 | 可塑 | 0.25～0.30 |
| | 硬塑 | 0.30～0.35 |
| | 坚硬 | 0.35～0.45 |
| 粉土 | | 0.30～0.40 |
| 中砂、粗砂、砾砂 | | 0.40～0.50 |
| 碎石土 | | 0.40～0.60 |
| 软质岩 | | 0.40～0.60 |
| 表面粗糙的硬质岩 | | 0.65～0.75 |

注：1. 对易风化的软质岩和塑性指数 $I_p$ 大于 22 的黏性土，基底摩擦系数应通过试验确定。
2. 对碎石土，可根据其密实程度、填充物状况、风化程度等确定。

2　抗倾覆稳定性应按下列公式进行验算（图 6.7.5-2）：

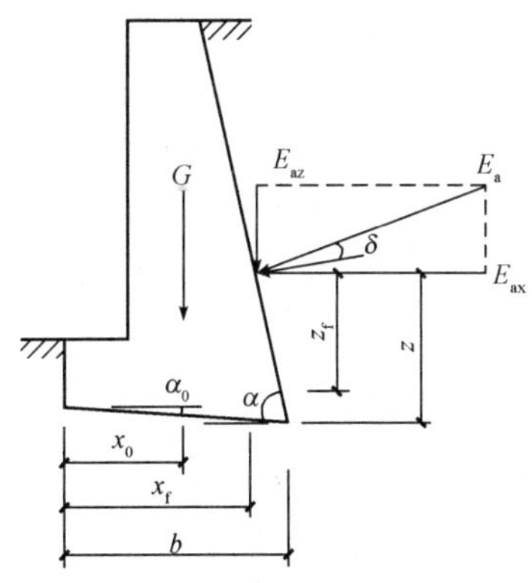


**图 6.7.5-2　挡土墙抗倾覆稳定验算示意**

$$\frac{Gx_0+E_{az}x_f}{E_{ax}z_f}\geqslant 1.6 \quad (6.7.5\text{-}6)$$

$$E_{ax}=E_a\sin(\alpha-\delta) \quad (6.7.5\text{-}7)$$

$$E_{ax}=E_a\cos(\alpha-\delta) \tag{6.7.5-8}$$

$$x_f=b-z\cot\alpha \tag{6.7.5-9}$$

$$z_f=z-b\tan\alpha_0 \tag{6.7.5-10}$$

式中 $z$——土压力作用点离墙踵的高度（m）；

$x_0$——挡土墙重心离墙趾的水平距离（m）；

$b$——基底的水平投影宽度（m）。

(5) **扩展基础 《建筑地基基础设计规范》**(GB 50007—2011)

8.2.8 柱下独立基础的受冲切承载力应按下列公式验算：

$$F_l\leqslant 0.7\beta_{hp}f_t a_m h_0 \tag{8.2.8-1}$$

$$a_m=(a_t+a_b)/2 \tag{8.2.8-2}$$

$$F_l=p_j A_l \tag{8.2.8-3}$$

式中 $\beta_{hp}$——受冲切承载力截面高度影响系数，当 $h$ 不大于 800mm 时，$\beta_{hp}$ 取 1.0；当 $h$ 大于或等于 2000mm 时，$\beta_{hp}$ 取 0.9，其间按线性内插法取用；

$f_t$——混凝土轴心抗拉强度设计值（kPa）；

$h_0$——基础冲切破坏锥体的有效高度（m）；

$a_m$——冲切破坏锥体最不利一侧计算长度（m）；

$a_t$——冲切破坏锥体最不利一侧斜截面的上边长（m），当计算柱与基础交接处的受冲切承载力时，取柱宽；当计算基础变阶处的受冲切承载力时，取上阶宽；

$a_b$——冲切破坏锥体最不利一侧斜截面在基础底面积范围内的下边长（m），当冲切破坏锥体的底面落在基础底面以内（图 8.2.8），计算柱与基础交接处的受冲切承载力时，取柱宽加两倍基础有效高度；当计算基础变阶处的受冲切承载力时，取上阶宽加两倍该处的基础有效高度；

$p_j$——扣除基础自重及其上土重后相应于作用的基本组合时的地基土单位面积净反力（kPa），对偏心受压基础可取基础边缘处最大地基土单位面积净反力：

$A_l$——冲切验算时取用的部分基底面积（$m^2$）（图 8.2.8 中的阴影面积 ABCDEF）；

$F_l$——相应于作用的基本组合时作用在 $A_l$ 上的地基土净反力设计值（kPa）。

8.2.9 当基础底面短边尺寸小于或等于柱宽加两倍基础有效高度时，应按下列公式验算柱与基础交接处截面受剪承载力：

$$V_s\leqslant 0.7\beta_{hs}f_t A_0 \tag{8.2.9-1}$$

$$\beta_{hs}=(800/h_0)^{1/4} \tag{8.2.9-2}$$

式中 $V_s$——相应于作用的基本组合时，柱与基础交接处的剪力设计值（kN），图 8.2.9 中的阴影面积乘以基底平均净反力；

$\beta_{hs}$——受剪切承载力截面高度影响系数：当 $h_0<800$mm 时，取 $h_0=800$mm；当 $h_0>2000$mm 时，取 $h_0=2000$mm；

$A_0$——验算截面处基础的有效截面面积（$m^2$）。当验算截面为阶形或锥形时，可将其截面折算成矩形截面，截面的折算宽度和截面的有效高度按本规范附录 U 计算。

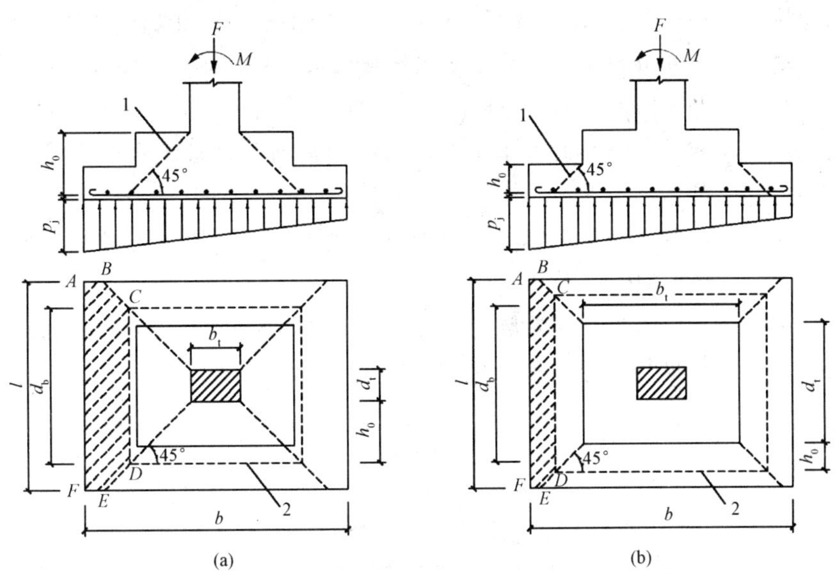


**图 8.2.8　计算阶形基础的受冲切承载力截面位置**

1—冲切破坏锥体最不利一侧的斜截面；2—冲切破坏锥体的底面线

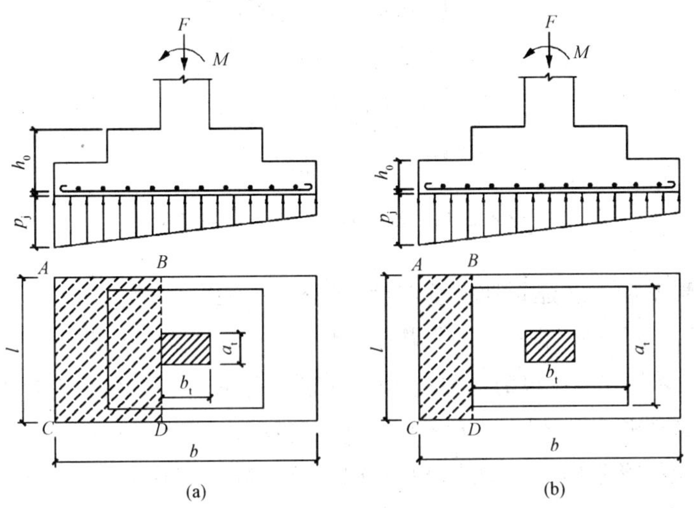


**图 8.2.9　验算阶形基础受剪切承载力示意**

8.2.11　在轴心荷载或单向偏心荷载作用下，当台阶的宽高比小于或等于 2.5 且偏心距小于或等于 1/6 基础宽度时，柱下矩形独立基础任意截面的底板弯矩可按下列简化方法进行计算（图 8.2.11）：

$$M_{\mathrm{I}}=\frac{1}{12}a_1^2\left[(2l+a')\left(p_{\max}+p-\frac{2G}{A}\right)+(p_{\max}-p)\,l\right] \quad (8.2.11\text{-}1)$$

$$M_{\mathrm{II}}=\frac{1}{48}(l-a')^2(2b+b')\left(p_{\max}+p_{\min}-\frac{2G}{A}\right) \quad (8.2.11\text{-}2)$$

式中 $M_{\text{I}}$、$M_{\text{II}}$——相应于作用的基本组合时，任意截面Ⅰ—Ⅰ、Ⅱ—Ⅱ处的弯矩设计值（kN·m）；

$a_1$——任意截面Ⅰ—Ⅰ至基底边缘最大反力处的距离（m）；

$l$、$b$——基础底面的边长（m）；

$p_{max}$、$p_{min}$——相应于作用的基本组合时的基础底面边缘最大和最小地基反力设计值（kPa）；

$P$——相应于作用的基本组合时在任意截面Ⅰ—Ⅰ处基础底面地基反力设计值（kPa）；

$G$——考虑作用分项系数的基础自重及其上的土自重（kN）；当组合值由永久作用控制时，作用分项系数可取1.35。

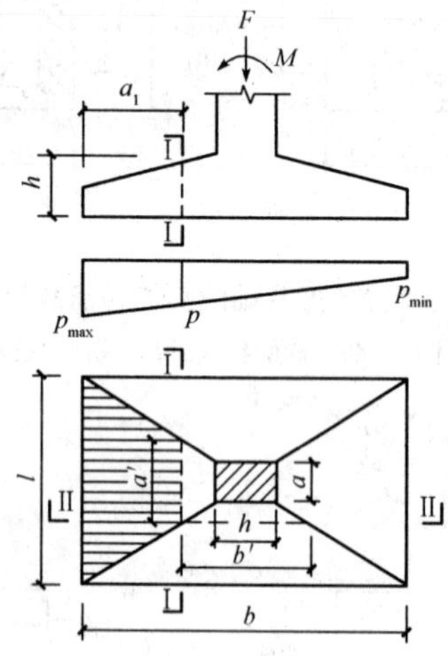


**图8.2.11 矩形基础底板的计算示意**

(6) **柱下条形基础** **《建筑地基基础设计规范》**(GB 50007—2011)

8.3.1 柱下条形基础的构造，除应符合本规范第8.2.1条的要求外，尚应符合下列规定：

4 条形基础梁顶部和底部的纵向受力钢筋除应满足计算要求外，顶部钢筋应按计算配筋全部贯通，底部通长钢筋不应少于底部受力钢筋截面总面积的1/3。

(7) **高层建筑筏形基础** **《建筑地基基础设计规范》**(GB 50007—2011)

8.4.4 筏形基础的混凝土强度等级不应低于C30，当有地下室时应采用防水混凝土。防水混凝土的抗渗等级应按表8.4.4选用。

**表8.4.4 防水混凝土抗渗等级**

| 埋置深度 $d$/m | 设计抗渗等级 | 埋置深度 $d$/m | 设计抗渗等级 |
|---|---|---|---|
| $d<10$ | P6 | $20\leqslant d<30$ | P10 |
| $10\leqslant d<20$ | P8 | $30\leqslant d$ | P12 |

8.4.8 平板式筏基内筒下的板厚应满足受冲切承载力的要求，并应符合下列规定：

1　受冲切承载力应按下式进行计算：

$$F_1/u_m h_0 \leqslant 0.7\beta_{hp} f_t/\eta \quad (8.4.8)$$

式中　$F_1$——相应于作用的基本组合时，内筒所承受的轴力设计值减去内筒下筏板冲切破坏锥体内的基底净反力设计值（kN）；

$u_m$——距内筒外表面 $h_0/2$ 处冲切临界截面的周长（m）（图 8.4.8）；

$h_0$——距内筒外表面 $h_0/2$ 处筏板的截面有效高度（m）；

$\eta$——内筒冲切临界截面周长影响系数，取 1.25。

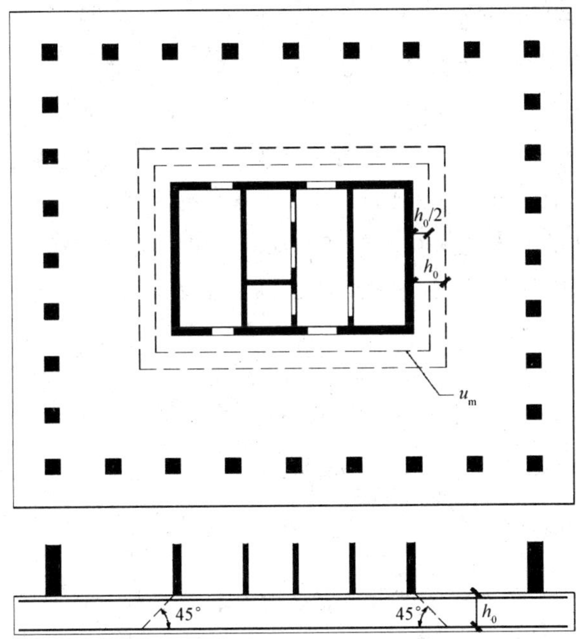


**图 8.4.8　筏板受内筒冲切的临界截面位置**

2　当需要考虑内筒根部弯矩的影响时，距内筒外表面向 $h_0/2$ 处冲切临界截面的最大剪应力可按公式（8.4.7-1）计算，此时 $\tau_{max} \leqslant 0.7\beta_{hp} f_t/\eta$。

8.4.15　按基底反力直线分布计算的梁板式筏基，其基础梁的内力可按连续梁分析，边跨跨中弯矩以及第一内支座的弯矩值宜乘以 1.2 的系数。梁板式筏基的底板和基础梁的配筋除满足计算要求外，纵横方向的底部钢筋尚应有不少于 1/3 贯通全跨，顶部钢筋按计算配筋全部连通，底板上下贯通钢筋的配筋率不应小于 0.15%。

8.4.16　平板式筏基柱下板带和跨中板带的底部支座钢筋应有不少于 1/3 贯通全跨，顶部钢筋应按计算配筋全部连通，上下贯通钢筋的配筋率不应小于 0.15%。

（8）桩基础　《建筑地基基础设计规范》(GB 50007—2011)

8.5.3　桩和桩基的构造，应符合下列规定。

1　摩擦型桩的中心距不宜小于桩身直径的 3 倍；扩底灌注桩的中心距不宜小于扩底直径的 1.5 倍，当扩底直径大于 2m 时，桩端净距不宜小于 1m。在确定桩距时尚应考虑施工工艺中挤土等效应对邻近桩的影响。

2　扩底灌注桩的扩底直径，不应大于桩身直径的3倍。

3　桩底进入持力层的深度，宜为桩身直径的1～3倍。在确定桩底进入持力层深度时，尚应考虑特殊土、岩溶以及震陷液化等影响。嵌岩灌注桩周边嵌入完整和较完整的未风化、微风化、中风化硬质岩体的最小深度，不宜小于0.5m。

5　设计使用年限不少于50年时，非腐蚀环境中预制桩的混凝土强度等级不应低于C30，预应力桩不应低于C40，灌注桩的混凝土强度等级不应低于C25；二b类环境及三类及四类、五类微腐蚀环境中不应低于C30；在腐蚀环境中的桩，桩身混凝土的强度等级应符合现行国家标准《混凝土结构设计规范》(GB 50010—2010）的有关规定。设计使用年限不少于100年的桩，桩身混凝土的强度等级宜适当提高。水下灌注混凝土的桩身混凝土强度等级不宜高于C40。

6　桩身混凝土的材料、最小水泥用量、水灰比、抗渗等级等应符合现行国家标准《混凝土结构设计规范》(GB 50010—2010)、《工业建筑防腐蚀设计规范》(GB 50046—2008)及《混凝土结构耐久性设计规范》(GB/T 50476—2008) 的有关规定。

7　桩的主筋配置应经计算确定。预制桩的最小配筋率不宜小于0.8%（锤击沉桩)、0.6%（静压沉桩)，预应力桩不宜小于0.5%；灌注桩最小配筋率不宜小于0.2%～0.65%（小直径桩取大值)。桩顶以下3倍～5倍桩身直径范围内，箍筋宜适当加强加密。

8　桩身纵向钢筋配筋长度应符合下列规定：

1）受水平荷载和弯矩较大的桩，配筋长度应通过计算确定；

2）桩基承台下存在淤泥、淤泥质土或液化土层时，配筋长度应穿过淤泥、淤泥质土层或液化土层；

3）坡地岸边的桩、8度及8度以上地震区的桩、抗拔桩、嵌岩端承桩应通长配筋；

4）钻孔灌注桩构造钢筋的长度不宜小于桩长的2/3；桩施工在基坑开挖前完成时，其钢筋长度不宜小于基坑深度的1.5倍。

9　桩身配筋可根据计算结果及施工工艺要求，可沿桩身纵向不均匀配筋。腐蚀环境中的灌注桩主筋直径不宜小于16mm，非腐蚀性环境中灌注桩主筋直径不应小于12mm。

10　桩顶嵌入承台内的长度不应小于50mm。主筋伸入承台内的锚固长度不应小于钢筋直径（HPB300）的30倍和钢筋直径（HRB335和HRB400）的35倍。对于大直径灌注桩，当采用一柱一桩时，可设置承台或将桩和柱直接连接。桩和柱的连接可按本规范第8.2.5条高杯口基础的要求选择截面尺寸和配筋，柱纵筋插入桩身的长度应满足锚固长度的要求。

11　灌注桩主筋混凝土保护层厚度不应小于50mm；预制桩不应小于45mm，预应力管桩不应小于35mm；腐蚀环境中的灌注桩不应小于55mm。

8.5.5　单桩承载力计算应符合下列规定：

1　轴心竖向力作用下：

$$Q_k \leqslant R_a \tag{8.5.5-1}$$

式中　$R_a$——单桩竖向承载力特征值（kN)。

2　偏心竖向力作用下，除满足公式（8.5.5-1）外，尚应满足下列要求：

$$Q_{ik\max} \leqslant 1.2R_a \quad (8.5.5\text{-}2)$$

3　水平荷载作用下：

$$H_{i}k \leqslant R_{Ha} \quad (8.5.5\text{-}3)$$

式中　$R_{Ha}$——单桩水平承载力特征值（kN）。

8.5.7　当作用于桩基上的外力主要为水平力或高层建筑承台下为软弱土层、液化土层时，应根据使用要求对桩顶变位的限制，对桩基的水平承载力进行验算。

8.5.9　当桩基承受拔力时，应对桩基进行抗拔验算。单桩抗拔承载力特征值应通过单桩竖向抗拔载荷试验确定，并应加载至破坏。单桩竖向抗拔载荷试验，应按本规范附录T进行。

8.5.17　桩基承台的构造，除满足受冲切、受剪切、受弯承载力和上部结构的要求外，尚应符合下列要求：

1　承台的宽度不应小于500mm。边桩中心至承台边缘的距离不宜小于桩的直径或边长，且桩的外边缘至承台边缘的距离不小于150mm。对于条形承台梁，桩的外边缘至承台梁边缘的距离不小于75mm；

2　承台的最小厚度不应小于300mm；

4　承台混凝土强度等级不应低于C20，纵向钢筋的混凝土保护层厚度不应小于70mm，当有混凝土垫层时，不应小于50mm。

（9）**地基基础抗震设计**　《建筑抗震设计规范》（GB 50011—2010）

3.3.5　山区建筑的场地和地基基础应符合下列要求。

2　边坡设计应符合现行国家标准《建筑边坡工程技术规范》（GB 50330—2012）的要求；其稳定性验算时，有关的摩擦角应按设防烈度的高低相应修正。

3　边坡附近的建筑基础应进行抗震稳定性设计。建筑基础与土质、强风化岩质边坡的边缘应留有足够的距离，其值应根据设防烈度的高低确定，并采取措施避免地震时地基基础破坏。

4.3.6　当液化砂土层、粉土层较平坦且均匀时，宜按表4.3.6选用地基抗液化措施：尚可计入上部结构重力荷载对液化危害的影响，根据液化震陷量的估计适当调整抗液化措施。不宜将未经处理的液化土层作为天然地基持力层。

**表4.3.6　抗液化措施**

| 建筑抗震 | 地基的液化等级 | | |
|---|---|---|---|
| 设防类别 | 轻微 | 中等 | 严重 |
| 乙类 | 部分消除液化沉陷，或对基础和上部结构处理 | 全部消除液化沉陷，或部分消除液化沉陷且对基础和上部结构处理 | 全部消除液化沉陷 |
| 丙类 | 基础和上部结构处理，亦可不采取措施 | 基础和上部结构处理，或更高要求的措施 | 全部消除液化沉陷，或部分消除液化沉陷且对基础和上部结构处理 |

续表

| 建筑抗震 | 地基的液化等级 | | |
|---|---|---|---|
| 丁类 | 可不采取措施 | 可不采取措施 | 基础和上部结构处理，或其他经济的措施 |

注：甲类建筑的地基抗液化措施应进行专门研究，但不宜低于乙类的相应要求。

4.4.3 存在液化土层的低承台桩基抗震验算，应符合下列规定。

1 承台埋深较浅时，不宜计入承台周围土的抗力或刚性地坪对水平地震作用的分担作用。

2 当桩承台底面上、下分别有厚度不小于1.5m、1.0m的非液化土层或非软弱土层时，可按下列二种情况进行桩的抗震验算，并按不利情况设计：

1）桩承受全部地震作用，桩承载力按本规范第4.4.2条取用，液化土的桩周摩阻力及桩水平抗力均应乘以表4.4.3的折减系数。

**表4.4.3 土层液化影响折减系数**

| 实际标贯锤击数/临界标贯锤击数 | 深度 $d_s$/m | 折减系数 |
|---|---|---|
| ≤0.6 | $d_s$≤10 | 0 |
| | 10<$d_s$≤20 | 1/3 |
| >0.6～0.8 | $d_s$≤10 | 1/3 |
| | 10<$d_s$≤20 | 2/3 |
| >0.8～1.0 | $d_s$≤10 | 2/3 |
| | 10<$d_s$≤20 | 1 |

2）地震作用按水平地震影响系数最大值的10%采用，桩承载力仍按本规范第4.4.2条1款取用，但应扣除液化土层的全部摩阻力及桩承台下2m深度范围内非液化土的桩周摩阻力。

### 4. 混凝土结构

(1) 混凝土结构基本规定　《混凝土结构设计规范》(GB 50010—2010)

3.5.2 混凝土结构暴露的环境类别应按表3.5.2的要求划分。

**表3.5.2 混凝土结构的环境类别**

| 环境类别 | 条件 |
|---|---|
| 一 | 室内干燥环境；<br>无侵蚀性静水浸没环境 |
| 二a | 室内潮湿环境；<br>非严寒和非寒冷地区的露天环境；<br>非严寒和非寒冷地区与无侵蚀性的水或土壤直接接触的环境；<br>严寒和寒冷地区的冰冻线以下与无侵蚀性的水或土壤直接接触的环境 |

续表

| 环境类别 | 条件 |
| --- | --- |
| 二 b | 干湿交替环境；<br>水位频繁变动环境；<br>严寒和寒冷地区的露天环境；<br>严寒和寒冷地区冰冻线以上与无侵蚀性的水或土壤直接接触的环境 |
| 三 a | 严寒和寒冷地区冬季水位变动区环境；<br>受除冰盐影响环境；<br>海风环境 |
| 三 b | 盐渍土环境；<br>受除冰盐作用环境；<br>海岸环境 |

注：1. 室内潮湿环境是指构件表面经常处于结露或湿润状态的环境。

2. 严寒和寒冷地区的划分应符合现行国家标准《民用建筑热工设计规范》（GB 50176—1993）的有关规定。

3. 海岸环境和海风环境宜根据当地情况，考虑主导风向及结构所处迎风、背风部位等因素的影响，由调查研究和工程经验确定。

4. 受除冰盐影响环境是指受到除冰盐盐雾影响的环境；受除冰盐作用环境是指被除冰盐溶液溅射的环境以及使用除冰盐地区的洗车房、停车楼等建筑。

5. 暴露的环境是指混凝土结构表面所处的环境。

3.5.3　设计使用年限为50年的混凝土结构，其混凝土材料宜符合表3.5.3的规定。

**表3.5.3　结构混凝土材料的耐久性基本要求**

| 环境类别 | 最大水胶比 | 最低强度等级 | 最大氯离子含量/（%） | 最大碱含量/（$kg/m^3$） |
| --- | --- | --- | --- | --- |
| 一 | 0.60 | C20 | 0.30 | 不限制 |
| 二 a | 0.55 | C25 | 0.20 | 3.0 |
| 二 b | 0.50（0.55） | C30（C25） | 0.15 | |
| 三 a | 0.45（0.50） | C35（C30） | 0.15 | |
| 三 b | 0.40 | C40 | 0.10 | |

注：1. 氯离子含量系指其占胶凝材料总量的百分比。

2. 预应力构件混凝土中的最大氯离子含量为0.06%；其最低混凝土强度等级宜按表中的规定提高两个等级。

3. 素混凝土构件的水胶比及最低强度等级的要求可适当放松。

4. 有可靠工程经验时，二类环境中的最低混凝土强度等级可降低一个等级。

5. 处于严寒和寒冷地区二 b、三 a 类环境中的混凝土应使用引气剂，并可采用括号中的有关参数。

6. 当使用非碱活性骨料时，对混凝土中的碱含量可不作限制。

4.2.1　混凝土结构中的钢筋应按下列规定选用：

2　梁、柱纵向受力普通钢筋应采用 HRB400、HRB500、HRBF400、HRBF500 钢筋。

8.2.1　构件中普通钢筋及预应力筋的混凝土保护层厚度应满足下列要求；

1 构件中受力钢筋的保护层厚度不应小于钢筋的直径 $d$。

2　设计使用年限为 50 年的混凝土结构，最外层钢筋的保护层厚度应符合表 8.2.1 的规定；设计使用年限为 100 年的混凝土结构，最外层钢筋的保护层厚度不应小于表 8.2.1 中数值的 1.4 倍。

**表 8.2.1　混凝土保护层的最小厚度 $c$**　　单位：mm

| 环境类别 | 板、墙、壳 | 梁、柱杆 |
|---|---|---|
| 一 | 15 | 20 |
| 二 a | 20 | 25 |
| 二 b | 25 | 35 |
| 三 a | 30 | 40 |
| 三 b | 40 | 50 |

注：1. 混凝土强度等级不大于 C25 时，表中保护层厚度数值应增加 5mm。

2. 钢筋混凝土基础宜设置混凝土垫层，基础中钢筋的混凝土保护层厚度应从垫层顶面算起，且不应小于 40mm。

8.3.1　当计算中充分利用钢筋的抗拉强度时，受拉钢筋的锚固应符合下列要求。

1　基本锚固长度应按下列公式计算。

普通钢筋：

$$l_{ab}=\alpha\frac{f_{py}}{f_t}d \tag{8.3.1-1}$$

预应力筋：

$$l_{ab}=\alpha\frac{f_y}{f_t}d \tag{8.3.1-2}$$

式中　$l_{ab}$——受拉钢筋的基本锚固长度；

$f_y$、$f_{py}$——普通钢筋、预应力筋的抗拉强度设计值；

$f_t$——混凝土轴心抗拉强度设计值，当混凝土强度等级高于 C60 时，按 C60 取值；

$d$——锚固钢筋的直径；

$\alpha$——锚固钢筋的外形系数，按表 8.3.1 取用。

**表 8.3.1　锚固钢筋的外形系数 $\alpha$**

| 钢筋类型 | 光圆钢筋 | 带肋钢筋 | 螺旋肋钢丝 | 三股钢绞线 | 七股钢绞线 |
|---|---|---|---|---|---|
| $\alpha$ | 0.16 | 0.14 | 0.13 | 0.16 | 0.17 |

注：光圆钢筋末端应做 180°弯钩，弯后平直段长度不应小于 $3d$，但作受压钢筋时可不做弯钩。

2 受拉钢筋的锚固长度应根据具体锚固条件按下列公式计算，且不应小于 200mm；

$$l_a = \zeta_a l_{ab} \tag{8.3.1-3}$$

式中 $l_a$——受拉钢筋的锚固长度；

$\zeta_a$——锚固长度修正系数，对普通钢筋按本规范第 8.3.2 条的规定取用，当多于一项时，可按连乘计算，但不应小于 0.6；对预应力筋，可取 1.0。

3 当锚固钢筋的保护层厚度不大于 $5d$ 时，锚固长度范围内应配置横向构造钢筋，其直径不应小于 $d/4$；对梁、柱、斜撑等构件间距不应大于 $5d$，对板、墙等平面构件间距不应大于 $10d$，且均不应大于 100mm，此处 $d$ 为锚固钢筋的直径。

8.4.2 轴心受拉及小偏心受拉杆件的纵向受力钢筋不得采用绑扎搭接。

8.4.4 纵向受拉钢筋绑扎搭接接头的搭接长度，应根据位于同一连接区段内的钢筋搭接接头面积百分率按下列公式计算，且不应小于 300mm。

$$l_l = \zeta_l l_a \tag{8.4.4}$$

式中 $l_l$——纵向受拉钢筋的搭接长度；

$\zeta_l$——纵向受拉钢筋搭接长度修正系数，按表 8.4.4 取用。当纵向搭接钢筋接头面积百分率为表的中间值时，修正系数可按内插取值。

**表 8.4.4 纵向受拉钢筋搭接长度修正系数**

| 纵向搭接钢筋接头面积百分率/（%） | ≤25 | 50 | 100 |
| --- | --- | --- | --- |
| $\zeta_l$ | 1.2 | 1.4 | 1.6 |

8.5.2 卧置于地基上的混凝土板，板中受拉钢筋的最小配筋率可适当降低，但不应小于 0.15%。

9.1.11 （板柱结构）混凝土板中配置抗冲切箍筋或弯起钢筋时，应符合下列构造要求。

1 板的厚度不应小于 150mm。

2 按计算所需的箍筋及相应的架立钢筋应配置在与 45°冲切破坏锥面相交的范围内，且从集中荷载作用面或柱截面边缘向外的分布长度不应小于 $1.5h_0$ [图 9.1.11 (a)]；箍筋直径不应小于 6mm，且应做成封闭式，间距不应大于 $h_0/3$，且不应大于 100mm。

3 按计算所需弯起钢筋的弯起角度可根据板的厚度在 30°～45°之间选取；弯起钢筋的倾斜段应与冲切破坏锥面相交 [图 9.1.11 (b)]，其交点应在集中荷载作用面或柱截面边缘以外 (1/2～2/3) $h$ 的范围内。弯起钢筋直径不宜小于 12mm，且每一方向不宜少于 3 根。

9.2.1 梁的纵向受力钢筋应符合下列规定。

1 伸入梁支座范围内的钢筋不应少于 2 根。

2 梁高不小于 300mm 时，钢筋直径不应小于 10mm；梁高小于 300mm 时，钢筋直径不应小于 8mm。

3 梁上部钢筋水平方向的净间距不应小于 30mm 和 $1.5d$；梁下部钢筋水平方向的净间距不应小于 25mm 和 $d$。当下部钢筋多于 2 层时，2 层以上钢筋水平方向的中距应比下面 2 层的中距增大一倍；各层钢筋之间的净间距不应小于 25mm 和 $d$，$d$ 为钢筋的最大直径。

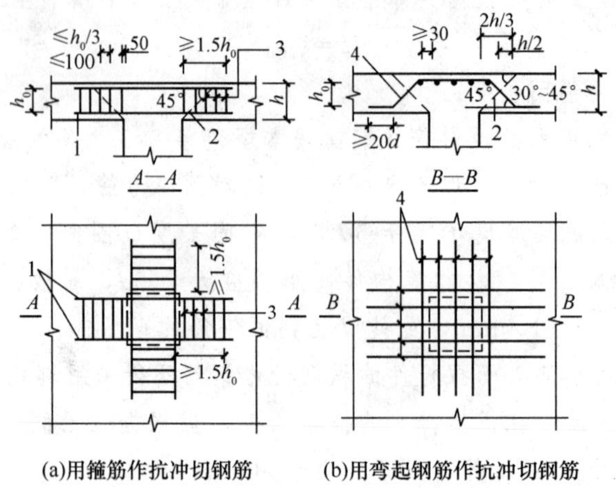


**图 9.1.11　板中抗冲切钢筋布置**

1—架立钢筋；2—冲切破坏锥面；3—箍筋；4—弯起钢筋

9.2.4　在钢筋混凝土悬臂梁中，应有不少于2根上部钢筋伸至悬臂梁外端，并向下弯折不小于$12d$。

9.2.6　梁的上部纵向构造钢筋应符合下列要求。

1　当梁端按简支计算但实际受到部分约束时，应在支座区上部设置纵向构造钢筋。其截面面积不应小于梁跨中下部纵向受力钢筋计算所需截面面积的1/4，且不应少于2根。该纵向构造钢筋自支座边缘向跨内伸出的长度不应小于$l_0/5$，$l_0$为梁的计算跨度。

9.2.11　位于梁下部或梁截面高度范围内的集中荷载，应全部由附加横向钢筋承担；附加横向钢筋宜采用箍筋。

9.3.1　柱中纵向钢筋的配置应符合下列规定。

1　纵向受力钢筋直径不宜小于12mm；全部纵向钢筋的配筋率不宜大于5%。

2　柱中纵向钢筋的净间距不应小于50mm，且不宜大于300mm。

3　偏心受压柱的截面高度不小于600mm时，在柱的侧面上应设置直径不小于10mm的纵向构造钢筋，并相应设置复合箍筋或拉筋。

4　圆柱中纵向钢筋不宜少于8根，不应少于6根；且宜沿周边均匀布置。

5　在偏心受压柱中，垂直于弯矩作用平面的侧面上的纵向受力钢筋以及轴心受压柱中各边的纵向受力钢筋，其中距不宜大于300mm。

注：水平浇筑的预制柱，纵向钢筋的最小净间距可按本规范第9.2.1条关于梁的有关规定取用。

9.3.2　柱中的箍筋应符合下列规定。

1　箍筋直径不应小于$d/4$，且不应小于6mm，$d$为纵向钢筋的最大直径。

2　箍筋间距不应大于400mm及构件截面的短边尺寸，且不应大于$15d$，$d$为纵向钢筋的最小直径。

3　柱及其他受压构件中的周边箍筋应做成封闭式；对圆柱中的箍筋，搭接长度不应小于本规范第 8.3.1 条规定的锚固长度，且末端应做成 135°弯钩，弯钩末端平直段长度不应小于 $5d$，$d$ 为箍筋直径。

4　当柱截面短边尺寸大于 400mm 且各边纵向钢筋多于 3 根时，或当柱截面短边尺寸不大于 400mm 但各边纵向钢筋多于 4 根时，应设置复合箍筋。

5　柱中全部纵向受力钢筋的配筋率大于 3%时，箍筋直径不应小于 8mm，间距不应大于 $10d$（$d$ 为纵向受力钢筋最小直径），且不应大于 200mm。箍筋末端应做成 135°弯钩，且弯钩末端平直段长度不应小于箍筋直径的 10 倍。

6　在配有螺旋式或焊接环式箍筋的柱中，如在正截面受压承载力计算中考虑间接钢筋的作用时，箍筋间距不应大于 80mm 及 $d_{cor}/5$，且不宜小于 40mm，$d_{cor}$ 为按箍筋内表面确定的核心截面直径。

9.4.8　剪力墙墙肢两端应配置竖向受力钢筋，并与墙内的竖向分布钢筋共同用于墙的正截面受弯承载力计算。每端的竖向受力钢筋不宜少于 4 根直径为 12mm 或 2 根直径为 16mm 的钢筋，并宜沿该竖向钢筋方向配置直径不小于 6mm，间距为 250mm 的箍筋或拉筋。

9.7.1　受力预埋件的锚板宜采用 Q235、Q345 级钢，锚板厚度应根据受力情况计算确定，且不宜小于锚筋直径的 60%；受拉和受弯预埋件的锚板厚度宜大于 $b/8$，$b$ 为锚筋的间距。

受力预埋件的锚筋应采用 HRB400 或 HPB300 钢筋，不应采用冷加工钢筋。

直锚筋与锚板应采用 T 形焊接。当锚筋直径不大于 20mm 时宜采用压力埋弧焊；当锚筋直径大于 20mm 时宜采用穿孔塞焊。当采用手工焊时，焊缝高度不宜小于 6mm，且对 300MPa 级钢筋不宜小于 $0.5d$，对其他钢筋不宜小于 $0.6d$，$d$ 为锚筋的直径。

9.7.4　预埋件锚筋中心至锚板边缘的距离不应小于 $2d$ 和 20mm。预埋件的位置应使锚筋位于构件的外层主筋的内侧。

预埋件的受力直锚筋直径不宜小于 8mm，且不宜大于 25mm。直锚筋数量不宜少于 4 根，且不宜多于 4 排；受剪预埋件的直锚筋可采用 2 根。

对受拉和受弯预埋件（图 9.7.2），其锚筋的间距 $b$、$b_1$ 和锚筋至构件边缘的距离 $c$、$c_1$，均不应小于 $3d$ 和 45mm。

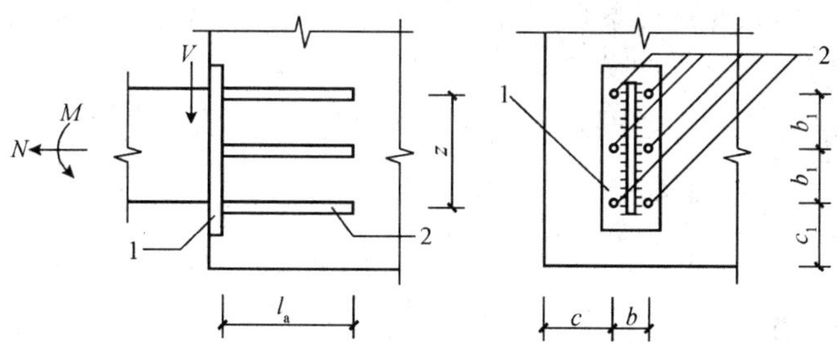


**图 9.7.2　由锚板和直锚筋组成的预埋件**

1—锚板；2—直锚筋

对受剪预埋件（图 9.7.2），其锚筋的间距 $b$ 及 $b_1$ 不应大于 300mm，且 $b_1$ 不应小于 $6d$ 和 70mm；锚筋至构件边缘的距离 $c_1$ 不应小于 $6d$ 和 70mm，$b$、$c$ 均不应小于 $3d$ 和 45mm。

受拉直锚筋和弯折锚筋的锚固长度不应小于本规范第 8.3.1 条规定的受拉钢筋锚固长

度；当锚筋采用 HPB300 级钢筋时末端还应有弯钩。当无法满足锚固长度的要求时，应采取其他有效的锚固措施。受剪和受压直锚筋的锚固长度不应小于 $15d$，$d$ 为锚筋的直径。

注：受力预埋件尚应满足承载力计算的结果。

9.7.6 吊环应采用 HPB300 级钢筋制作，锚入混凝土的深度不应小于 $30d$ 并应焊接或绑扎在钢筋骨架上，$d$ 为吊环钢筋的直径。在构件的自重标准值作用下，每个吊环按 2 个截面计算的钢筋应力不应大于 $65N/mm^2$；当在一个构件上设有 4 个吊环时，应按 3 个吊环进行计算。

(2) 混凝土结构抗震 《混凝土结构设计规范》(GB 50010—2010)

11.1.7 混凝土结构构件的纵向受力钢筋的锚固和连接除应符合本规范第 8.3 节和第 8.4 节的有关规定外，尚应符合下列要求。

1 纵向受拉钢筋的抗震锚固长度 $l_{aE}$ 应按下式计算：

$$l_{aE}=\xi_{aE}l_a \tag{11.1.7-1}$$

式中 $\xi_{aE}$——纵向受拉钢筋抗震锚固长度修正系数，对一、二级抗震等级取 1.15，对三级抗震等级取 1.05，对四级抗震等级取 1.00；

$l_a$——纵向受拉钢筋的锚固长度，按本规范第 8.3.1 条确定。

2 当采用搭接连接时，纵向受拉钢筋的抗震搭接长度 $l_{lE}$。应按下列公式计算：

$$l_{lE}=\xi_l l_{aE} \tag{11.1.7-2}$$

式中 $\xi_l$——纵向受拉钢筋搭接长度修正系数，按本规范第 8.4.4 条确定。

11.1.9 考虑地震作用的预埋件，应满足以下规定。

1 直锚钢筋截面面积可按本规范第 9 章的有关规定计算并增大 25%，且应适当增大锚板厚度。

2 锚筋的锚固长度应符合本规范第 9.7 节的有关规定并增加 10%；当不能满足时，应采取有效措施。

3 预埋件不宜设置在塑性铰区；当不能避免时应采取有效措施。

11.7.10 对于一、二级抗震等级的连梁，当跨高比不大于 2.5 时，除普通箍筋外宜另配置斜向交叉钢筋，其截面限制条件及斜截面受剪承载力可按下列规定计算。

1 当洞口连梁截面宽度不小于 250mm 时，可采用交叉斜筋配筋（图 11.7.10-1)，其截面限制条件及斜截面受剪承载力应符合下列规定。

1) 受剪截面应符合下列要求：

$$V_{wb}\leqslant\frac{1}{\gamma_{RE}}(0.25\beta_c f_c bh_0) \tag{11.7.10-1}$$

2) 斜截面受剪承载力应符合下列要求：

$$V_{wb}\leqslant\frac{1}{\gamma_{RE}}[0.4f_t bh_0+(2.0\sin\alpha+0.6\eta)f_{yd}A_{sd}] \tag{11.7.10-2}$$

$$\eta=(f_{yv}A_{sv}h_0)/(sf_{yd}A_{sd}) \tag{11.7.10-3}$$

式中 $\eta$——箍筋与对角斜筋的配筋强度比，当小于 0.6 时取 0.6，当大于 1.2 时取 1.2；

$A_{sd}$——单向对角斜筋的截面面积；

$A_{sv}$——同一截面内箍筋各肢的全截面面积。

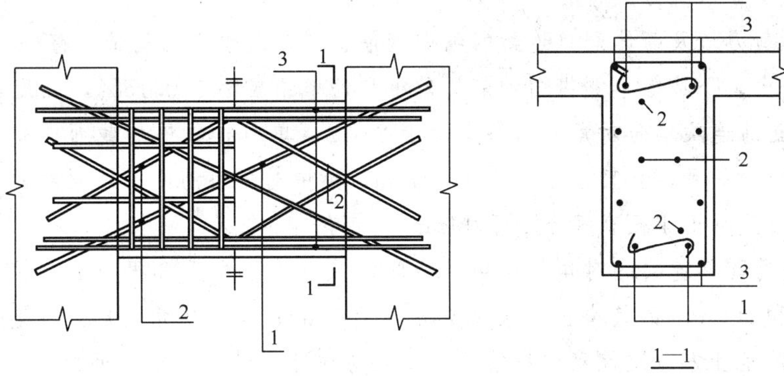


**图 11.7.10-1　交叉斜筋配筋连梁**

1—对角斜盘；2—折线筋；3—纵向钢筋

2　当连梁截面宽度不小于400mm时，可采用集中对角斜筋配筋（图11.7.10-2）或对角暗撑配筋（图11.7.10-3），其截面限制条件及斜截面受剪承载力应符合下列规定：

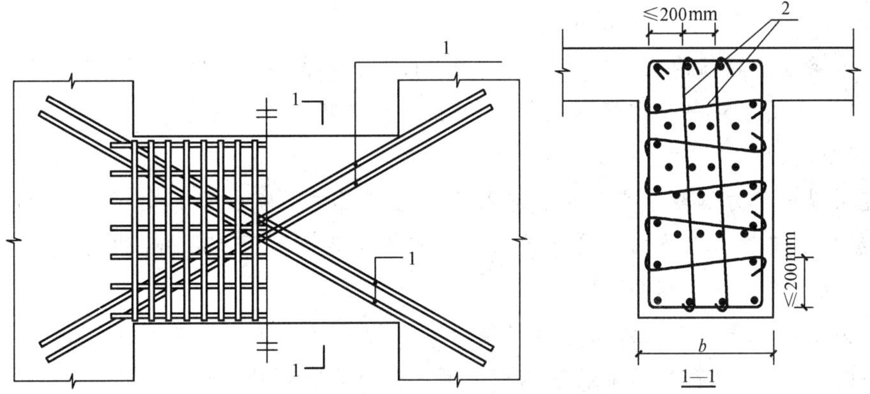


**图 11.7.10-2　集中对角斜筋配筋连梁**

1—对角斜筋；2—拉筋

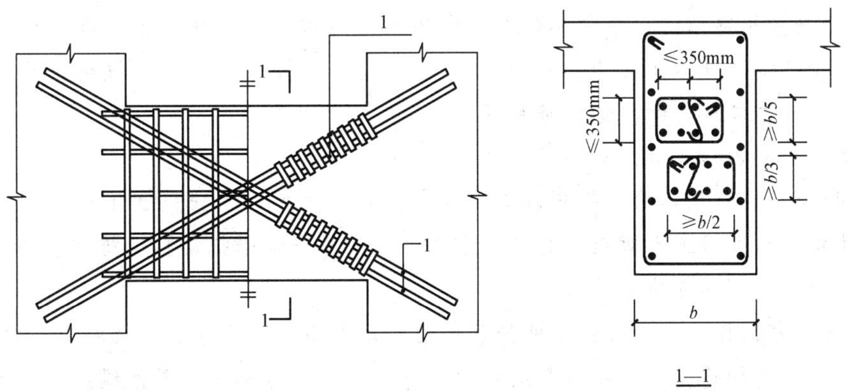


**图 11.7.10-3　对角暗撑配筋连梁**

1—对角暗撑

1）受剪截面应符合式（11.7.10-1）的要求。

2）斜截面受剪承载力应符合下列要求：

11.7.11 剪力墙及筒体洞口连梁的纵向钢筋、斜筋及箍筋的构造应符合下列要求：

1 连梁沿上、下边缘单侧纵向钢筋的最小配筋率不应小于0.15%，且配筋不宜少于2ϕ12；交叉斜筋配筋连梁单向对角斜筋不宜少于2ϕ12，单组折线筋的截面面积可取为单向对角斜筋截面面积的一半，且直径不宜小于12mm；集中对角斜筋配筋连梁和对角暗撑连梁中每组对角斜筋应至少由4根直径不小于14mm的钢筋组成。

2 交叉斜筋配筋连梁的对角斜筋在梁端部位应设置不少于3根拉筋，拉筋的间距不应大于连梁宽度和200mm的较小值，直径不应小于6mm；集中对角斜筋配筋连梁应在梁截面内沿水平方向及竖直方向设置双向拉筋，拉筋应勾住外侧纵向钢筋，间距不应大于200mm，直径不应小于8mm；对角暗撑配筋连梁中暗撑箍筋的外缘沿梁截面宽度方向不宜小于梁宽的一半，另一方向不宜小于梁宽的1/5；对角暗撑约束箍筋的间距不宜大于暗撑钢筋直径的6倍，当计算间距小于100mm时可取100mm，箍筋肢距不应大于350mm。除集中对角斜筋配筋连梁以外，其余连梁的水平钢筋及箍筋形成的钢筋网之间应采用拉筋拉结，拉筋直径不宜小于6mm，间距不宜大于400mm。

3 沿连梁全长箍筋的构造宜按本规范第11.3.6条和第11.3.8条框架梁梁端加密区箍筋的构造要求采用：对角暗撑配筋连梁沿连梁全长箍筋的间距可按本规范表11.3.6-2中规定值的两倍取用。

4 连梁纵向受力钢筋、交叉斜筋伸入墙内的锚固度不应小于$l_{aE}$，且不应小于600mm；顶层连梁纵向钢筋伸入墙体的长度范围内，应配置间距不大于150mm的构造箍筋，箍筋直径应与该连梁的箍筋直径相同。

5 剪力墙的水平分布钢筋可作为连梁的纵向构造钢筋在连梁范围内贯通。对跨高比不大于2.5的连梁，梁两侧的纵向构造钢筋的面积配筋率尚不应小于0.3%。

见《建筑抗震设计规范》（GB 50011—2010）。

6.1.3 钢筋混凝土房屋抗震等级的确定，尚应符合下列要求。

1 设置少量抗震墙的框架结构，在规定的水平力作用下，底层框架部分所承担的地震倾覆力矩大于结构总地震倾覆力矩的50%时，其框架的抗震等级应按框架结构确定，抗震墙的抗震等级可与其框架的抗震等级相同。

注：底层指计算嵌固端所在的层。

2 裙房与主楼相连，除应按裙房本身确定抗震等级外，相关范围不应低于主楼的抗震等级；主楼结构在裙房顶板对应的相邻上下各一层应适当加强抗震构造措施。裙房与主楼分离时，应按裙房本身确定抗震等级。

3 当地下室顶板作为上部结构的嵌固部位时，地下一层的抗震等级应与上部结构相同，地下一层以下抗震构造措施的抗震等级可逐层降低一级，但不应低于四级。地下室中无上部结构的部分，抗震构造措施的抗震等级可根据具体情况采用三级或四级。

4 当甲乙类建筑按规定提高一度确定其抗震等级而房屋的高度超过本规范表6.1.2相

应规定的上界时，应采取比一级更有效的抗震构造措施。

6.1.4 钢筋混凝土房屋需要设置防震缝时，应符合下列规定。

1 防震缝宽度应分别符合下列要求。

1）框架结构（包括设置少量抗震墙的框架结构）房屋的防震缝宽度，当高度不超过15m时不应小于100mm；高度超过15m时，6度、7度、8度和9度分别每增加高度5m、4m、3m和2m，宜加宽20mm；

2）框架-抗震墙结构房屋的防震缝宽度不应小于本款1）项规定数值的70%，抗震墙结构房屋的防震缝宽度不应小于本款1）项规定数值的50%；且均不宜小于100mm；

3）防震缝两侧结构类型不同时，宜按需要较宽防震缝的结构类型和较低房屋高度确定缝宽。

2 8、9度框架结构房屋防震缝两侧结构层高相差较大时，防震缝两侧框架柱的箍筋应沿房屋全高加密。

6.1.5 框架结构和框架-抗震墙结构中，框架和抗震墙均应双向设置，柱中线与抗震墙中线、梁中线与柱中线之间偏心距大于柱宽的1/4时，应计入偏心的影响。

甲、乙类建筑以及高度大于24m的丙类建筑，不应采用单跨框架结构；高度不大于24m的丙类建筑不宜采用单跨框架结构。

6.1.7 采用装配整体式楼、屋盖时，应采取措施保证楼、屋盖的整体性及其与抗震墙的可靠连接。装配整体式楼、屋盖采用配筋现浇面层加强时，其厚度不应小于50mm。

6.1.9 抗震墙结构和部分框支抗震墙结构中的抗震墙设置，应符合下列要求。

4 矩形平面的部分框支抗震墙结构，其框支层的楼层侧向刚度不应小于相邻非框支层楼层侧向刚度的50%；框支层落地抗震墙间距不宜大于24m，框支层的平面布置宜对称，且宜设抗震筒体；底层框架部分承担的地震倾覆力矩，不应大于结构总地震倾覆力矩的50%。

6.1.10 抗震墙底部加强部位的范围，应符合下列规定。

1 底部加强部位的高度，应从地下室顶板算起。

2 部分框支抗震墙结构的抗震墙，其底部加强部位的高度，可取框支层加框支层以上两层的高度及落地抗震墙总高度的1/10二者的较大值。其他结构的抗震墙，房屋高度大于24m时，底部加强部位的高度可取底部两层和墙体总高度的1/10二者的较大值：房屋高度不大于24m时，底部加强部位可取底部一层。

3 当结构计算嵌固端位于地下一层的底板或以下时，底部加强部位尚宜向下延伸到计算嵌固端。

6.1.14 地下室顶板作为上部结构的嵌固部位时，应符合下列要求：

1 地下室顶板应避免开设大洞口；地下室在地上结构相关范围的项板应采用现浇梁板结构，相关范围以外的地下室顶板宜采用现浇梁板结构；其楼板厚度不宜小于180mm，混凝土强度等级不宜小于C30，应采用双层双向配筋，且每层每个方向的配筋率不宜小于0.25%。

2 结构地上一层的侧向刚度，不宜大于相关范围也下一层侧向刚度的0.5倍；地下室周边宜有与其顶板相连的抗震墙。

3 地下室顶板对应于地上框架柱的梁柱节点除应满足抗震计算要求外，尚应符合下列规定之一。

1）地下一层柱截面每侧纵向钢筋不应小于地上一层柱对应纵向钢筋的1.1倍，且地下一层柱上端和节点左右梁端实配的抗震受弯承载力之和应大于地上一层柱下端实配的抗震受弯承载力的1.3倍。

2）地下一层梁刚度较大时，柱截面每侧的纵向钢筋面积应大于地上一层对应柱每侧纵向钢筋面积的1.1倍；同时梁端顶面和底面的纵向钢筋面积均应比计算增大10%以上。

4 地下一层抗震墙墙肢端部边缘构件纵向钢筋的截面面积，不应少于地上一层对应墙肢端部边缘构件纵向钢筋的截面面积。

6.1.15 楼梯间应符合下列要求。

2 对于框架结构，楼梯间的布置不应导致结构平面特别不规则；楼梯构件与主体结构整浇时，应计入楼梯构件对地震作用及其效应的影响，应进行楼梯构件的抗震承载力验算；宜采取构造措施，减少楼梯构件对主体结构刚度的影响。

3 楼梯间两侧填充墙与柱之间应加强拉结。

6.1.17 高强混凝土结构抗震设计应符合本规范附录B的规定。

6.1.18 预应力混凝土结构抗震设计应符合本规范附录C的规定。

6.2.10 部分框支抗震墙结构的框支柱尚应满足下列要求。

1 框支柱承受的最小地震剪力，当框支柱的数量不少于10根时，柱承受地震剪力之和不应小于结构底部总地震剪力的20%；当框支柱的数量少于10根时，每根柱承受的地震剪力不应小于结构底部总地震剪力的2%。框支柱的地震弯矩应相应调整。

2 一、二级框支柱由地震作用引起的附加轴力应分别乘以增大系数1.5、1.2；计算轴压比时，该附加轴力可不乘以增大系数。

3 一、二级框支柱的顶层柱上端和底层柱下端，其组合的弯矩设计值应分别乘以增大系数1.5、1.25，框支柱的中间节点应满足本规范第6.2.2条的要求。

6.2.12 部分框支抗震墙结构的框支柱顶层楼盖应符合本规范附录E第E. 1节的规定。

6.2.13 钢筋混凝土结构抗震计算时，尚应符合下列要求。

1 侧向刚度沿竖向分布基本均匀的框架一抗震墙结构和框架-核心筒结构，任一层框架部分承担的剪力值，不应小于结构底部总地震剪力的20%和按框架-抗震墙结构、框架-核心筒结构计算的框架部分各楼层地震剪力中最大值1.5倍二者的较小值。

4 设置少量抗震墙的框架结构，其框架部分的地震剪力值，宜采用框架结构模型和框架一抗震墙结构模型二者计算结果的较大值。

6.3.2 梁宽大于柱宽的扁梁应符合下列要求。

1 采用扁梁的楼、屋盖应现浇，梁中线宜与柱中线重合，扁梁应双向布置。扁梁的截面尺寸应符合下列要求，并应满足现行有关规范对挠度和裂缝宽度的规定：

$$b_b \leqslant 2b_c \tag{6.3.2-1}$$

$$b_b \leqslant b_c + h_b \tag{6.3.2-2}$$

$$h_b \geqslant 16d \quad (6.3.2\text{-}3)$$

式中　$b_c$——柱截面宽度，圆形截面取柱直径的 0.8 倍；

$b_b$、$h_b$——分别为梁截面宽度和高度；

$d$——柱纵筋直径。

2　扁梁不宜用于一级框架结构。

6.3.5　柱的截面尺寸，宜符合下列各项要求：

1　截面的宽度和高度，四级或不超过 2 层时不宜小于 300mm，一、二、三级且超过 2 层时不宜小于 400mm；圆柱的直径，四级或不超过 2 层时不宜小于 350mm，一、二、三级且超过 2 层时不宜小于 450mm。

6.3.6　柱轴压比不宜超过表 6.3.6 的规定；建造于Ⅳ类场地且较高的高层建筑，柱轴压比限值应适当减小。

**表 6.3.6　柱轴压比限值**

| 结构类型 | 抗震等级 | | | |
|---|---|---|---|---|
| | 一 | 二 | 三 | 四 |
| 框架结构 | 0.65 | 0.75 | 0.85 | 0.90 |
| 框架-抗震墙、板柱-抗震墙、框架-核心筒及筒中筒 | 0.75 | 0.85 | 0.90 | 0.95 |
| 部分框支抗震墙 | 0.6 | 0.7 | — | |

注：1. 轴压比指柱组合的轴压力设计值与柱的全截面面积和混凝土轴心抗压强度设计值乘积之比值；对本规范规定不进行地震作用计算的结构，可取无地震作用组合的轴力设计值计算。

2. 表内限值适用于剪跨比大于 2、混凝土强度等级不高于 C60 的柱；剪跨比不大于 2 的柱，轴压比限值应降低 0.05；剪跨比小于 1.5 的柱，轴压比限值应专门研究并采取特殊构造措施。

3. 沿柱全高采用井字复合箍且箍筋肢距不大于 200mm、间距不大于 100mm、直径不小于 12mm，或沿柱全高采用复合螺旋箍、螺旋间距不大于 100mm、箍筋肢距不大于 200mm、直径不小于 12mm 或沿柱全高采用连续复合矩形螺旋箍、螺旋净距不大于 80mm、箍筋肢距不大于 200mm、直径不小于 10mm，轴压比限值均可增加 0.10；上述三种箍筋的最小配箍特征值均应按增大的轴压比由本规范表 6.3.9 确定。

4. 在柱的截面中部附加芯柱，其中另加的纵向钢筋的总面积不少于柱截面面积的 0.8%，轴压比限值可增加 0.05；此项措施与注 3 的措施共同采用时，轴压比限值可增加 0.15，但箍筋的体积配箍率仍可按轴压比增加 0.10 的要求确定。

5. 柱轴压比不应大于 1.05。

6.3.8　柱的纵向钢筋配置，尚应符合下列规定：

4　边柱、角柱及抗震墙端柱在小偏心受拉时，柱内纵筋总截面面积应比计算值增加 25%。

6.3.9　柱的箍筋配置，尚应符合下列要求。

1　柱的箍筋加密范围，应按下列规定采用：

1）柱端，取截面高度（圆柱直径）、柱净高的1/6和500mm三者的最大值；

2）底层柱的下端不小于柱净高的1/3；

3）刚性地面上下各500mm；

4）剪跨比不大于2的柱、因设置填充墙等形成的柱净高与柱截面高度之比不大于4的柱、框支柱、一级和二级框架的角柱，取全高。

2 柱箍筋加密区的箍筋肢距，一级不宜大于200mm，二、三级不宜大于250mm，四级不宜大于300mm。至少每隔一根纵向钢筋宜在两个方向有箍筋或拉筋约束；采用拉筋复合箍时，拉筋宜紧靠纵向钢筋并钩住箍筋。

3 柱箍筋加密区的体积配箍率，应按下列规定采用。

1）柱箍筋加密区的体积配箍率应符合下式要求：

$$\rho_v \geqslant \lambda_v f_c / f_{yv} \qquad (6.3.9)$$

式中 $\rho_v$——柱箍筋加密区的体积配箍率，一级不应小于0.8%，二级不应小于0.6%，三、四级不应小于0.4%；计算复合螺旋箍的体积配箍率时，其非螺旋箍的箍筋体积应乘以折减系数0.80；

$f_c$——混凝土轴心抗压强度设计值，强度等级低于C35时，应按C35计算；

$f_{yv}$——箍筋或拉筋抗拉强度设计值；

$\lambda_v$——最小配箍特征值，宜按表6.3.9采用。

2）框支柱宜采用复合螺旋箍或井字复合箍，其最小配箍特征值应比表6.3.9内数值增加0.02，且体积配箍率不应小于1.5%。

3）剪跨比不大于2的柱宜采用复合螺旋箍或井字复合箍，其体积配箍率不应小于1.2%，9度一级时不应小于1.5%。

**表6.3.9 柱箍筋加密区的箍筋最小配箍特征值**

| 抗震等级 | 箍筋形式 | 柱轴压比 | | | | | | | | |
|---|---|---|---|---|---|---|---|---|---|---|
| | | ≤0.3 | 0.4 | 0.5 | 0.6 | 0.7 | 0.8 | 0.9 | 1.0 | 1.05 |
| 一 | 普通箍、复合箍 | 0.10 | 0.11 | 0.13 | 0.15 | 0.17 | 0.20 | 0.23 | — | — |
| | 螺旋箍、复合或连续复合矩形螺旋箍 | 0.08 | 0.09 | 0.11 | 0.13 | 0.15 | 0.18 | 0.21 | — | — |
| 二 | 普通箍、复合箍 | 0.08 | 0.09 | 0.11 | 0.13 | 0.15 | 0.17 | 0.19 | 0.22 | 0.24 |
| | 螺旋箍、复合或连续复合矩形螺旋箍 | 0.06 | 0.07 | 0.09 | 0.11 | 0.13 | 0.15 | 0.17 | 0.20 | 0.22 |
| 三、四 | 普通箍、复合箍 | 0.06 | 0.07 | 0.09 | 0.11 | 0.13 | 0.15 | 0.17 | 0.20 | 0.22 |
| | 螺旋箍、复合或连续复合矩形螺旋箍 | 0.05 | 0.06 | 0.07 | 0.09 | 0.11 | 0.13 | 0.15 | 0.18 | 0.20 |

注：普通箍指单个矩形箍和单个圆形箍，复合箍指由矩形、多边形、圆形箍或拉筋组成的箍筋；复合螺旋箍指由螺旋箍与矩形、多边形、圆形箍或拉筋组成的箍筋；连续复合矩形螺旋箍指用一根通长钢筋加工而成的箍筋。

4　柱箍筋非加密区的箍筋配置，应符合下列要求：

1）柱箍筋非加密区的体积配箍率不宜小于加密区的50%；

2）箍筋间距，一、二级框架柱不应大于10倍纵向钢筋直径，三、四级框架柱不应大于15倍纵向钢筋直径。

6.4.1　抗震墙的厚度，一、二级不应小于160mm且不宜小于层高或无支长度的1/20，三、四级不应小于140mm且不宜小于层高或无支长度的1/25；无端柱或翼墙时，一、二级不宜小于层高或无支长度的1/16，三、四级不宜小于层高或无支长度的1/20。

6.4.2 一、二、三级抗震墙在重力荷载代表值作用下墙肢的轴压比，一级时，9度不宜大于0.4，7、8度不宜大于0.5；二、三级时不宜大于0.6。

注：墙肢轴压比指墙的轴压力设计值与墙的全截面面积和混凝土轴心抗压强度设计值乘积之比值。

6.4.5　抗震墙两端和洞口两侧应设置边缘构件，边缘构件包括暗柱、端柱和翼墙，并应符合下列要求。

1　对于抗震墙结构，底层墙肢底截面的轴压比不大于表6.4.5-1规定的一、二、三级抗震墙及四级抗震墙，墙肢两端可设置构造边缘构件，构造边缘构件的范围可按图6.4.5-1采用，构造边缘构件的配筋除应满足受弯承载力要求外，并宜符合表6.4.5-2的要求。

**表6.4.5-1　抗震墙设置构造边缘构件的最大轴压比**

| 抗震等级或烈度 | 一级（9度） | 一级（7、8度） | 二、三级 |
|---|---|---|---|
| 轴压比 | 0.1 | 0.2 | 0.3 |

**表6.4.5-2　抗震墙构造边缘构件的配筋要求**

| 抗震等级 | 底部加强部位 | | | 其他部位 | | |
|---|---|---|---|---|---|---|
| | 纵向钢筋最小量（取较大值） | 箍筋 | | 纵向钢筋最小量（取较大值） | 箍筋 | |
| | | 最小直径/mm | 沿竖向最大间距/mm | | 最小直径/mm | 沿竖向最大间距/mm |
| 一 | $0.010A_c$，6ϕ16 | 8 | 100 | $0.008A_c$，6ϕ14 | 8 | 150 |
| 二 | $0.008A_c$，6ϕ14 | 8 | 150 | $0.006A_c$，6ϕ12 | 8 | 200 |
| 三 | $0.006A_c$，6ϕ12 | 6 | 150 | $0.005A_c$，4ϕ12 | 6 | 200 |
| 四 | $0.005A_c$，4ϕ12 | 6 | 200 | $0.004A_c$，4ϕ12 | 6 | 250 |

注：1. $A_c$为边缘构件的截面面积。

2. 其他部位的拉筋，水平间距不应大于纵筋间距的2倍；转角处宜采用箍筋。

3. 当端柱承受集中荷载时，其纵向钢筋、箍筋直径和间距应满足柱的相应要求。

2　底层墙肢底截面的轴压比大于表6.4.5-1规定的一、二、三级抗震墙，以及部分框支抗震墙结构的抗震墙，应在底部加强部位及相邻的上一层设置约束边缘构件，在以上的其他部位可设置构造边缘构件。约束边缘构件沿墙肢的长度、配箍特征值、箍筋和纵向钢筋宜符合表6.4.5-3的要求（图6.4.5-2）。

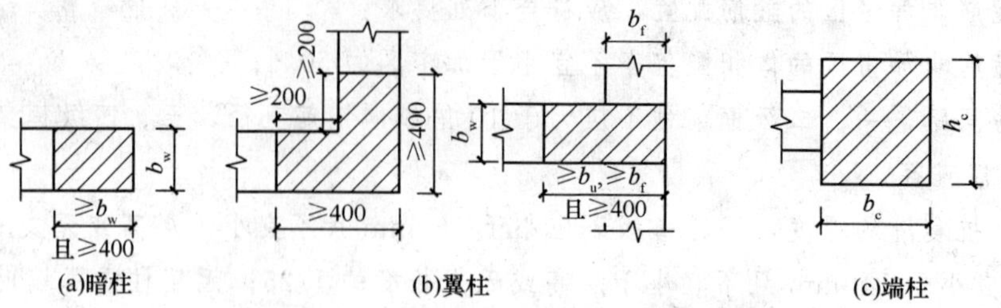


图 6.4.5-1 抗震墙的构造边缘构件范围

表 6.4.5-3 抗震墙约束边缘构件的范围及配筋要求

| 项目 | 一级（9度） | | 一级（7、8度） | | 二、三级 | |
|---|---|---|---|---|---|---|
| | $\lambda\leqslant0.2$ | $\lambda>0.2$ | $\lambda\leqslant0.3$ | $\lambda>0.3$ | $\lambda\leqslant0.4$ | $\lambda>0.4$ |
| $l_c$（暗柱） | $0.20h_w$ | $0.25h_w$ | $0.15h_w$ | $0.20h_w$ | $0.15h_w$ | $0.20h_w$ |
| $l_c$（翼墙或端柱） | $0.15h_w$ | $0.20h_w$ | $0.10h_w$ | $0.15h_w$ | $0.10h_w$ | $0.15h_w$ |
| $\lambda_v$ | 0.12 | 0.20 | 0.12 | 0.20 | 0.12 | 0.20 |
| 纵向钢筋（取较大值） | $0.012A_c$，8ϕ16 | | $0.012A_c$，8ϕ16 | | $0.010A_c$，6ϕ16（三级 6ϕ14） | |
| 箍筋或拉筋沿竖向间距 | 100mm | | 100mm | | 150mm | |

注：1. 抗震墙的翼墙长度小于其3倍厚度或端柱截面边长小于2倍墙厚时，按无翼墙、无端柱查表；端柱有集中荷载时，配筋构造按柱要求。

2. $l_c$为约束边缘构件沿墙肢长度，且不小于墙厚和400mm；有翼墙或端柱时不应小于翼墙厚度或端柱沿墙肢方向截面高度加300mm。

3. $\lambda_v$为约束边缘构件的配箍特征值，体积配箍率可按本规范式（6.3.9）计算，并可适当计入满足构造要求且在墙端有可靠锚固的水平分布钢筋的截面面积。

4. $h_w$为抗震墙墙肢长度。

5. $\lambda$为墙肢轴压比。

6. $A_c$为图 6.4.5-2 中约束边缘构件阴影部分的截面面积。

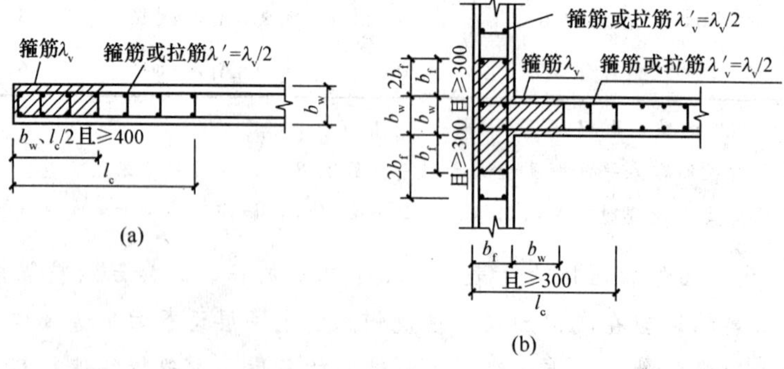

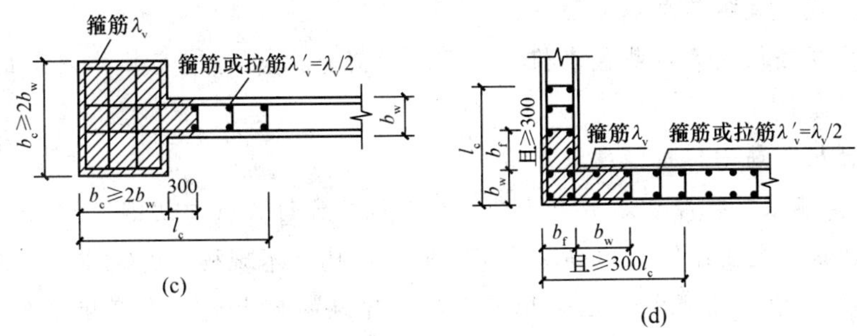


**图 6.4.5-2　抗震墙的约束边缘构件**

6.4.6　抗震墙的墙肢长度不大于墙厚的 3 倍时，应按柱的有关要求进行设计；矩形墙肢的厚度不大于 300mm 时，宜全高加密箍筋。

6.5.1　框架-抗震墙结构的抗震墙厚度和边框设置，应符合下列要求。

1　抗震墙的厚度不应小于 160mm 且不宜小于层高或无支长度的 1/20，底部加强部位的抗震墙厚度不应小于 200mm 且不宜小于层高或无支长度的 1/16。

6.6.2　板柱-抗震墙的结构布置，尚应符合下列要求。

1　抗震墙厚度不应小于 180mm，且不宜小于层高和无支长度的 1/20；房屋高度大于 12m 时，墙厚不应小于 200mm。

2　房屋的周边应采用有梁框架，楼、电梯洞口周边宜设置边框梁。

3 8 度时宜采用有托板或柱帽的板柱节点，托板或柱帽根部的厚度（包括板厚）不宜小于柱纵筋直径的 16 倍，托板或柱帽的边长不宜小于 4 倍板厚和柱截面对应边长之和。

6.6.3　板柱-抗震墙结构的抗震计算，应符合下列要求。

1　房屋高度大于 12m 时，抗震墙应承担结构的全部地震作用；房屋高度不大于 12m 时，抗震墙宜承担结构的全部地震作用。各层板柱和框架部分应能承担不少于本层地震剪力的 20%。

3　板柱节点应进行冲切承载力的抗震验算，应计入不平衡弯矩引起的冲切，节点处地震作用组合的不平衡弯矩引起的冲切反力设计值应乘以增大系数，一、二、三级板柱的增大系数可分别取 1.7、1.5、1.3。

6.6.4　板柱-抗震墙结构的板柱节点构造应符合下列要求。

1　无柱帽平板应在柱上板带中设构造暗梁，暗梁宽度可取柱宽及柱两侧各不大于 1.5 倍板厚。暗梁支座上部钢筋面积应不小于柱上板带钢筋面积的 50%，暗梁下部钢筋不宜少于上部钢筋的 1/2；箍筋直径不应小于 8mm，间距不宜大于 3/4 倍板厚，肢距不宜大于 2 倍板厚，在暗梁两端应加密。

2　无柱帽柱上板带的板底钢筋，宜在距柱面为 2 倍板厚以外连接，采用搭接时钢筋端部宜有垂直于板面的弯钩。

3　沿两个主轴方向通过柱截面的板底连续钢筋的总截面面积，应符合下式要求：

$$A_s \geqslant N_G / f_y \tag{6.6.4}$$

式中 $A_s$——板底连续钢筋总截面面积；

$N_G$——本层楼板重力荷载代表值（8度时尚宜计入竖向地震）作用下的柱轴压力设计值；

$f_y$——楼板钢筋的抗拉强度设计值。

4 板柱节点应根据抗冲切承载力要求，配置抗剪栓钉或抗冲切钢筋。

(3) 高层建筑混凝土结构 《高层建筑混凝土结构技术规程》(JGJ 3—2010)

3.3.1 A级高度钢筋混凝土乙类和丙类高层建筑的最大适用高度应符合表3.3.1-1的规定。

平面和竖向均不规则的高层建筑结构，其最大适用高度宜适当降低。

**表3.3.1-1 A级高度钢筋混凝土高层建筑的最大适用高度** (m)

| 结构体系 | | 非抗震设计 | 抗震设防烈度 | | | | |
|---|---|---|---|---|---|---|---|
| | | | 6度 | 7度 | 8度 | | 9度 |
| | | | | | 0.20g | 0.30g | |
| 框架 | | 70 | 60 | 50 | 40 | 35 | — |
| 框架-剪力墙 | | 150 | 130 | 120 | 100 | 80 | 50 |
| 剪力墙 | 全部落地剪力墙 | 150 | 140 | 120 | 100 | 80 | 60 |
| | 部分框支剪力墙 | 130 | 120 | 100 | 80 | 50 | 不应采用 |
| 筒体 | 框架-核心筒 | 160 | 150 | 130 | 100 | 90 | 70 |
| | 筒中筒 | 200 | 180 | 150 | 120 | 100 | 80 |
| 板柱-剪力墙 | | 110 | 80 | 70 | 55 | 40 | 不应采用 |

注：1. 表中框架不含异形柱框架。

2. 部分框支剪力墙结构指地面以上有部分框支剪力墙的剪力墙结构。

3. 甲类建筑，6、7、8度时宜按本地区抗震设防烈度提高一度后符合本表的要求，9度时应专门研究。

4. 框架结构、板柱-剪力墙结构以及9度抗震设防的表列其他结构，当房屋高度超过本表数值时，结构设计应有可靠依据，并采取有效的加强措施。

3.4.5 结构平面布置应减少扭转影响。在考虑偶然偏心影响的规定水平地震力作用下，楼层竖向构件最大的水平位移和层间位移，A级高度高层建筑不宜大于该楼层平均值的1.2倍，不应大于该楼层平均值的1.5倍：超过A级高度的混合结构及本规程第10章所指的复杂高层建筑不宜大于该楼层平均值的1.2倍，不应大于该楼层平均值的1.4倍。结构扭转为主的第一自振周期$T_t$与平动为主的第一自振周期$T_1$比，A级高度高层建筑不应大于0.9，超过A级高度的混合结构及本规程第10章所指的复杂高层建筑不应大于0.85。

注：当楼层的最大层间位移角不大于本规程第3.7.3条规定的限值的40%时，该楼层竖向构件的最大水平位移和层间位移与该楼层平均值的比值可适当放松，但不应大于1.6。

3.4.10 设置防震缝时，应符合下列规定。

7 结构单元之间或主楼与裙房之间不宜采用牛腿托梁的做法设置防震缝，否则应采取可靠措施。

3.5.2　抗震设计时，高层建筑相邻楼层的侧向刚度变化应符合下列规定。

1　对框架结构，楼层与其相邻上层的侧向刚度比 $\gamma_1$，可按式（3.5.2-1）计算，且本层与相邻上层的比值不宜小于0.7，与相邻上部三层刚度平均值的比值不宜小于0.8。

$$\gamma_1=\frac{V_i\Delta_{i+1}}{V_i+1\Delta_i} \tag{3.5.2-1}$$

式中　$\gamma_1$——楼层侧向刚度比；

$V_i$、$V_{i+1}$——第 $i$ 层和第 $i+1$ 层的地震剪力标准值（kN）；

$\Delta_i$、$\Delta_{i+1}$——第 $i$ 层和第 $i+1$ 层在地震作用标准值作用下的层间位移（m）。

2　对框架-剪力墙、板柱-剪力墙结构、剪力墙结构、框架-核心筒结构、筒中筒结构，楼层与其相邻上层的侧向刚度比 $\gamma_2$ 可按式（3.5.2-2）计算，且本层与相邻上层的比值不宜小于0.9；当本层层高大于相邻上层层高的1.5倍时，该比值不宜小于1.1；对结构底部嵌固层，该比值不宜小于1.5。

$$\gamma_2=\frac{V_i\Delta_{i+1}}{V_{i+1}\Delta_i}\frac{h_i}{h_{i+1}} \tag{3.5.2-2}$$

式中　$\gamma_2$——考虑层高修正的楼层侧向刚度比。

3.5.8　侧向刚度变化、承载力变化、竖向抗侧力构件连续性不符合本规程第3.5.2、3.5.3、3.5.4　条要求的楼层，其对应于地震作用标准值的剪力应乘以1.25的增大系数。

3.10.1　特一级抗震等级的钢筋混凝土构件除应符合一级钢筋混凝土构件的所有设计要求外，尚应符合本节的有关规定。

4.3.14　跨度大于24m的楼盖结构、跨度大于12m的转换结构和连体结构、悬挑长度大于5m的悬挑结构，结构竖向地震作用效应标准值宜采用时程分析方法或振型分解反应谱方法进行计算。时程分析计算时输入的地震加速度最大值可按规定的水平输入最大值的65%采用，反应谱分析时结构竖向地震影响系数最大值可按水平地震影响系数最大值的65%采用，但设计地震分组可按第一组采用。

4.3.15　高层建筑中，大跨度结构、悬挑结构、转换结构、连体结构的连接体的竖向地震作用标准值，不宜小于结构或构件承受的重力荷载代表值与表4.3.15所规定的竖向地震作用系数的乘积。

**表4.3.15　竖向地震作用系数**

| 设防烈度 | 7度 | 8度 | | 9度 |
|---|---|---|---|---|
| 设计地震基本加速度 | 0.15g | 0.20g | 0.30g | 0.40g |
| 竖向地震作用系数 | 0.08 | 0.10 | 0.15 | 0.20 |

6.4.9　非抗震设计时，柱中箍筋应符合下列规定。

1　周边箍筋应为封闭式。

2　箍筋间距不应大于400mm，且不应大于构件截面的短边尺寸和最小纵向受力钢筋直径的15倍。

3 箍筋直径不应小于最大纵向钢筋直径的1/4，且不应小于6mm。

4 当柱中全部纵向受力钢筋的配筋率超过3%时，箍筋直径不应小于8mm，箍筋间距不应大于最小纵向钢筋直径的10倍，且不应大于200mm；箍筋末端应做成135°弯钩且弯钩末端平直段长度不应小于10倍箍筋直径。

5 当柱每边纵筋多于3根时，应设置复合箍筋。

6 柱内纵向钢筋采用搭接做法时，搭接长度范围内箍筋直径不应小于搭接钢筋较大直径的1/4；在纵向受拉钢筋的搭接长度范围内的箍筋间距不应大于搭接钢筋较小直径的5倍，且不应大于100mm；在纵向受压钢筋的搭接长度范围内的箍筋间距不应大于搭接钢筋较小直径的10倍，且不应大于200mm。当受压钢筋直径大于25mm时，尚应在搭接接头端面外100mm的范围内各设置两道箍筋。

7.1.6 当剪力墙或核心筒墙肢与其平面外相交的楼面梁刚接时，可沿楼面梁轴线方向设置与梁相连的剪力墙、扶壁柱或在墙内设置暗柱。

7.1.8 抗震设计时，高层建筑结构不应全部采用短肢剪力墙；当采用具有较多短肢剪力墙的剪力墙结构时，应符合下列规定：

1 在规定的水平地震作用下，短肢剪力墙承担的底部倾覆力矩不宜大于结构底部总地震倾覆力矩的50%；

2 房屋适用高度应比本规程表3.3.1-1规定的剪力墙结构的最大适用高度适当降低，7度、8度（0.2g）和8度（0.3g）时分别不应大于100m、80m和60m。

7.2.1 剪力墙的截面厚度应符合下列规定。

1 应符合本规程附录D的墙体稳定验算要求。

2 一、二级剪力墙：底部加强部位不应小于200mm，其他部位不应小于160mm；一字形独立剪力墙底部加强部位不应小于220mm，其他部位不应小于180mm；

3 三、四级剪力墙：不应小于160mm，一字形独立剪力墙的底部加强部位尚不应小于180mm。

4 非抗震设计时不应小于160mm。

5 剪力墙井筒中，分隔电梯井或管道井的墙肢截面厚度可适当减小，但不宜小于160mm。

7.2.2 抗震设计时，短肢剪力墙的设计应符合下列规定。

1 短肢剪力墙截面厚度除应符合本规程第7.2.1条的要求外，底部加强部位尚不应小于200mm，其他部位尚不应小于180mm。

2 一、二、三级短肢剪力墙的轴压比，分别不宜大于0.45、0.50、0.55，一字形截面短肢剪力墙的轴压比限值应相应减少0.1。

3 短肢剪力墙的底部加强部位应按本节7.2.6条调整剪力设计值，其他各层一、二、三级时剪力设计值应分别乘以增大系数1.4、1.2和1.1。

4 短肢剪力墙边缘构件的设置应符合本规程第7.2.14条的规定。

5 短肢剪力墙的全部竖向钢筋的配筋率，底部加强部位一、二级不宜小于1.2%，三、四级不宜小于1.0%；其他部位一、二级不宜小于1.0%，三、四级不宜小于0.8%。

6 不宜采用一字型短肢剪力墙，不宜在一字形短肢剪力墙上布置平面外与之相交的单侧楼面梁。

7.2.26 剪力墙的连梁不满足本规程第7.2.22条的要求时，可采取下列措施。

3 当连梁破坏对承受竖向荷载无明显影响时，可按独立墙肢的计算简图进行第二次多遇地震作用下的内力分析，墙肢截面应按两次计算的较大值计算配筋。

7.2.27 连梁的配筋构造（图7.2.27）应符合下列规定。

1 连梁顶面、底面纵向水平钢筋伸入墙肢的长度，抗震设计时不应小于$l_{aE}$，非抗震设计时不应小于$l_a$，且均不应小于600mm。

2 抗震设计时，沿连梁全长箍筋的构造应符合本规程第6.3.2条框架梁梁端箍筋加密区的箍筋构造要求；非抗震设计时，沿连梁全长的箍筋直径不应小于6mm，间距不应大于150mm。

3 顶层连续纵向水平钢筋伸入墙肢的长度范围内应配置箍筋，箍筋间距不宜大于150mm，直径应与该连梁的箍筋直径相同。

4 连梁高度范围内的墙肢水平分布钢筋应在连梁内拉通作为连梁的腰筋。连梁截面高度大于700mm时，其两侧面腰筋的直径不应小于8mm，间距不应大于200mm；跨高比不大于2.5的连梁，其两侧腰筋的总面积配筋率不应小于0.3%。

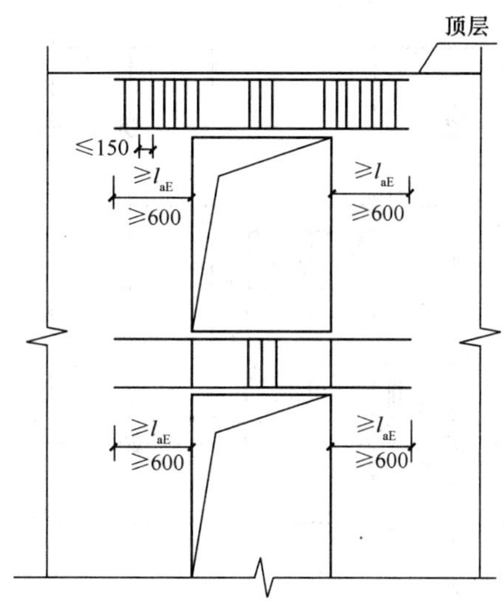


**图7.2.27 连梁配筋构造示意图**

注：非抗震设计时图中$l_{aE}$取$l_a$

8.1.3 抗震设计的框架-剪力墙结构，应根据在规定的水平力作用下结构底层框架部分承受的地震倾覆力矩与结构总地震倾覆力矩的比值，确定相应的设计方法，并应符合下列规定。

1　框架部分承受的地震倾覆力矩不大于结构总地震倾覆力矩的10%时，按剪力墙结构进行设计，其中的框架部分应按框架-剪力墙结构的框架进行设计。

2　当框架部分承受的地震倾覆力矩大于结构总地震倾覆力矩的10%但不大于50%时，按框架-剪力墙结构进行设计。

3　当框架部分承受的地震倾覆力矩大于结构总地震倾覆力矩的50%但不大于80%时，按框架-剪力墙结构进行设计，其最大适用高度可比框架结构适当增加，框架部分的抗震等级和轴压比限值宜按框架结构的规定采用。

4　当框架部分承受的地震倾覆力矩大于结构总地震倾覆力矩的80%时，按框架-剪力墙结构进行设计，但其最大适用高度宜按框架结构采用，框架部分的抗震等级和轴压比限值应按框架结构的规定采用。当结构的层间位移角不满足框架-剪力墙结构的规定时，可按本规程第3.11节的有关规定进行结构抗震性能的分析和论证。

8.1.10　抗风设计时，板柱-剪力墙结构中各层筒体或剪力墙应能承担不小于80%相应方向该层承担的风荷载作用下的剪力。

8.2.4　板柱-剪力墙结构中，板的构造设计应符合下列规定。

3　无梁楼板开局部洞口时，应验算承载力及刚度要求。当未作专门分析时，在板的不同部位开单个洞的大小应符合图8.2.4的要求。若在同一部位开多个洞时，则在同一截面上各个洞宽之和不应大于该部位单个洞的允许宽度。所有洞边均应设置补强钢筋。

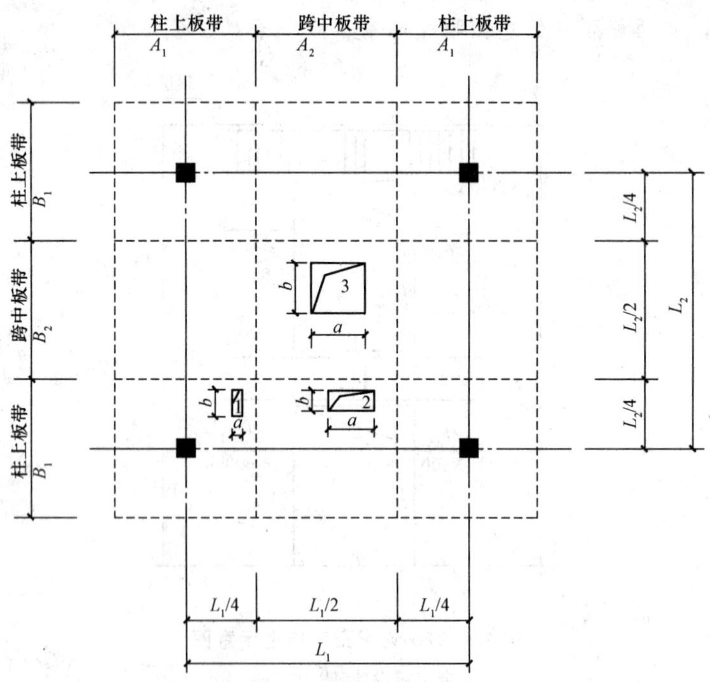


**图 8.2.4　无梁楼板开洞要求**

注：洞1：$a \leqslant a_c/4$ 且 $a \leqslant t/2$，$b \leqslant b_c/4$ 且 $b \leqslant t/2$；其中，$a$ 为洞口短边尺寸，$b$ 为洞口长边尺寸，$a_c$ 为相应于洞口短边方向的柱宽，$b_c$ 为相应于洞口长边方向的柱宽，$t$ 为板厚；洞2：$a \leqslant A_2/4$ 且 $b \leqslant B_1/4$；洞3：$a \leqslant A_2/4$ 且 $b \leqslant B_2/4$

9.1.7 筒体结构核心筒或内筒设计应符合下列规定：

2 筒体角部附近不宜开洞，当不可避免时，筒角内壁至洞口的距离不应小于500mm和开洞墙截面厚度的较大值。

3 筒体墙应按本规程附录D验算墙体稳定，且外墙厚度不应小于200mm，内墙厚度不应小于160mm。必要时可设置扶壁柱或扶壁墙。

9.1.11 抗震设计时，筒体结构的框架部分按侧向刚度分配的楼层地震剪力标准值应符合下列规定。

1 框架部分分配的楼层地震剪力标准值的最大值不宜小于结构底部总地震剪力标准值的10%。

2 当框架部分分配的地震剪力标准值的最大值小于结构底部总地震剪力标准值的10%时，各层框架部分承担的地震剪力标准值应增大到结构底部总地震剪力标准值的15%；此时，各层核心筒墙体的地震剪力标准值宜乘以增大系数1.1，但可不大于结构底部总地震剪力标准值，墙体的抗震构造措施应按抗震等级提高一级后采用，已为特一级的不再提高。

3 当框架部分分配的地震剪力标准值小于结构底部总地震剪力标准值的20%，但其最大值不小于结构底部总地震剪力标准值的10%时，应按结构底部总地震剪力标准值的20%和框架部分楼层地震剪力标准值中最大值的1.5倍二者的较小值进行调整。

按本条第2款或第3款调整框架柱的地震剪力后，框架柱端弯矩及与之相连的框架梁端弯矩、剪力应进行相应调整。

有加强层时，本条框架部分分配的楼层地震剪力标准值的最大值不应包括加强层及其上、下层的框架剪力。

9.2.2 抗震设计时，（框架-核心筒结构的）核心筒墙体设计尚应符合下列规定：

1 底部加强部位主要墙体的水平和竖向分布钢筋的配筋率均不宜小于0.30%；

2 底部加强部位角部墙体约束边缘构件沿墙肢的长度宜取墙肢截面高度的1/4，约束边缘构件范围内应主要采用箍筋；

3 底部加强部位以上角部墙体宜按本规程7.2.15条的规定设置约束边缘构件。

9.2.5 对内筒偏置的框架-筒体结构，应控制结构在考虑偶然偏心影响的规定地震力作用下，最大楼层水平位移和层间位移不应大于该楼层平均值的1.4倍，结构扭转为主的第一自振周期 $T_t$ 与平动为主的第一自振周期 $T_1$ 之比不应大于0.85，且 $T_1$ 的扭转成分不宜大于30%。

（4）**高层建筑混凝土复杂结构** 《高层建筑混凝土结构技术规程》（JGJ 3—2010）

10.1.3 7度和8度抗震设计时，剪力墙结构错层高层建筑的房屋高度分别不宜大于80m和60m；框架-剪力墙结构错层高层建筑的房屋高度分别不应大于80m和60m。

10.1.4 7度和8度抗震设计的高层建筑不宜同时采用超过两种本规程第10.1.1条所规定的复杂高层建筑结构。

10.2.3 转换层上部结构与下部结构的侧向刚度变化应符合本规程附录E的规定。

10.2.5 部分框支剪力墙结构在地面以上设置转换层的位置，8度时不宜超过3层，

7 度时不宜超过 5 层，6 度时可适当提高。

10.2.6 带转换层的高层建筑结构，其抗震等级应符合本规程第 3.9 节的有关规定，带托柱转换层的筒体结构，其转换柱和转换梁的抗震等级按部分框支剪力墙结构中的框支框架采用。对部分框支剪力墙结构，当转换层的位置设置在 3 层及 3 层以上时，其框支柱、剪力墙底部加强部位的抗震等级宜按本规程表 3.9.3 的规定提高一级采用，已为特一级时可不提高。

10.2.8 转换梁设计尚应符合下列规定：

1 转换梁与转换柱截面中线宜重合。

2 转换梁截面高度不宜小于计算跨度的 1/8。托柱转换梁截面宽度不应小于其上所托柱在梁宽方向的截面宽度。框支梁截面宽度不宜大于框支柱相应方向的截面宽度，且不宜小于其上墙体截面厚度的 2 倍和 400mm 的较大值。

3 转换梁截面组合的剪力设计值应符合下列规定：

持久、短暂设计状况：

$$V \leqslant 0.20\beta_c f_c b h_0 \tag{10.2.8-1}$$

地震设计状况：

$$V \leqslant \frac{1}{\gamma_{RE}}(0.15\beta_c f_c b h_0) \tag{10.2.8-2}$$

4 托柱转换梁应沿腹板高度配置腰筋，其直径不宜小于 12mm、间距不宜大于 200mm。

5 转换梁纵向钢筋接头宜采用机械连接，同一连接区段内接头钢筋截面面积不宜超过全部纵筋截面面积的 50%，接头位置应避开上部墙体开洞部位、梁上托柱部位及受力较大部位。

6 转换梁不宜开洞。若必须开洞时，洞口边离开支座柱边的距离不宜小于梁截面高度；被洞口削弱的截面应进行承载力计算，因开洞形成的上、下弦杆应加强纵向钢筋和抗剪箍筋的配置。

7 对托柱转换梁的托柱部位和框支梁上部的墙体开洞部位，梁的箍筋应加密配置，加密区范围可取梁上托柱边或墙边两侧各 1.5 倍转换梁高度；箍筋直径、间距及面积配筋率应符合本规程第 10.2.7 条第 2 款的规定。

8 框支剪力墙结构中的框支梁上、下纵向钢筋和腰筋（图 10.2.8）应在节点区可靠锚固，水平段应伸至柱边，且非抗震设计时不应小于 $0.4l_{ab}$，抗震设计时不应小于 $0.4l_{abE}$，梁上部第一排纵向钢筋应向柱内弯折锚固，且应延伸过梁底不小于 $l_a$（非抗震设计）或 $l_{aE}$（抗震设计）；当梁上部配置多排纵向钢筋时，其内排钢筋锚入柱内的长度可适当减小，但水平段长度和弯下段长度之和不应小于钢筋锚固长度 $l_a$（非抗震设计>或 $l_{aE}$（抗震设计）。

9 托柱转换梁在转换层宜在托柱位置设置正交方向的框架梁或楼面梁。

10.2.11 转换柱设计尚应符合下列规定：

1 柱截面宽度，非抗震设计时不宜小于 400mm，抗震设计时不应小于 450mm；柱截面高度，非抗震设计时不宜小于转换梁跨度的 1/15，抗震设计时不宜小于转换梁跨度的 1/12。

2 一、二级转换柱由地震作用产生的轴力应分别乘以增大系数 1.5、1.2，但计算柱轴

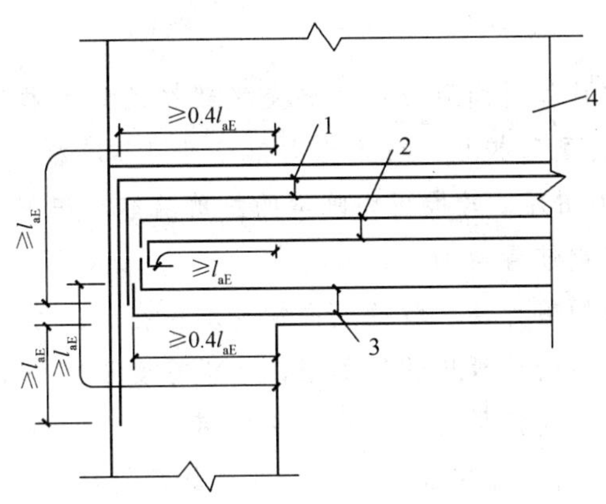


**图 10.2.8　框支梁主筋和腰筋的锚固**

1—梁上部纵向钢筋；2—梁腰筋；3—梁下部纵向钢筋；4—上部剪力墙；抗震设计时图中 $l_a$、$l_{ab}$ 分别取为 $l_{aE}$、$l_{abE}$。

压比时可不考虑该增大系数。

3　与转换构件相连的一、二级转换柱的上端和底层柱下端截面的弯矩组合值应分别乘以增大系数 1.5、1.3，其他层转换柱柱端弯矩设计值应符合本规程第 6.2.1 条的规定。

4　一、二级柱端截面的剪力设计值应符合本规程第 6.2.3 条的有关规定。

5　转换角柱的弯矩设计值和剪力设计值应分别在本条第 3、4 款的基础上乘以增大系数 1.1。

6　柱截面的组合剪力设计值应符合下列规定。

持久、短暂设计状况：

$$V \leqslant 0.20\beta_c f_c b h_0 \tag{10.2.11-1}$$

地震设计状况：

$$V \leqslant \frac{1}{\gamma_{RE}}(0.15\beta_c f_c b h_0) \tag{10.2.11-2}$$

7　纵向钢筋间距均不应小于 80mm，且抗震设计时不宜大于 200mm，非抗震设计时不宜大于 250mm；抗震设计时，柱内全部纵向钢筋配筋率不宜大于 4.0%。

8　非抗震设计时，转换柱宜采用复合螺旋箍或井字复合箍，其箍筋体积配箍率不宜小于 0.8%，箍筋直径不宜小于 10mm，箍筋间距不宜大于 150mm。

9　部分框支剪力墙结构中的框支柱在上部墙体范围内的纵向钢筋应伸入上部墙体内不少于一层，其余柱纵筋应锚入转换层梁内或板内。从柱边算起，锚入梁内、板内的钢筋长度，抗震设计时不应小于 $l_{aE}$，非抗震设计时不应小于 $l_a$。

10.2.13　箱形转换结构上、下楼板厚度均不宜小于 180mm，应根据转换柱的布置和建筑功能要求设置双向横隔板；上、下板配筋设计应同时考虑板局部弯曲和箱形转换层整体弯曲的影响，横隔板宜按深梁设计。

10.2.14　厚板设计应符合下列规定。

1　转换厚板的厚度可由抗弯、抗剪、抗冲切截面验算确定。

2　转换厚板可局部做成薄板，薄板与厚板交界处可加腋；转换厚板亦可局部做成夹心板。

3 转换厚板宜按整体计算时所划分的主要交叉梁系的剪力和弯矩设计值进行截面设计并按有限元法分析结果进行配筋校核；受弯纵向钢筋可沿转换板上、下部双层双向配置，每一方向总配筋率不宜小于0.6%。转换板内暗梁的抗剪箍筋面积配筋率不宜小于0.45%。

4 厚板外周边宜配置钢筋骨架网。

5 转换厚板上、下部的剪力墙、柱的纵向钢筋均应在转换厚板内可靠锚固。

6 转换厚板上、下一层的楼板应适当加强，楼板厚度不宜小于150mm。

10.2.15 采用空腹桁架转换层时，空腹桁架宜满层设置，应有足够的刚度。空腹桁架的上、下弦杆宜考虑楼板作用，并应加强上、下弦杆与框架柱的锚固连接构造；竖腹杆应按强剪弱弯进行配筋设计，并加强箍筋配置以及与上、下弦杆的连接构造措施。

10.2.16 部分框支剪力墙结构的布置应符合下列规定：

1 落地剪力墙和筒体底部墙体应加厚；

2 框支柱周围楼板不应错层布置：

3 落地剪力墙和筒体的洞口宣布置在墙体的中部；

4 框支梁上一层墙体内不宜设置边门洞，也不宜在框支中柱上方设置门洞；

5 落地剪力墙的间距 $l$ 应符合下列规定：

1）非抗震设计时，$l$ 不宜大于 $3B$ 和 36m；

2）抗震设计时，当底部框支层为1～2层时，$l$ 不宜大于 $2B$ 和 24m；当底部框支层为3层及3层以上时，$l$ 不宜大于 $1.5B$ 和 20m；此处，$B$ 为落地墙之间楼盖的平均宽度。

7 框支框架承担的地震倾覆力矩应小于结构总地震倾覆力矩的50%。

8 当框支梁承托剪力墙并承托转换次梁及其上剪力墙时，应进行应力分析，按应力校核配筋，并加强构造措施。

10.2.17 部分框支剪力墙结构框支柱承受的水平地震剪力标准值应按下列规定采用。

1 每层框支柱的数目不多于10根时，当底部框支层为1～2层时，每根柱所受的剪力应至少取结构基底剪力的2%；当底部框支层为3层及3层以上时，每根柱所受的剪力应至少取结构基底剪力的3%。

2 每层框支柱的数目多于10根时，当底部框支层为1～2层时，每层框支柱承受剪力之和应至少取结构基底剪力的20%；当框支层为3层及3层以上时，每层框支柱承受剪力之和应至少取结构基底剪力的30%。

框支柱剪力调整后，应相应调整框支柱的弯矩及柱端框架梁的剪力和弯矩，但框支梁的剪力、弯矩、框支柱的轴力可不调整。

10.4.3 错层结构中，错开的楼层不应归并为一个刚性楼板，计算分析模型应能反映错层影响。

10.4.6 错层处平面外受力的剪力墙的截面厚度，非抗震设计时不应小于200mm，抗震设计时不应小于250mm，并均应设置与之垂直的墙肢或扶壁柱；抗震设计时，其抗震等级应提高一级采用。错层处剪力墙的混凝土强度等级不应低于C30，水平和竖向分布钢筋的配筋率，非抗震设计时不应小于0.3%，抗震设计时不应小于0.5%。

10.5.1　连体结构各独立部分宜有相同或相近的体型、平面布置和刚度；宜采用双轴对称的平面形式。7度、8度抗震设计时，层数和刚度相差悬殊的建筑不宜采用连体结构。

10.5.4　连接体结构与主体结构宜采用刚性连接。刚性连接时，连接体结构的主要结构构件应至少伸入主体结构一跨并可靠连接；必要时可延伸至主体部分的内筒，并与内筒可靠连接。

当连接体结构与主体结构采用滑动连接时，支座滑移量应能满足两个方向在罕遇地震作用下的位移要求，并应采取防坠落、撞击措施。罕遇地震作用下的位移要求，应采用时程分析方法进行计算复核。

10.6.3　抗震设计时，多塔楼高层建筑结构应符合下列规定。

1　各塔楼的层数、平面和刚度宜接近；塔楼对底盘宜对称布置；上部塔楼结构的综合质心与底盘结构质心的距离不宜大于底盘相应边长的20%。

10.6.4　悬挑结构设计应符合下列规定。

4　7度（0.15g）和8、9度抗震设计时，悬挑结构应考虑竖向地震的影响；6、7度抗震设计时，悬挑结构宜考虑竖向地震的影响。

5　抗震设计时，悬挑结构的关键构件以及与之相邻的主体结构关键构件的抗震等级宜提高一级采用，一级应提高至特一级，抗震等级已经为特一级时，允许不再提高。

6　在预估罕遇地震作用下，悬挑结构关键构件的截面承载力宜符合本规程公式(3.11.3-3)的要求。

10.6.5　体型收进高层建筑结构、底盘高度超过房屋高度20%的多塔结构的设计应符合下列规定：

1　体型收进处宜采取措施减小结构刚度的变化，上部收进结构的底部楼层层间位移角不宜大于相邻下部区段最大层间位移角的1.15倍；

2　抗震设计时，体型收进部位上、下各2层塔楼周边竖向结构构件的抗震等级宜提高一级采用，一级提高至特一级，抗震等级已经为特一级时，允许不再提高；

3　结构偏心收进时，应加强收进部位以下2层结构周边竖向构件的配筋构造措施。

（5）高层建筑混合结构　《高层建筑混凝土结构技术规程》（JGJ 3—2010）

11.1.2　混合结构高层建筑适用的最大高度应符合表11.1.2的规定。

**表11.1.2　混合结构高层建筑适用的最大高度**　　单位：m

| 结构体系 | | 非抗震设计 | 抗震设防烈度 | | | | |
|---|---|---|---|---|---|---|---|
| | | | 6度 | 7度 | 8度 | | 9度 |
| | | | | | 0.2g | 0.3g | |
| 框架-核心筒 | 钢框架-钢筋混凝土核心筒 | 210 | 200 | 160 | 120 | 100 | 70 |
| | 型钢（钢管）混凝土框架-钢筋混凝土核心筒 | 240 | 220 | 190 | 150 | 130 | 70 |

续表

<table>
<tr><th colspan="2" rowspan="3">结构体系</th><th rowspan="3">非抗震设计</th><th colspan="5">抗震设防烈度</th></tr>
<tr><th rowspan="2">6 度</th><th rowspan="2">7 度</th><th colspan="2">8 度</th><th rowspan="2">9 度</th></tr>
<tr><th>0.2g</th><th>0.3g</th></tr>
<tr><td rowspan="2">筒中筒</td><td>钢外筒-钢筋混凝土核心筒</td><td>280</td><td>260</td><td>210</td><td>160</td><td>140</td><td>80</td></tr>
<tr><td>型钢（钢管）混凝土外筒-混凝土核心筒</td><td>300</td><td>280</td><td>230</td><td>170</td><td>150</td><td>90</td></tr>
</table>

注：平面和竖向均不规则的结构，最大适用高度应适当降低。

11.1.6 混合结构框架所承担的地震剪力应符合本规程第 9.1.11 条的规定。

11.2.7 （混合结构设置加强层时）加强层设计应符合下列规定。

2 伸臂桁架应与核心筒墙体刚接，上、下弦杆均应延伸至墙体内且贯通，墙体内宜设置斜腹杆或暗撑；外伸臂桁架与外围框架柱宜采用铰接或半刚接，周边带状桁架与外框架柱的连接宜采用刚性连接。

11.4.3 型钢混凝土梁的箍筋应符合下列规定。

1 箍筋的最小面积配筋率应符合本规程第 6.3.4 条第 4 款和第 6.3.5 条第 1 款的规定，且不应小于 0.15%。

2 抗震设计时，梁端箍筋应加密配置。加密区范围，一级取梁截面高度的 2.0 倍，二、三、四级取梁截面高度的 1.5 倍；当梁净跨小于梁截面高度的 4 倍时，梁箍筋应全跨加密配置。

3 型钢混凝土梁应采用具有 135°弯钩的封闭式箍筋，弯钩的直段长度不应小于 8 倍箍筋直径。非抗震设计时，梁箍筋直径不应小于 8mm，箍筋间距不应大于 250mm；抗震设计时，梁箍筋的直径和间距应符合表 11.4.3 的要求。

**表 11.4.3 梁箍筋直径和间距** 单位：mm

| 抗震等级 | 箍筋直径 | 非加密区箍筋间距 | 加密区箍筋间距 |
|---|---|---|---|
| 一 | ≥12 | ≤180 | ≤120 |
| 二 | ≥10 | ≤200 | ≤150 |
| 三 | ≥10 | ≤250 | ≤180 |
| 四 | ≥8 | 250 | 200 |

11.4.4 抗震设计时，混合结构中型钢混凝土柱的轴压比不宜大于表 11.4.4 的限值，轴压比可按下式计算：

$$\mu_N = N / (f_c A_c + f_a A_a) \tag{11.4.4}$$

式中 $\mu_N$——型钢混凝土柱的轴压比；

$N$——考虑地震组合的柱轴向力设计值；

$A_c$——扣除型钢后的混凝土截面面积；

$f_c$——混凝土的轴心抗压强度设计值；

$f_a$——型钢的抗压强度设计值；

$A_a$——型钢的截面面积。

**表 11.4.4　型钢混凝土柱轴压比限值**

| 抗震等级 | 一 | 二 | 三 |
|---|---|---|---|
| 轴压比限值 | 0.70 | 0.80 | 0.90 |

注：1. 转换柱的轴压比应比表中数值减少 0.10 采用。

2. 剪跨比不大于 2 的柱，其轴压比应比表中数值减少 0.05 采用。

3. 当采用 C60 以上混凝土时，轴压比宜减少 0.05。

11.4.6　型钢混凝土柱箍筋的构造设计应符合下列规定。

1　非抗震设计时，箍筋直径不应小于 8mm，箍筋间距不应大于 200mm。

2　抗震设计时，箍筋应做成 135°弯钩，箍筋弯钩直段长度不应小于 10 倍箍筋直径。

3　抗震设计时，柱端箍筋应加密，加密区范围应取矩形截面柱长边尺寸（或圆形截面柱直径）、柱净高的 1/6 和 500mm 三者的最大值；对剪跨比不大于 2 的柱，其箍筋均应全高加密，箍筋间距不应大于 100mm。

4　抗震设计时，柱箍筋的直径和间距尚应符合表 11.4.6 的规定，加密区箍筋最小体积配箍率尚应符合式（11.4.6）的要求，非加密区箍筋最小体积配箍率不应小于加密区箍筋最小体积配箍率的一半；对剪跨比不大于 2 的柱，其箍筋体积配箍率尚不应小于 1.0%，9 度抗震设计时尚不应小于 1.3%。

$$\rho_v \geqslant 0.85\lambda_v f_c / f_y \qquad (11.4.6)$$

式中　$\lambda_v$——柱最小配箍特征值，宜按本规程表 6.4.7 采用。

**表 11.4.6　型钢混凝土柱箍筋直径和间距**　　单位：mm

| 抗震等级 | 箍筋直径 | 非加密区箍筋间距 | 加密区箍筋间距 |
|---|---|---|---|
| 一 | ≥12 | ≤150 | ≤100 |
| 二 | ≥10 | ≤200 | ≥100 |
| 三、四 | ≥8 | ≤200 | ≤150 |

注：箍筋直径除应符合表中要求外，尚不应小于纵向钢筋直径的 1/4。

11.4.9　圆形钢管混凝土柱尚应符合下列构造要求：

4　圆钢管混凝土柱的套箍指标 $\frac{f_a A_a}{f_c A_c}$，不应小于 0.5，也不宜大于 2.5。

5　柱的长细比不宜大于 80。

7　钢管混凝土柱与框架梁刚性连接时，柱内或柱外应设置与梁上、下翼缘位置对应的加劲肋：加劲肋设置于柱内时，应留孔以利混凝土浇筑；加劲肋设置于柱外时，应形成加劲环板。

8　直径大于2m的圆形钢管混凝土构件应采取有效措施减小钢管内混凝土收缩对构件受力性能的影响。

11.4.10　矩形钢管混凝土柱应符合下列构造要求：

4　钢管管壁板件的边长与其厚度的比值不应大于 $60\sqrt{235/f_y}$；

5　柱的长细比不宜大于80；

6　矩形钢管混凝土柱的轴压比应按本规程公式（11.4.4）计算，并不宜大于表11.4.10的限值。

**表11.4.10　矩形钢管混凝土柱轴压比限值**

| 一级 | 二级 | 三级 |
|---|---|---|
| 0.70 | 0.80 | 0.90 |

11.4.14　型钢混凝土剪力墙、钢板混凝土剪力墙应符合下列构造要求。

1　抗震设计时，一、二级抗震等级的型钢混凝土剪力墙、钢板混凝土剪力墙底部加强部位，其重力荷载代表值作用下墙肢的轴压比不宜超过本规程表7.2.13的限值，其轴压比可按下式计算：

$$\mu_N = N/(f_c A_c + f_a A_a + f_{sp} A_{sp}) \tag{11.4.14}$$

式中　$N$——重力荷载代表值作用下墙肢的轴向压力设计值；

$A_c$——剪力墙墙肢混凝土截面面积；

$A_a$——剪力墙所配型钢的全部截面面积。

4　周边有型钢混凝土柱和梁的现浇钢筋混凝土剪力墙，剪力墙的水平分布钢筋应绕过或穿过周边柱型钢，且应满足钢筋锚固长度要求：当采用间隔穿过时，宜另加补强钢筋。周边柱的型钢、纵向钢筋、箍筋配置应符合型钢混凝土柱的设计要求。

11.4.16　钢梁或型钢混凝土梁与混凝土筒体应有可靠连接，应能传递竖向剪力及水平力。

**(6) 混凝土异形柱结构　《混凝土异形柱结构技术规程》**(JGJ 149—2006)

1.0.2　本规程主要适用于非抗震设计和抗震设防烈度为6度、7度（0.10g，0.15g）和8度（0.20g）抗震设计的一般居住建筑混凝土异形柱结构的设计及施工。

3.1.1　当根据建筑功能需要设置底部大空间时，可通过框架底部抽柱并设置转换梁，形成底部抽柱带转换层的异形柱结构，其结构设计应符合本规程附录A的规定。

3.1.2　异形柱结构适用的房屋最大高度应符合表3.1.2的要求。

表 3.1.2　异形柱结构适用的房屋最大高度　　单位：m

| 结构体系 | 非抗震设计 | 抗震设防烈度 | | | |
|---|---|---|---|---|---|
| | | 6度 | 7度 | | 8度 |
| | | 0.05g | 0.10g | 0.15g | 0.20g |
| 框架结构 | 24 | 24 | 21 | 18 | 12 |
| 框架-剪力墙结构 | 45 | 45 | 40 | 35 | 28 |

注：1. 房屋高度指室外地面至主要屋面板板顶的高度（不包括局部突出屋顶部分）。

2. 框架-剪力墙结构在基本振型地震作用下，当框架部分承受的地震倾覆力矩大于结构总地震倾覆力矩的50%时，其适用的房屋最大高度可比框架结构适当增加。

3. 平面和竖向均不规则的异形柱结构或Ⅳ类场地上的异形柱结构，适用的房屋最大高度应适当降低。

4. 底部抽柱带转换层的异形柱结构，适用的房屋最大高度应符合本规程附录A的规定。

5. 房屋高度超过表内规定的数值时，结构设计应有可靠依据，并采取有效的加强措施。

3.1.4　异形柱结构体系除应符合国家现行标准对一般钢筋混凝土结构的有关要求外，还应符合下列规定：

1　异形柱结构中不应采用部分由砌体墙承重的混合结构形式；

2　抗震设计时，异形柱结构不应采用多塔、连体和错层等复杂结构形式，也不应采用单跨框架结构；

3　异形柱结构的楼梯间、电梯井应根据建筑布置及结构抗侧向作用的需要，合理地布置剪力墙和一般框架柱；

4　异形柱结构的柱、梁、剪力墙均应采用现浇结构。

3.2.5　不规则的异形柱结构，其抗震设计尚应符合下列要求：

1　扭转不规则时，楼层竖向构件的最大水平位移和层间位移与该楼层两端弹性水平位移和层间位移平均值的比值不应大于1.45；

2　楼层承载力突变时，其薄弱层地震剪力应乘以1.20的增大系数；楼层受剪承载力不应小于相邻上一楼层的65%；

3　竖向抗侧力构件不连续（底部抽柱带转换层异形柱结构）时，该构件传递给水平转换构件的地震内力应乘以1.25～1.5的增大系数；

4　受力复杂部位的异形柱，宜采用一般框架柱。

3.3.2　框架-剪力墙结构，在基本振型地震作用下，当框架部分承受的地震倾覆力矩大于结构总地震倾覆力矩的50%时，其框架部分的抗震等级应按框架结构确定。

4.4.1　在风荷载、多遇地震作用下，异形柱结构按弹性方法计算的楼层最大层间位移应符合下式要求：

$$\Delta u_c \leqslant [\theta_c]\, h \qquad (4.4.1)$$

式中　$\Delta u_c$——风荷载、多遇地震作用标准值产生的楼层最大弹性层间位移；

$[\theta_c]$——弹性层间位移角限值，按表4.4.1采用；

$h$——计算楼层层高。

**表4.4.1　异形柱结构弹性层间位移角限值**

| 结构体系 | $[\theta_e]$ |
|---|---|
| 框架结构 | 1/600　(1/700) |
| 框架-剪力墙结构 | 1/850　(950) |

注：表中括号内的数字用于底部抽柱带转换层的异形柱结构。

6.1.4　异形柱截面的肢厚不应小于200mm，肢高不应小于500mm。

6.2.1　异形柱的剪跨比宜大于2，抗震设计时不应小于1.5。

6.2.2　抗震设计时，异形柱的轴压比不宜大于表6.2.2规定的限值。

**表6.2.2　异形柱的轴压比限值**

| 结构体系 | 截面形式 | 抗震等级 | | |
|---|---|---|---|---|
| | | 二级 | 三级 | 四级 |
| 框架结构 | L形 | 0.50 | 0.60 | 0.70 |
| | T形 | 0.55 | 0.65 | 0.75 |
| | 十字形 | 0.60 | 0.70 | 0.80 |
| 框架-剪力墙结构 | L形 | 0.55 | 0.65 | 0.75 |
| | T形 | 0.60 | 0.70 | 0.80 |
| | 十字形 | 0.65 | 0.75 | 0.85 |

注：1. 轴压比 $N/(f_cA)$ 指考虑地震作用组合的异形柱轴向压力设计值 $N$ 与柱全截面面积 $A$ 和混凝土轴心抗压强度设计值 $f_c$ 乘积的比值。

2. 剪跨比不大于2的异形柱，轴压比限值应按表内相应数值减小0.05。

3. 框架-剪力墙结构，在基本振型地震作用下，当框架部分承担的地震倾覆力矩大于结构总地震倾覆力矩的50%时，异形柱轴压比限值应按框架结构采用。

6.2.6　异形柱全部纵向受力钢筋的配筋率，非抗震设计时不应大于4%；抗震设计时不应大于3%。

6.2.9　抗震设计时，异形柱箍筋加密区的箍筋应符合下列规定。

1　加密区的体积配箍率应符合下列要求：

$$\rho_v \geqslant \lambda_v \frac{f_c}{f_{yv}} \tag{6.2.9}$$

式中　$\rho_v$——箍筋加密区的箍筋体积配箍率，计算复合箍的体积配箍率时，应扣除重叠部分的箍筋体积；

$f_c$——混凝土轴心抗压强度设计值，强度等级低于C35时，应按C35计算；

$f_{yv}$——箍筋或拉筋抗拉强度设计值，超过300N/mm² 时，应取300N/mm² 计算；

$\lambda_v$——最小配箍特征值，按表6.2.9采用。

2 对抗震等级为二、三、四级的框架柱，箍筋加密区的箍筋体积配箍率分别不应小于0.8%、0.6%、0.5%。

3 当剪跨比$\lambda \leq 2$时，二、三级抗震等级的柱，箍筋加密区的箍筋体积配箍率不应小于1.2%。

**表6.2.9　异形柱箍筋加密区的箍筋最小配箍特征值$\lambda_v$**

| 抗震等级 | 截面形式 | 柱轴压比 | | | | | | | | | | |
|---|---|---|---|---|---|---|---|---|---|---|---|---|
| | | ≤0.3 | 0.40 | 0.45 | 0.50 | 0.55 | 0.60 | 0.65 | 0.70 | 0.75 | 0.80 | 0.85 |
| 二级 | L形 | 0.10 | 0.13 | 0.15 | 0.18 | 0.20 | — | — | — | — | — | — |
| 三级 | | 0.09 | 0.10 | 0.12 | 0.14 | 0.16 | 0.18 | 0.20 | — | — | — | — |
| 四级 | | 0.08 | 0.09 | 0.10 | 0.11 | 0.12 | 0.14 | 0.16 | 0.18 | 0.20 | — | — |
| 二级 | T形 | 0.09 | 0.12 | 0.14 | 0.17 | 0.19 | 0.21 | — | — | — | — | — |
| 三级 | | 0.08 | 0.09 | 0.11 | 0.13 | 0.15 | 0.17 | 0.19 | 0.21 | — | — | — |
| 四级 | | 0.07 | 0.08 | 0.09 | 0.10 | 0.11 | 0.13 | 0.15 | 0.17 | 0.19 | 0.21 | — |
| 二级 | 十字形 | 0.08 | 0.11 | 0.13 | 0.16 | 0.18 | 0.20 | 0.22 | — | — | — | — |
| 三级 | | 0.07 | 0.08 | 0.10 | 0.12 | 0.14 | 0.16 | 0.18 | 0.20 | 0.22 | — | — |
| 四级 | | 0.06 | 0.07 | 0.08 | 0.09 | 0.10 | 0.12 | 0.14 | 0.16 | 0.18 | 0.20 | 0.22 |

6.2.12 异形柱的箍筋加密区范围应按下列规定采用：

1 柱端取截面长边尺寸、柱净高的1/6和500mm三者中的最大值；

2 底层柱柱根不小于柱净高的1/3；当有刚性地面时，除柱端外尚应取刚性地面上、下各500mm；

3 剪跨比不大于2的柱以及因设置填充墙等形成的柱净高与柱肢截面高度之比不大于4的柱取全高；

4 二、三级抗震等级的角柱取柱全高。

6.3.2 框架顶层柱的纵向受力钢筋应锚固在柱顶、梁、板内，锚固长度应由梁底算起。顶层端节点柱内侧的纵向钢筋和顶层中间节点处的柱纵向钢筋均应伸至柱顶（图6.3.2），当采用直线锚固方式时，锚固长度对非抗震设计不应小于$l_a$，抗震设计不应小于$l_{aE}$。直线段锚固长度不足时，该纵向钢筋伸到柱顶后应分别向内、外弯折，弯弧内半径，对顶层端节点和顶层中间节点分别不宜小于$5d$和$6d$（$d$为纵向受力钢筋直径）。弯折前的竖直投影长度非抗震设计时不应小于$0.5l_a$，抗震设计时不应小于$0.5l_{aE}$。弯折后的水平投影长度不应小于$12d$。

抗震设计时，贯穿顶层中间节点的梁上部纵向钢筋直径，对二、三级抗震等级不宜大于该方向柱肢截面高度$h_c$的1/30。

顶层端节点处柱外侧纵向钢筋可与梁上部纵向钢筋搭接［图6.3.2（a)］，搭接长度非抗震设计时不应小于 1.6$l_a$；抗震设计时不应小于 1.6$l_{aE}$。且伸入梁内的柱外侧纵向钢筋截面面积不宜少于柱外侧全部纵向钢筋面积的 50%。在梁宽范围以外的柱外侧纵向钢筋可伸入现浇板内，伸入长度与伸入梁内的相同。

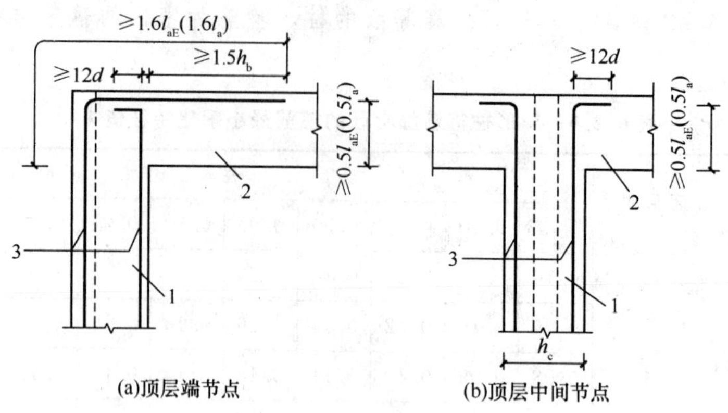


**图 6.3.2 框架顶层柱纵向钢筋的锚固和搭接**

1—异形柱；2—框架梁；3—柱的纵向钢筋

注：括号内数值为相应的非抗震设计规定

6.3.3 当框架梁的截面宽度与异形柱柱肢截面厚度相等或梁截面宽度每侧凸出柱边小于 50mm 时，在梁四角上的纵向受力钢筋应在离柱边不小于 800mm 且满足坡度不大于 1/25 的条件下，向本柱肢纵向受力钢筋的内侧弯折锚入梁柱节点核心区。在梁筋弯折处应设置不少于 2 根直径 8mm 的附加封闭箍筋［图 6.3.3-1（a）。］

对梁的纵筋弯折区段内过厚的混凝土保护层尚应采取有效的防裂构造措施。

当梁截面宽度的任一侧凸出柱边不小于 50mm 时，该侧梁角部的纵向受力钢筋可在本柱肢纵向受力钢筋的外侧锚入节点核心区，但凸出柱边尺寸不应大于 75mm［图 6.3.3-1（b）］。

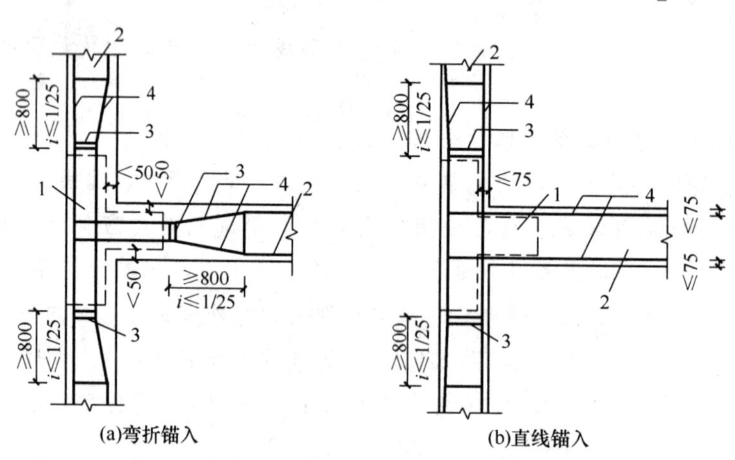


**图 6.3.3-1 框架梁纵向钢筋锚入节点区的构造**

1—异形柱；2—框架梁；3—附加封闭箍筋；4—梁的纵向受力钢筋

且从柱肢纵向受力钢筋内侧锚入的梁上部、下部纵向受力钢筋，分别不宜小于梁上部、下部纵向受力钢筋截面面积的70%。

当上部、下部梁角的纵向钢筋在本柱肢纵向受力钢筋的外侧锚入节点核心区时，梁的箍筋配置范围应延伸到与另一方向框架梁相交处（图6.3.3-2）。且节点处一倍梁高范围内梁的侧面应设置纵向构造钢筋并伸至柱外侧，钢筋直径不应小于8mm，间距不应大于100mm。

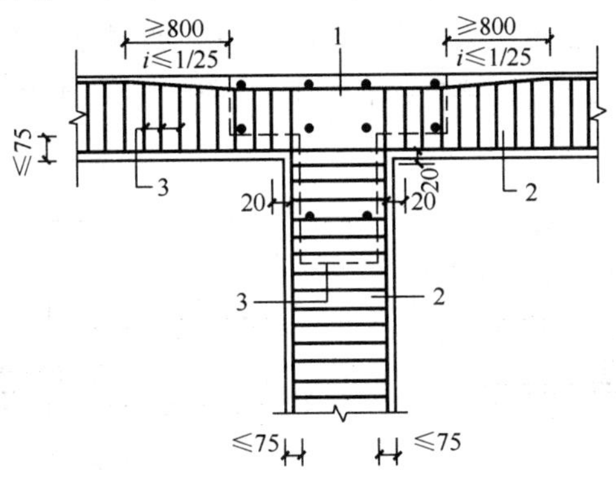


**图6.3.3-2　梁宽大于柱肢厚时的箍盘构造**

1—异形柱；2—框架梁；3—梁箍筋

6.3.4　框架中间层端节点［图6.3.4（a）］，框架梁上部和下部纵向钢筋可采用直线方式锚入端节点，锚固长度除非抗震设计不应小于$l_a$，抗震设计不应小于$l_{aE}$外，尚应伸至柱外侧。当水平直线段的锚固长度不足时，梁上部和下部纵向钢筋应伸至柱外侧并分别向下、向上弯折，弯弧内半径不宜小于$5d$（$d$为纵向受力钢筋直径），弯折前的水平投影长度非抗震设计时不应小于$0.4l_a$，抗震设计时不应小于$0.4l_{aE}$，对框架梁纵向钢筋在柱筋外侧伸入节点的情况，则分别不应小于$0.5l_a$和$0.5l_{aE}$，弯折后的竖直投影长度取$15d$。

框架顶层端节点［图6.3.4（b）］，梁上部纵向钢筋应伸至柱外侧并向下弯折到梁底标高，梁下部纵向钢筋应伸至柱外侧并向上弯折，弯弧内半径不宜小于$6d$，弯折前的水平投影长度非抗震设计时不应小于$0.4l_a$，抗震设计时不应小于$0.4l_a$，对框架梁纵向钢筋在柱筋外侧伸入节点的情况，则分别不应小于$0.5l_a$和$0.5l_{aE}$。弯折后的竖直投影长度取$15d$。

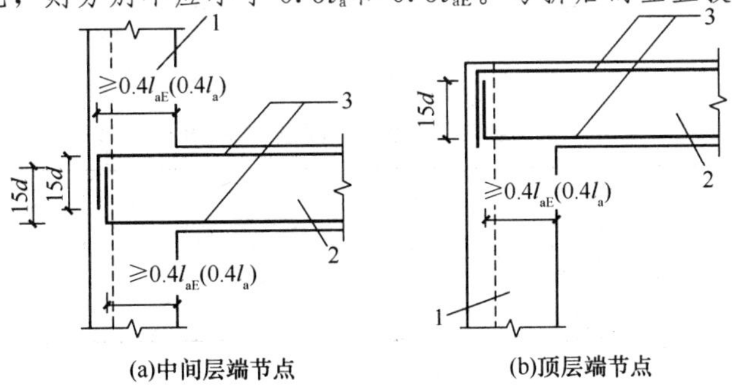


**图6.3.4　框架梁的纵向钢筋在端节点区的锚固**

1—异形柱；2—框架梁；3—梁的纵向钢筋

注：括号内数值为相应的非抗震设计规定

6.3.5 中间层中间节点框架梁纵向钢筋应满足下列要求。

1 抗震设计时，对二、三级抗震等级，贯穿中柱的梁纵向钢筋直径不宜大于该方向柱肢截面高度 $h_c$ 的1/30，当混凝土的强度等级为C40及以上时可取1/25，且纵向钢筋的直径不应大于25mm。

2 两侧高度相等的梁［图6.3.5（a）］，上部及下部纵向钢筋各排宜分别采用相同直径，并均应贯穿中间节点；若两侧梁的下部钢筋根数不相同时，差额钢筋伸入中间节点的总长度，非抗震设计时不应小于 $l_a$；抗震设计时不应小于 $l_{aE}$，且伸过柱肢中心线不应小于 $5d$（$d$ 为纵向受力钢筋直径）。

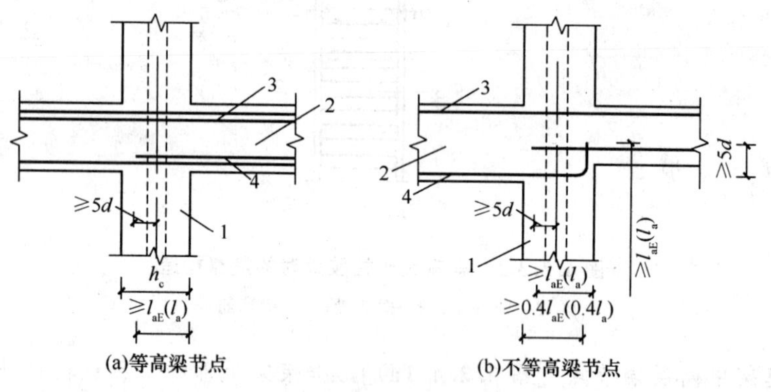


**图6.3.5 框架梁纵向钢筋在中间节点区的锚固**

1—异形柱；2—框架梁；3—梁上部纵向钢筋；4—梁下部纵向钢筋

注：括号内数值为相应的非抗震设计规定

3 两侧高度不相等的梁［图6.3.5（b）］，上部纵向钢筋应贯穿中间节点，下部纵向钢筋伸入中间节点的总长度，非抗震设计时不应小于 $l_a$，抗震设计时不应小于 $l_{aE}$。下部钢筋弯折时，弯弧内半径不宜小于 $5d$。弯折前的水平投影长度非抗震设计时不应小于 $0.4l_a$，抗震设计时不应小于 $0.4l_{aE}$；对框架梁纵向钢筋在柱筋外侧伸入节点核心区的情况，则分别不应小于 $0.5l_a$ 和 $0.5l_{aE}$。弯折后的竖直投影长度不应小于 $15d$。

4 抗震设计时，对二、三级抗震等级的框架梁，梁端的纵向受拉钢筋配筋百分率不宜大于表6.3.5的规定值。

**表6.3.5 梁端纵向受拉钢筋最大配筋百分率** （%）

| 抗震等级 | 混凝土 | | C25 | C30 | C35 | C40 | C45 | C50 |
|---|---|---|---|---|---|---|---|---|
| 二、三级 | 钢筋 | HRB335 | 1.4 | 1.7 | 2.0 | 2.2 | 2.4 | 2.4 |
| | | HRB400 | 1.1 | 1.4 | 1.7 | 1.9 | 2.1 | 2.1 |

**5. 砌体结构**

（1）砌体结构基本规定 《砌体结构设计规范》（GB 50003—2011）

4.2.1 房屋的静力计算，根据房屋的空间工作性能分为刚性方案、刚弹性方案和弹性方案。设计时，可按表4.2.1确定静力计算方案。

**表4.2.1 房屋的静力计算方案**

| | 屋盖或楼盖类别 | 刚性方案 | 刚弹性方案 | 弹性方案 |
|---|---|---|---|---|
| 1 | 整体式、装配整体和装配式无檩体系钢筋混凝土屋盖或钢筋混凝土楼盖 | $s<32$ | $32\leqslant s\leqslant 72$ | $s>72$ |
| 2 | 装配式有檩体系钢筋混凝土屋盖、轻刚屋盖和有密铺望板的木屋盖或木楼盖 | $s<20$ | $20\leqslant s<48$ | $s>48$ |
| 3 | 瓦材屋面的木屋盖和轻钢屋盖 | $s<16$ | $16\leqslant s\leqslant 36$ | $s>36$ |

注：1. 表中 $s$ 为房屋横墙间距，其长度单位为m。

2. 当屋盖、楼盖类别不同或横墙间距不同时，可按本规范第4.2.7条的规定确定房屋的静力计算方案。

3. 对无山墙或伸缩缝处无横墙的房屋，应按弹性方案考虑。

5.1.1 受压构件的承载力，应符合下式的要求：

$$N\leqslant \varphi fA \tag{5.1.1}$$

式中 $N$——轴向力设计值；

$\varphi$——高厚比 $\beta$ 和轴向力的偏心距 $e$ 对受压构件承载力的影响系数；

$f$——砌体的抗压强度设计值；

$A$——截面面积。

注：1. 对矩形截面构件，当轴向力偏心方向的截面边长大于另一方向的边长时，除按偏心受压计算外，还应对较小边长方向，按轴心受压进行验算。

2. 受压构件承载力的影响系数 $\varphi$，可按本规范附录D的规定采用。

3. 对带壁柱墙，当考虑翼缘宽度时，可按本规范第4.2.8条采用。

5.2.1 砌体截面中受局部均匀压力时的承载力，应满足下式的要求：

$$N_1\leqslant \gamma fA_1 \tag{5.2.1}$$

式中 $N_1$——局部受压面积上的轴向力设计值；

$\gamma$——砌体局部抗压强度提高系数；

$f$——砌体的抗压强度设计值，局部受压面积小于0.3m²，可不考虑强度调整系数 $\gamma_a$ 的影响；

$A_1$——局部受压面积。

6.1.1 墙、柱的高厚比应按下式验算：

$$\beta=\frac{H_0}{h}\leqslant \mu_1\mu_2\ [\beta] \tag{6.1.1}$$

式中 $H_0$——墙、柱的计算高度；

$h$——墙厚或矩形柱与 $H_0$ 相对应的边长；

$\mu_1$——自承重墙允许高厚比的修正系数；

$\mu_2$——有门窗洞口墙允许高厚比的修正系数；

[$\beta$] ——墙、柱的允许高厚比，应按表 6.1.1 采用。

注：1. 墙、柱的计算高度应按本规范第 5.1.3 条采用。

2. 当与墙连接的相邻两墙间的距离 $s \leqslant \mu_1 \mu_2$ [$\beta$] h 时，墙的高度可不受本条限制。

3. 变截面柱的高厚比可按上、下截面分别验算，其计算高度可按第 5.1.4 条的规定采用。验算上柱的高厚比时，墙、柱的允许高厚比可按表 6.1.1 的数值乘以 1.3 后采用。

**表 6.1.1　墙、柱的允许高厚比 [$\beta$]**

| 砌体类型 | 砂浆的强度等级 | 墙 | 柱 |
|---|---|---|---|
| 无筋砌 | M2.5 | 22 | 15 |
| | M5.0 或 Mb5.0、Ms5.0 | 24 | 16 |
| | ≥M7.5 或 Mb7.5、Ms7.5 | 26 | 17 |
| 配筋砌块砌体 | — | 30 | 21 |

注：1. 毛石墙、柱的允许高厚比应按表中数值降低 20%。

2. 带有混凝土和砂浆面层的组合砖砌体构件的允许高厚比，可按表中数值提高 20%，但不得大于 28。

3. 验算施工阶段砂浆尚未硬化的新砌砌体构件高厚比时，允许高厚比对墙取 14，对柱取 11。

6.2.5　承重的独立砖柱截面尺寸不应小于 240mm×370mm。毛石墙的厚度不宜小于 350mm，毛料石柱较小边长不宜小于 400mm。

注：当有振动荷载时，墙、柱不宜采用毛石砌体。

6.2.6　支承在墙、柱上的吊车梁、屋架及跨度大于或等于下列数值的预制梁的端部，应采用锚固件与墙、柱上的垫块锚固：

1　对砖砌体为 9m；

2　对砌块和料石砌体为 7.2m。

6.2.7　跨度大于 6m 的屋架和跨度大于下列数值的梁，应在支承处砌体上设置混凝土或钢筋混凝土垫块；当墙中设有圈梁时，垫块与圈梁宜浇成整体。

1　对砖砌体为 4.8m。

2　对砌块和料石砌体为 4.2m。

3　对毛石砌体为 3.9m。

6.2.13　混凝土砌块墙体的下列部位，如未设圈梁或混凝土垫块，应采用不低于 Cb20 混凝土将孔洞灌实：

1　搁栅、檩条和钢筋混凝土楼板的支承面下，高度不应小于 200mm 的砌体；

2　屋架、梁等构件的支承面下，长度不应小于 600mm，高度不应小于 600mm 的砌体；

3　挑梁支承面下，距墙中心线每边不应小于 300mm，高度不应小于 600mm 的砌体。

7.1.5　圈梁应符合下列构造要求。

1　圈梁宜连续地设在同一水平面上，并形成封闭状；当圈梁被门窗洞口截断时，应在洞口上部增设相同截面的附加圈梁。附加圈梁与圈梁的搭接长度不应小于其中到中垂直间距的 2 倍，且不得小于 1m。

2　纵、横墙交接处的圈梁应可靠连接。刚弹性和弹性方案房屋，圈梁应与屋架、大梁等构件可靠连接。

3　混凝土圈梁的宽度宜与墙厚相同，当墙厚不小于 240mm 时，其宽度不宜小于墙厚的 2/3。圈梁高度不应小于 120mm。纵向钢筋数量不应少于 4 根，直径不应小于 10mm，绑扎接头的搭接长度按受拉钢筋考虑，箍筋间距不应大于 300mm。

4　圈梁兼作过梁时，过梁部分的钢筋应按计算面积另行增配。

7.2.2　过梁的荷载，应按下列规定采用：

1　对砖和砌块砌体，当梁、板下的墙体高度 $h_w$ 小于过梁的净跨 $l_n$ 时，过梁应计入梁、板传来的荷载，否则可不考虑梁、板荷载；

2　对砖砌体，当过梁上的墙体高度 $h_w$ 小于 $l_n/3$ 时，墙体荷载应按墙体的均布自重采用，否则应按高度为 $l_n/3$ 墙体的均布自重来采用；

3　对砌块砌体，当过梁上的墙体高度 $h_w$ 小于 $l_n/2$ 时，墙体荷载应按墙体的均布自重采用，否则应按高度为 $l_n/2$ 墙体的均布自重采用。

7.3.5　墙梁应分别进行托梁使用阶段正截面承载力和斜截面受剪承载力计算、墙体受剪承载力和托梁支座上部砌体局部受压承载力计算，以及施工阶段托梁承载力验算。自承重墙梁可不验算墙体受剪承载力和砌体局部受压承载力。

7.3.12　墙梁的构造应符合下列规定。

1　托梁和框支柱的混凝土的强度等级不应低于 C30。

2　承重墙梁的块体强度等级不应低于 MU10，计算高度范围内墙体的砂浆强度等级不应低于 M10（Mb10）。

3　框支墙梁的上部砌体房屋，以及设有承重的简支墙梁或连续墙梁的房屋，应满足刚性方案房屋的要求。

4　墙梁的计算高度范围内的墙体厚度，对砖砌体不应小于 240mm，对混凝土砌块砌体不应小于 190mm。

5　墙梁洞口上方应设置混凝土过梁，其支承长度不应小于 240mm，洞口范围内不应施加集中荷载。

6　承重墙梁的支座处应设置落地翼墙，翼墙厚度，对砖砌体不应小于 240mm，对混凝土砌块砌体不应小于 190mm，翼墙宽度不应小于墙梁墙体厚度的 3 倍，并与墙梁墙体同时砌筑。当不能设置翼墙时，应设置落地且上、下贯通的混凝土构造柱。

7　当墙梁墙体在靠近支座 1/3 跨度范围内开洞时，支座处应设置落地且上、下贯通的混凝土构造柱，并应与每层圈梁连接。

8　墙梁计算高度范围内的墙体，每天可砌筑高度不应超过 1.5m，否则，应设置临时支撑。

9　托梁两侧各两个开间的楼盖应采用现浇混凝土楼盖，楼板厚度不应小于 120mm，当楼板厚度大于 150mm 时，应采用双层双向钢筋网，楼板上应少开洞，洞口尺寸大于 800mm

时应设洞口边梁。

10　托梁每跨底部的纵向受力钢筋应通长设置，不应在跨中弯起或截断；钢筋连接应采用机械连接或焊接。

11　托梁跨中截面的纵向受力钢筋总配筋率不应小于0.6%。

12　托梁上部通长布置的纵向钢筋面积与跨中下部纵向钢筋面积之比值不应小于0.4；连续墙梁或多跨框支墙梁的托梁支座上部附加纵向钢筋从支座边缘算起每边延伸长度不应小于$l_0/4$。

13　承重墙梁的托梁在砌体墙、柱上的支承长度不应小于350mm；纵向受力钢筋伸入支座的长度应符合受拉钢筋的锚固要求。

14　当托梁截面高度$h_b$大于等于450mm时，应沿梁截面高度设置通长水平腰筋，其直径不应小于12mm，间距不应大于200mm。

15　对于洞口偏置的墙梁，其托梁的箍筋加密区范围应延伸到洞口外，距洞边的距离大于等于托梁截面高度$h_b$（图7.3.12），箍筋直径不应小于8mm，间距不应大于100mm。

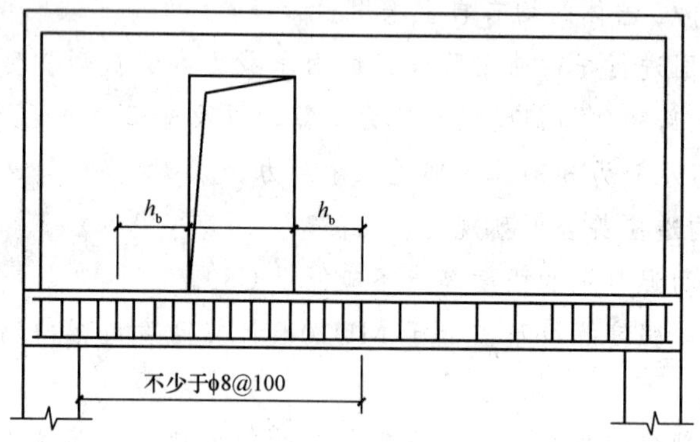


**图7.3.12　偏开洞时托梁箍筋加密区**

7.4.1　砌体墙中混凝土挑梁的抗倾覆，应按下列公式进行验算：

$$M_{ov} \leqslant M_r \tag{7.4.1}$$

式中　$M_{ov}$——挑梁的荷载设计值对计算倾覆点产生的倾覆力矩；

$M_r$——挑梁的抗倾覆力矩设计值砌体结构抗震基本规定。

见《建筑抗震设计规范》(GB 50011—2010)。

7.1.1　本章适用于普通砖（包括烧结、蒸压、混凝土普通砖）、多孔砖（包括烧结、混凝土多孔砖）和混凝土小型空心砌块等砌体承重的多层房屋，底层或底部两层框架-抗震墙砌体房屋。

配筋混凝土小型空心砌块房屋的抗震设计，应符合本规范附录F的规定。

注：1. 采用非黏土的烧结砖、蒸压砖、混凝土砖的砌体房屋，块体的材料性能应有可靠的试验数据；当本章未作具体规定时，可按本章普通砖、多孔砖房屋的相应规定执行。

2. 本章中“小砌块”为“混凝土小型空心砌块”的简称。

3. 非空旷的单层砌体房屋，可按本章规定的原则进行抗震设计。

7.1.3　多层砌体承重房屋的层高，不应超过3.6m。

底部框架-抗震墙砌体房屋的底部，层高不应超过4.5m；当底层采用约束砌体抗震墙时，底层的层高不应超过4.2m。

注：当使用功能确有需要时，采用约束砌体等加强措施的普通砖房屋，层高不应超过3.9m。

7.1.6　多层砌体房屋中砌体墙段的局部尺寸限值，宜符合表7.1.6的要求：

**表7.1.6　房屋的局部尺寸限值**　　单位：m

| 部位 | 6度 | 7度 | 8度 | 9度 |
| --- | --- | --- | --- | --- |
| 承重窗间墙最小宽度 | 1.0 | 1.0 | 1.2 | 1.5 |
| 承重外墙尽端至门窗洞边的最小距离 | 1.0 | 1.0 | 1.2 | 1.5 |
| 非承重外墙尽端至门窗洞边的最小距离 | 1.0 | 1.0 | 1.0 | 1.0 |
| 内墙阳角至门窗洞边的最小距离 | 1.0 | 1.0 | 1.5 | 2.0 |
| 无锚固女儿墙（非出入口处）的最大高度 | 0.5 | 0.5 | 0.5 | 0.0 |

注：1. 局部尺寸不足时，应采取局部加强措施弥补，且最小宽度不宜小于1/4层高和表列数据的80%。

2. 出入口处的女儿墙应有锚固。

7.1.7　多层砌体房屋的建筑布置和结构体系，应符合下列要求。

1 应优先采用横墙承重或纵横墙共同承重的结构体系。不应采用砌体墙和混凝土墙混合承重的结构体系。

2　纵横向砌体抗震墙的布置应符合下列要求。

1）宜均匀对称，沿平面内宜对齐，沿竖向应上下连续；且纵横向墙体的数量不宜相差过大。

2）平面轮廓凹凸尺寸，不应超过典型尺寸的50%；当超过典型尺寸的25%时，房屋转角处应采取加强措施。

3）楼板局部大洞口的尺寸不宜超过楼板宽度的30%，且不应在墙体两侧同时开洞。

4）房屋错层的楼板高差超过500mm时，应按两层计算；错层部位的墙体应采取加强措施。

5）同一轴线上的窗间墙宽度宜均匀；墙面洞口的面积，6、7度时不宜大于墙面总面积的55%，8、9度时不宜大于50%。

6）在房屋宽度方向的中部应设置内纵墙，其累计长度不宜小于房屋总长度的60%（高宽比大于4的墙段不计入）。

3　房屋有下列情况之一时宜设置防震缝，缝两侧均应设置墙体，缝宽应根据烈度和房屋高度确定，可采用70～100mm：

1）房屋立面高差在6m以上；

2）房屋有错层，且楼板高差大于层高的1/4；

3）各部分结构刚度、质量截然不同。

5　不应在房屋转角处设置转角窗。

6 横墙较少、跨度较大的房屋，宜采用现浇钢筋混凝土楼、屋盖。

7.1.9 底部框架—抗震墙砌体房屋的钢筋混凝土结构部分，除应符合本章规定外，尚应符合本规范第6章的有关要求；此时，底部混凝土框架的抗震等级，6、7、8度应分别按三、二、一级采用，混凝土墙体的抗震等级，6、7、8度应分别按三、三、二级采用。

7.2.7 普通砖、多孔砖墙体的截面抗震受剪承载力，应按下列规定验算：

2 采用水平配筋的墙体，应按下式验算：

$$V \leqslant \frac{1}{\gamma_{RE}} (f_{VE} A + \zeta_s f_{yh} A_{sh}) \tag{7.2.7-2}$$

式中 $V$——墙体剪力设计值；

$f_{yh}$——水平钢筋抗拉强度设计值；

$A_{sh}$——层间墙体竖向截面的总水平钢筋面积，其配筋率应不小于0.07%且不大于0.17%；

$\zeta_s$——钢筋参与工作系数，可按表7.2.7采用。

**表 7.2.7 钢筋参与工作系数**

| 墙体高宽比 | 0.4 | 0.6 | 0.8 | 1.0 | 1.2 |
|---|---|---|---|---|---|
| $\zeta_s$ | 0.10 | 0.12 | 0.14 | 0.15 | 0.12 |

（2）多层砌体房屋抗震构造 《建筑抗震设计规范》(GB 50011—2010)

7.3.2 多层砖砌体房屋的构造柱应符合下列构造要求。

1 构造柱最小截面可采用180mm×240mm（墙厚190mm时为180mm×190mm），纵向钢筋宜采用4ϕ12，箍筋间距不宜大于250mm，且在柱上下端应适当加密；6、7度时超过六层、8度时超过五层和9度时，构造柱纵向钢筋宜采用4ϕ14，箍筋间距不应大于200mm；房屋四角的构造柱应适当加大截面及配筋。

2 构造柱与墙连接处应砌成马牙槎，沿墙高每隔500mm设2ϕ6水平钢筋和ϕ4分布短筋平面内点焊组成的拉结网片或ϕ4点焊钢筋网片，每边伸入墙内不宜小于1m。6、7度时底部1/3楼层，8度时底部1/2楼层，9度时全部楼层，上述拉结钢筋网片应沿墙体水平通长设置。

3 构造柱与圈梁连接处，构造柱的纵筋应在圈梁纵筋内侧穿过，保证构造柱纵筋上下贯通。

4 构造柱可不单独设置基础，但应伸入室外地面下500mm，或与埋深小于500mm的基础圈梁相连。

5 房屋高度和层数接近本规范表7.1.2的限值时，纵、横墙内构造柱间距尚应符合下列要求。

1）横墙内的构造柱间距不宜大于层高的二倍；下部1/3楼层的构造柱间距适当减小；

2）当外纵墙开间大于3.9m时，应另设加强措施。内纵墙的构造柱间距不宜大于4.2m。

7.3.4 多层砖砌体房屋现浇混凝土圈梁的构造应符合下列要求。

1　圈梁应闭合，遇有洞口圈梁应上下搭接。圈梁直与预制板设在同一标高处或紧靠板底；

2　圈梁在本规范第 7.3.3 条要求的间距内无横墙时，应利用梁或板缝中配筋替代圈梁；

3　圈梁的截面高度不应小于 120mm，配筋应符合表 7.3.4 的要求；按本规范第 3.3.4 条 3 款要求增设的基础圈梁，截面高度不应小于 180mm，配筋不应少于 4ϕ12。

**表 7.3.4　多层砖砌体房屋圈梁配筋要求**

| 配筋 | 烈度 | | |
|---|---|---|---|
| | 6、7 | 8 | 9 |
| 最小纵筋 | 4ϕ10 | 4ϕ12 | 4ϕ14 |
| 箍筋最大间距/mm | 250 | 200 | 150 |

7.3.7　6、7 度时长度大于 7.2m 的大房间，以及 8、9 度时外墙转角及内外墙交接处，应沿墙高每隔 500mm 配置 2ϕ6 的通长钢筋和ϕ4 分布短筋平面内点焊组成的拉结网片或ϕ4 点焊网片。

7.3.10　门窗洞处不应采用砖过梁；过梁支承长度，6～8 度时不应小于 240mm，9 度时不应小于 360mm。

7.3.11　预制阳台，6、7 度时应与圈梁和楼板的现浇板带可靠连接，8、9 度时不应采用预制阳台。

7.3.14　丙类的多层砖砌体房屋，当横墙较少且总高度和层数接近或达到本规范表 7.1.2 规定限值时，应采取下列加强措施。

1　房屋的最大开间尺寸不宜大于 6.6m。

2　同一结构单元内横墙错位数量不宜超过横墙总数的 1/3，且连续错位不宜多于两道；错位的墙体交接处均应增设构造柱，且楼、屋面板应采用现浇钢筋混凝土板。

3　横墙和内纵墙上洞口的宽度不宜大于 1.5m；外纵墙上洞口的宽度不宜大于 2.1m 或开间尺寸的一半；且内外墙上洞口位置不应影响内外纵墙与横墙的整体连接。

4　所有纵横墙均应在楼、屋盖标高处设置加强的现浇钢筋混凝土圈梁：圈梁的截面高度不宜小于 150mm，上下纵筋各不应少于 3ϕ10，箍筋不小于ϕ6，间距不大于 300mm。

5　所有纵横墙交接处及横墙的中部，均应增设满足下列要求的构造柱：在纵、横墙内的柱距不宜大于 3.0m，最小截面尺寸不宜小于 240mm×240mm（墙厚 190mm 时为 240mm×190mm），配筋宜符合表 7.3.14 的要求。

**表 7.3.14　增设构造柱的纵筋和箍筋设置要求**

| 位置 | 纵向钢筋 | | | 箍筋 | | |
|---|---|---|---|---|---|---|
| | 最大配筋率/(%) | 最小配筋率/(%) | 最小直径/mm | 加密区范围/mm | 加密区间距/mm | 最小直径/mm |
| 角柱 | 1.8 | 0.8 | 14 | 全高 | 100 | 6 |
| 边柱 | | | 14 | 上端 700<br>下端 500 | | |
| 中柱 | 1.4 | 0.6 | 12 | | | |

6 同一结构单元的楼、屋面板应设置在同一标高处。

7 房屋底层和顶层的窗台标高处，宜设置沿纵横墙通长的水平现浇钢筋混凝土带：其截面高度不小于60mm，宽度不小于墙厚，纵向钢筋不少于2ϕ10，横向分布筋的直径不小于ϕ6且其间距不大于200mm。

7.4.2 多层小砌块房屋的芯柱，应符合下列构造要求。

1 小砌块房屋芯柱截面不宜小于120mm×120mm。

2 芯柱混凝土强度等级，不应低于Cb20。

3 芯柱的竖向插筋应贯通墙身且与圈梁连接；插筋不应小于1ϕ12，6、7度时超过五层、8度时超过四层和9度时，插筋不应小于1ϕ14。

4 芯柱应伸入室外地面下500mm或与埋深小于500mm的基础圈梁相连。

5 为提高墙体抗震受剪承载力而设置的芯柱，宜在墙体内均匀布置，最大净距不宜大于2.0m。

6 多层小砌块房屋墙体交接处或芯柱与墙体连接处应设置拉结钢筋网片，网片可采用直径4mm的钢筋点焊而成，沿墙高间距不大于600mm，并应沿墙体水平通长设置。6、7度时底部1/3楼层，8度时底部1/2楼层，9度时全部楼层，上述拉结钢筋网片沿墙高间距不大于400mm。

7.4.3 小砌块房屋中替代芯柱的钢筋混凝土构造柱，应符合下列构造要求。

1 构造柱截面不宜小于190mm×190mm，纵向钢筋宜采用4ϕ12，箍筋间距不宜大于250mm，且在柱上下端应适当加密；6、7度时超过五层、8度时超过四层和9度时，构造柱纵向钢筋宜采用4ϕ14，箍筋间距不应大于200mm；外墙转角的构造柱可适当加大截面及配筋。

2 构造柱与砌块墙连接处应砌成马牙槎，与构造柱相邻的砌块孔洞，6度时宜填实，7度时应填实，8、9度时应填实并插筋。构造柱与砌块墙之间沿墙高每隔600mm设置ϕ4点焊拉结钢筋网片，并应沿墙体水平通长设置。6、7度时底部1/3楼层，8度时底部1/2楼层，9度全部楼层，上述拉结钢筋网片沿墙高间距不大于400mm。

3 构造柱与圈梁连接处，构造柱的纵筋应在圈梁纵筋内侧穿过，保证构造柱纵筋上下贯通。

4 构造柱可不单独设置基础，但应伸入室外地面下500mm，或与埋深小于500mm的基础圈梁相连。

7.4.5 多层小砌块房屋的层数，6度时超过五层、7度时超过四层、8度时超过三层和9度时，在底层和顶层的窗台标高处，沿纵横墙应设置通长的水平现浇钢筋混凝土带；其截面高度不小于60mm，纵筋不少于2ϕ10，并应有分布拉结钢筋；其混凝土强度等级不应低于C20。

7.4.6 丙类的多层小砌块房屋，当横墙较少且总高度和层数接近或达到本规范表7.1.2规定限值时，应符合本规范第7.3.14条的相关要求；其中，墙体中部的构造柱可采用芯柱替代，芯柱的灌孔数量不应少于2孔，每孔插筋的直径不应小于18mm。

7.4.7　小砌块房屋的其他抗震构造措施，尚应符合本规范第7.3.5条至第7.3.13条有关要求。其中，墙体的拉结钢筋网片间距应符合本节的相应规定，分别取600mm和400mm。

底部框架-抗震墙砌体房屋抗震构造见《建筑抗震设计规范》(GB 50011—2010)。

7.5.1　底部框架-抗震墙砌体房屋的上部墙体应设置钢筋混凝土构造柱或芯柱，并应符合下列要求。

1　钢筋混凝土构造柱、芯柱的设置部位，应根据房屋的总层数分别按本规范第7.3.1条、7.4.1条的规定设置。

2　构造柱、芯柱的构造，除应符合下列要求外，尚应符合本规范第7.3.2、7.4.2、7.4.3条的规定。

1）砖砌体墙中构造柱截面不宜小于240mm×240mm（墙厚190mm时为240mm×190mm）。

2）构造柱的纵向钢筋不宜少于4ϕ14，箍筋间距不宜大于200mm；芯柱每孔插筋不应小于1ϕ14，芯柱之间沿墙高应每隔400mm设ϕ4焊接钢筋网片。

3　构造柱、芯柱应与每层圈梁连接，或与现浇楼板可靠拉接。

7.5.2　过渡层墙体的构造，应符合下列要求。

1　上部砌体墙的中心线宜与底部的框架梁、抗震墙的中心线重合；构造柱或芯柱宜与框架柱上下贯通。

2　过渡层应在底部框架柱、混凝土墙或约束砌体墙的构造柱所对应处设置构造柱或芯柱；墙体内的构造柱间距不宜大于层高；芯柱除按本规范表7.1.4设置外，最大间距不宜大于1m。

3　过渡层构造柱的纵向钢筋，6、7度时不宜少于1ϕ16，8度时不宜少于4ϕ18。过渡层芯柱的纵向钢筋，6、7度时不宜少于每孔1ϕ16，8度时不宜少于每孔1ϕ18。一般情况下，纵向钢筋应锚入下部的框架柱或混凝土墙内；当纵向钢筋锚固在托墙梁内时，托墙梁的相应位置应加强。

4　过渡层的砌体墙在窗台标高处，应设置沿纵横墙通长的水平现浇钢筋混凝土带；其截面高度不小于60mm，宽度不小于墙厚，纵向钢筋不少于2ϕ10，横向分布筋的直径不小于6mm且其间距不大于200mm。此外，砖砌体墙在相邻构造柱间的墙体，应沿墙高每隔360mm设置2ϕ6通长水平钢筋和ϕ4分布短筋平面内点焊组成的拉结网片或ϕ4点焊钢筋网片，并锚入构造柱内；小砌块砌体墙芯柱之间沿墙高应每隔400mm设置ϕ4通长水平点焊钢筋网片。

5　过渡层的砌体墙，凡宽度不小于1.2m的门洞和2.1m的窗洞，洞口两侧宜增设截面不小于120mm×240mm（墙厚190mm时为120mm×190mm）的构造柱或单孔芯柱。

6　当过渡层的砌体抗震墙与底部框架梁、墙体不对齐时，应在底部框架内设置托墙转换梁，并且过渡层砖墙或砌块墙应采取比本条4款更高的加强措施。

7.5.3　底部框架-抗震墙砌体房屋的底部采用钢筋混凝土墙时，其截面和构造应符合下列要求：

1 墙体周边应设置梁（或暗梁）和边框柱（或框架柱）组成的边框；边框梁的截面宽度不宜小于墙板厚度的1.5倍，截面高度不宜小于墙板厚度的2.5倍：边框柱的截面高度不宜小于墙板厚度的2倍。

2 墙板的厚度不宜小于160mm，且不应小于墙板净高的1/20；墙体宜开设洞口形成若干墙段，各墙段的高宽比不宜小于2。

3 墙体的竖向和横向分布钢筋配筋率均不应小于0.30%，并应采用双排布置；双排分布钢筋间拉筋的间距不应大于600mm，直径不应小于6mm。

4 墙体的边缘构件可按本规范第6.4节关于一般部位的规定设置。

7.5.4 当6度设防的底层框架一抗震墙砖房的底层采用约束砖砌体墙时，其构造应符合下列要求。

1 砖墙厚不应小于240mm，砌筑砂浆强度等级不应低于M10，应先砌墙后浇框架。

2 沿框架柱每隔300mm配置2ϕ8水平钢筋和ϕ4分布短筋平面内点焊组成的拉结网片，并沿砖墙水平通长设置；在墙体半高处尚应设置与框架柱相连的钢筋混凝土水平系梁。

3 墙长大于4m时和洞口两侧，应在墙内增设钢筋混凝土构造柱。

7.5.5 当6度设防的底层框架一抗震墙砌块房屋的底层采用约束小砌块砌体墙时，其构造应符合下列要求：

1 墙厚不应小于190mm，砌筑砂浆强度等级不应低于Mb10，应先砌墙后浇框架。

2 沿框架柱每隔400mm配置2ϕ8水平钢筋和ϕ4分布短筋平面内点焊组成的拉结网片，并沿砌块墙水平通长设置；在墙体半高处尚应设置与框架柱相连的钢筋混凝土水平系梁，系梁截面不应小于190mm×190mm，纵筋不应小于4ϕ12，箍筋直径不应小于ϕ6，间距不应大于200mm。

3 墙体在门、窗洞口两侧应设芯柱，墙长大于4m时，应在墙内增设芯柱，芯柱应符合本规范第7.4.2条的有关规定；其余位置，宜采用钢筋混凝土构造柱替代芯柱，钢筋混凝土构造柱应符合本规范第7.4.3条的有关规定。

7.5.6 底部框架-抗震墙砌体房屋的框架柱应符合下列要求：

1 柱的截面不应小于400mm×400mm，圆柱直径不应小于450mm；

2 柱的轴压比，6度时不宜大于0.85，7度时不宜大于0.75，8度时不宜大于0.65；

3 柱的纵向钢筋最小总配筋率，当钢筋的强度标准值低于400MPa时，中柱在6、7度时不应小于0.9%，8度时不应小于1.1%，边柱、角柱和混凝土抗震墙端柱在6、7度时不应小于1.0%，8度时不应小于1.2%；

4 柱的箍筋直径，6、7度时不应小于8mm，8度时不应小于10mm，并应全高加密箍筋，间距不大于100mm；

5 柱的最上端和最下端组合的弯矩设计值应乘以增大系数，一、二、三级的增大系数应分别按1.5、1.25、1.15采用。

7.5.9 底部框架-抗震墙砌体房屋的材料强度等级，应符合下列要求。

1　框架柱、混凝土墙和托墙梁的混凝土强度等级，不应低于C30；

2　过渡层砌体块材的强度等级不应低于MU10，砖砌体砌筑砂浆强度的等级不应低于M10，砌块砌体砌筑砂浆强度的等级不应低于Mb10。

7.5.10　底部框架-抗震墙砌体房屋的其他抗震构造措施，应符合本规范第7.3节、第7.4节和第6章的有关要求。

**6. 钢结构**

(1) 普通钢结构　《钢结构设计规范》(GB 50017—2003)

3.5.1　为了不影响结构或构件的正常使用和观感，设计时应对结构或构件的变形（挠度或侧移）规定相应的限值。一般情况下，结构或构件变形的容许值见本规范附录A的规定。当有实践经验或有特殊要求时，可根据不影响正常使用和观感的原则对附录A的规定进行适当地调整。

5.3.8　受压构件的长细比不宜超过表5.3.8的容许值。

**表5.3.8　受压构件的容许长细比**

| 项次 | 构件名称 | 容许长细比 |
|---|---|---|
| 1 | 柱、桁架和天窗架中的杆件 | 150 |
|  | 柱的缀条、吊车梁或吊车桁架以下的柱间支撑 |  |
| 2 | 支撑（吊车梁或吊车桁架以下的柱间支撑除外） | 200 |
|  | 用以减小受压构件长细比的杆件 |  |

注：1. 桁架（包括空间桁架）的受压腹杆，当其内力等于或小于承载能力的50%时，容许长细比值可取200。

2. 计算单角钢受压构件的长细比时，应采用角钢的最小回转半径。但计算在交叉点相互连接的交叉杆件平面外的长细比时，可采用与角钢肢边平行轴的回转半径。

3. 跨度等于或大于60m的桁架，其受压弦杆和端压杆的容许长细比值宜取100，其他受压腹杆可取150（承受静力荷载或间接承受动力荷载）或120（直接承受动力荷载）。

4. 由容许长细比控制截面的杆件，在计算其长细比时，可不考虑扭转效应。

5.3.9　受拉构件的长细比不宜超过表5.3.9的容许值。

**表5.3.9　受拉构件的容许长细比**

| 项次 | 构件名称 | 承受静力荷载或间接承受动力荷载的结构 |  | 直接承受动力荷载的结构 |
|---|---|---|---|---|
|  |  | 一般建筑结构 | 有重级工作制吊车的厂房 |  |
| 1 | 桁架的杆件 | 350 | 250 | 250 |
| 2 | 吊车梁或吊车桁架以下的柱间支撑 | 300 | 200 | — |

续表

| 项次 | 构件名称 | 承受静力荷载或间接承受动力荷载的结构 | | 直接承受动力荷载的结构 |
|---|---|---|---|---|
| | | 一般建筑结构 | 有重级工作制吊车的厂房 | |
| 3 | 其他拉杆、支撑、系杆等（张紧的圆钢除外） | 400 | 350 | — |

注：1. 承受静力荷载的结构中，可仅计算受拉控件在竖向平面内的长细比。

2. 在直接或间接承受动力荷载的结构中，单角钢受拉构件长细比的计算方法与表 5.3.8 注 2 相同。

3. 中、重级工作制吊车桁架下弦杆的长细比不宜超过 200。

4. 在设有夹钳或刚性料耙等硬钩吊车的厂房中，支撑（表中第 2 项除外）的长细比不宜超过 300。

5. 受拉构件在永久荷载与风荷载组合作用下受压时，其长细比不宜超过 250。

6. 跨度等于或大于 60m 的桁架，其受拉弦杆和腹杆的长细比不宜超过 300（承受静力荷载或间接承受动力荷载）或 250（直接承受动力荷载）。

5.4.5　圆管截面的受压构件，其外径与壁厚之比不应超过 100（$235/f_y$）。

7.1.1　焊缝应根据结构的重要性、荷载特性、焊缝形式、工作环境以及应力状态等情况，按下述原则分别选用不同的质量等级。

1　在需要进行疲劳计算的构件中，凡对接焊缝均应焊透，其质量等级为：

1）作用力垂直于焊缝长度方向的横向对接焊缝或 T 形对接与角接组合焊缝，受拉时应为一级，受压时应为二级；

2）作用力平行于焊缝长度方向的纵向对接焊缝应为二级。

2　不需要计算疲劳的构件中，凡要求与母材等强的对接焊缝应予焊透，其质量等级当受拉时应不低于二级，受压时宜为二级。

4　不要求焊透的 T 形接头采用的角焊缝或部分焊透的对接与角接组合焊缝，以及搭接连接采用的角焊缝，其质量等级为：

1）对直接承受动力荷载且需要验算疲劳的结构，焊缝的外观质量标准应符合二级；

2）对其他结构，焊缝的外观质量标准可为三级。

8.3.4　螺栓或铆钉的距离应符合表 8.3.4 的要求。

**表 8.3.4　螺栓或铆钉的最大、最小容许距离**

| 名称 | 位置和方向 | | | 最大容许距离（取两者的较小值） | 最小容许距离 |
|---|---|---|---|---|---|
| 中心间距 | 外排（垂直内力方向或顺内力方向） | | | $8d_0$ 或 $12t$ | $3d_0$ |
| | 中间排 | 垂直内力方向 | | $16d_0$ 或 $24t$ | |
| | | 顺内力方向 | 构件受压力 | $12d_0$ 或 $18t$ | |
| | | | 构件受拉力 | $16d_0$ 或 $24t$ | |
| | 沿对角线方向 | | | — | |

续表

<table>
<tr><th>名称</th><th colspan="3">位置和方向</th><th>最大容许距离<br>（取两者的较小值）</th><th>最小容许距离</th></tr>
<tr><td rowspan="4">中心至构件<br>边缘距离</td><td colspan="3">顺内力方向</td><td rowspan="4">$4d_0$ 或 $8t$</td><td>$2d_0$</td></tr>
<tr><td rowspan="3">垂直<br>内力<br>方向</td><td colspan="2">剪切边或手工气割边</td><td rowspan="2">$1.5d_0$</td></tr>
<tr><td rowspan="2">轧制边、自动气割<br>或锯割边</td><td>高强度螺栓</td></tr>
<tr><td>其他螺栓或铆钉</td><td>$1.2d_0$</td></tr>
</table>

注：1. $d_0$ 为螺栓或铆钉的孔径，$t$ 为外层较薄板件的厚度。

2. 钢板边缘与刚性构件（如角钢、槽钢等）相连的螺栓或铆钉的最大间距，可按中间排的数值采用。

8.4.13　柱脚锚栓不宜用以承受柱脚底部的水平反力，此水平反力由底板与混凝土基础间的摩擦力（摩擦系数可取0.4）或设置抗剪键承受。

8.6.2　大跨度屋盖结构应考虑构件变形、支承结构位移、边界约束条件和温度变化等对其内力产生的影响：同时可根据结构的具体情况采用能适应变形的支座以释放附加内力。

8.6.3　对有悬挂吊车的（大跨度屋盖结构的）屋架，按永久和可变荷载标准值计算的挠度容许值可取跨度的1/500，按可变荷载标准值计算时可取1/600。对无悬挂吊车的屋架，按永久和可变荷载标准值计算的挠度容许值可取跨度的1/250；当有吊天棚时，按可变荷载标准值计算的挠度容许值可取跨度的1/500。

8.6.5　对大跨度屋盖结构应进行吊装阶段的验算，吊装方案的选定和吊点位置等都应通过计算确定，以保证每个安装阶段屋盖结构的强度和整体稳定。

8.9.1　钢结构除必须采取防锈措施（除锈后涂以油漆或金属镀层等）外，尚应在构造上尽量避免出现难于检查、清刷和油漆之处以及能积留湿气和大量灰尘的死角或凹槽。闭口截面构件应沿全长和端部焊接封闭。

在设计文件中应注明所要求的钢材除锈等级和所要用的涂料（或镀层）及涂（镀）层厚度。

11.3.1　组合梁的抗剪连接件宜采用栓钉，也可采用槽钢、弯筋或有可靠依据的其他类型连接件。

（2）**钢结构防火设计**　《**钢结构设计规范**》(GB 50017—2003)

8.9.4　钢结构的防火应符合现行国家标准《建筑设计防火规范》(GB 50016—2014)的要求，结构构件的防火保护层应根据建筑物的耐火等级对各不同的构件所要求的耐火极限进行设计。防火涂料的性能、涂层厚度及质量要求应符合现行国家标准《钢结构防火涂料》(GB 14907—2002) 的规定。

见《**建筑设计防火规范**》(GB 50016—2014)。

3.2.1　厂房和仓库的耐火等级可分为一、二、三、四级，相应建筑构件的燃烧性能和耐火极限，除本规范另有规定外，不应低于表3.2.1的规定。

**表 3.2.1 不同耐火等级厂房和仓库建筑构件的燃烧性能和耐火极限 (h)**

| 构件名称 | | 耐火等级 | | | |
|---|---|---|---|---|---|
| | | 一级 | 二级 | 三级 | 四级 |
| 墙 | 防火墙 | 不燃性<br>3.00 | 不燃性<br>3.00 | 不燃性<br>3.00 | 不燃性<br>3.00 |
| | 承重墙 | 不燃性<br>3.00 | 不燃性<br>2.50 | 不燃性<br>2.00 | 难燃性<br>0.50 |
| | 楼梯间和前室的墙<br>电梯井的墙 | 不燃性<br>2.00 | 不燃性<br>2.00 | 不燃性<br>1.50 | 难燃性<br>0.50 |
| | 疏散走道两侧的隔墙 | 不燃性<br>1.00 | 不燃性<br>1.00 | 不燃性<br>0.50 | 难燃性<br>0.25 |
| | 非承重外墙<br>房间隔墙 | 不燃性<br>0.75 | 不燃性<br>0.50 | 难燃性<br>0.50 | 难燃性<br>0.25 |
| 柱 | | 不燃性<br>3.00 | 不燃性<br>2.50 | 不燃性<br>2.00 | 难燃性<br>0.50 |
| 梁 | | 不燃性<br>2.00 | 不燃性<br>1.50 | 不燃性<br>1.00 | 难燃性<br>0.50 |
| 楼板 | | 不燃性<br>1.50 | 不燃性<br>1.00 | 不燃性<br>0.75 | 难燃性<br>0.50 |
| 屋顶承重构件 | | 不燃性<br>1.50 | 不燃性<br>1.00 | 难燃性<br>0.50 | 可燃性 |
| 疏散楼梯 | | 不燃性<br>1.50 | 不燃性<br>1.00 | 不燃性<br>0.75 | 可燃性 |
| 吊顶（包括吊顶搁栅） | | 不燃性<br>0.25 | 难燃性<br>0.25 | 难燃性<br>0.15 | 可燃性 |

注：二级耐火等级建筑内采用不燃材料的吊顶，其耐火极限不限。

3.2.2 高层厂房，甲、乙类厂房的耐火等级不应低于二级，建筑面积不大于 300m² 的独立甲、乙类单层厂房可采用三级耐火等级的建筑。

3.2.3 单、多层丙类厂房和多层丁、戊类厂房的耐火等级不应低于三级。

使用或产生丙类液体的厂房和有火花、赤热表面、明火的丁类厂房，其耐火等级均不应低于二级；当为建筑面积不大于 500m² 的单层丙类厂房或建筑面积不大于 1000m² 的单层丁类厂房时，可采用三级耐火等级的建筑。

3.2.4 使用或储存特殊贵重的机器、仪表、仪器等设备或物品的建筑，其耐火等级不应低于二级。

（3）网格结构　《空间网格结构技术规程》（JGJ 7—2010）

3.5.1　空间网格结构在恒荷载与活荷载标准值作用下的最大挠度值不宜超过表3.5.1中的容许挠度值。

**表3.5.1　空间网格结构的容许挠度值**

| 结构体系 | 屋盖结构（短向跨度） | 楼盖结构（短向跨度） | 悬挑结构（悬挑跨度） |
|---|---|---|---|
| 网架 | 1/250 | 1/300 | 1/125 |
| 单层网壳 | 1/400 | — | 1/200 |
| 双层网网壳<br>立体桁架 | 1/250 | — | 1/125 |

注：对于设有悬挂起重设备的屋盖结构，其最大挠度值不宜大于结构跨度的1/400。

5.1.3　杆件的长细比不宜超过表5.1.3中规定的数值：

**表5.1.3　杆件的容许长细比［λ］**

| 结构体系 | 杆件形式 | 杆件受拉 | 杆件受压 | 杆件受压与压弯 | 杆件受拉与拉弯 |
|---|---|---|---|---|---|
| 网架<br>双层网壳<br>立体桁架 | 一般杆件 | 300 | 180 | — | — |
| | 支座附近杆件 | 250 | | | |
| | 直接承受动力荷载杆件 | 250 | | | |
| 单层网壳 | — | — | — | 150 | 250 |

（4）多、高层钢结构房屋抗震　《建筑抗震设计规范》（GB 50011—2010）

3.9.5　采用焊接连接的钢结构，当接头的焊接拘束度较大、钢板厚度不小于40mm且承受沿板厚方向的拉力时，钢板厚度方向截面收缩率不应小于国家标准《厚度方向性能钢板》（GB/T 5313—2010）关于215级规定的容许值。

8.1.1　本章适用的钢结构民用房屋的结构类型和最大高度应符合表8.1.1的规定。平面和竖向均不规则的钢结构，适用的最大高度宜适当降低。

注：1. 钢支撑-混凝土框架和钢框架-混凝土筒体结构的抗震设计，应符合本规范附录G的规定。

2. 多层钢结构厂房的抗震设计，应符合本规范附录H第H.2节的规定。

**表8.1.1　钢结构房屋适用的最大高度**　　单位：m

| 结构类型 | 6度 | 7度 | | 8度 | | 9度 |
|---|---|---|---|---|---|---|
| | (0.05$g$) | (0.10$g$) | (0.15$g$) | (0.20$g$) | (0.30$g$) | (0.40$g$) |
| 框架 | 110 | 110 | 90 | 90 | 70 | 50 |

续表

| 结构类型 | 6度 (0.05g) | 7度 | | 8度 | | 9度 (0.40g) |
|---|---|---|---|---|---|---|
| | | (0.10g) | (0.15g) | (0.20g) | (0.30g) | |
| 框架-中心支撑 | 220 | 220 | 200 | 180 | 150 | 120 |
| 框架偏心支撑（延性墙板） | 240 | 240 | 220 | 200 | 180 | 160 |
| 筒体（框筒，筒中筒，桁架筒，束筒）和巨型框架 | 300 | 300 | 280 | 260 | 240 | 180 |

注：1. 房屋高度指室外地面到主要屋面板板顶的高度（不包括局部突出屋顶部分）。
2. 超过表内高度的房屋，应进行专门研究和论证，采取有效的加强措施。
3. 表内的筒体不包括混凝土筒。

8.1.4 钢结构房屋需要设置防震缝时，缝宽应不小于相应钢筋混凝土结构房屋的1.5倍。

8.1.5 采用框架结构时，甲、乙类建筑和高层的丙类建筑不应采用单跨框架，多层的丙类建筑不宜采用单跨框架。

8.1.6 采用框架支撑结构的钢结构房屋应符合下列规定：

3 中心支撑框架宜采用交叉支撑，也可采用人字支撑或单斜杆支撑，不宜采用K形支撑；支撑的轴线宜交汇于梁柱构件轴线的交点，偏离交点时的偏心距不应超过支撑杆件宽度，并应计入由此产生的附加弯矩。当中心支撑采用只能受拉的单斜杆体系时，应同时设置不同倾斜方向的两组斜杆，且每组中不同方向单斜杆的截面面积在水平方向的投影面积之差不应大于10%。

4 偏心支撑框架的每根支撑应至少有一端与框架梁连接，并在支撑与梁交点和柱之间或同一跨内另一支撑与梁交点之间形成消能梁段。

8.1.9 钢结构房屋的地下室设置，应符合下列要求：

1 设置地下室时，框架-支撑（抗震墙板）结构中竖向连续布置的支撑（抗震墙板）应延伸至基础；钢框架柱应至少延伸至地下一层。

8.2.2 钢结构抗震计算的阻尼比宜符合下列规定。

1 多遇地震下的计算，高度不大于50m时可取0.04；高度大于50m且小于200m时，可取0.03；高度不小于200m时，宜取0.02。

2 当偏心支撑框架部分承担的地震倾覆力矩大于结构总地震倾覆力矩的50%时，其阻尼比可比本条1款相应增加0.005。

3 在罕遇地震下的弹塑性分析，阻尼比可取0.05。

8.2.3 钢结构在地震作用下的内力和变形分析，应符合下列规定。

1 钢结构应按本规范第3.6.3条规定计入重力二阶效应。进行二阶效应的弹性分析时，应按现行国家标准《钢结构设计规范》（GB 50017—2003）的有关规定，在每层柱顶附加假想水平力。

2　框架梁可按梁端截面的内力设计。对工字形截面柱，宜计入梁柱节点域剪切变形对结构侧移的影响；对箱形柱框架、中心支撑框架和不超过 50m 的钢结构，其层间位移计算可不计入梁柱节点域剪切变形的影响，近似按框架轴线进行分析。

3　钢框架-支撑结构的斜杆可按端部铰接杆计算；其框架部分按刚度分配计算得到的地震层剪力应乘以调整系数，达到不小于结构底部总地震剪力的 25%和框架部分计算最大层剪力 1.8 倍二者的较小值。

4　中心支撑框架的斜杆轴线偏离梁柱轴线交点不超过支撑杆件的宽度时，仍可按中心支撑框架分析，但应计及由此产生的附加弯矩。

5　偏心支撑框架中，与消能梁段相连构件的内力设计值，应按下列要求调整。

1）支撑斜杆的轴力设计值，应取与支撑斜杆相连接的消能梁段达到受剪承载力时支撑斜杆轴力与增大系数的乘积；其增大系数，一级不应小于 1.4，二级不应小于 1.3，三级不应小于 1.2；

2）位于消能梁段同一跨的框架梁内力设计值，应取消能梁段达到受剪承载力时框架梁内力与增大系数的乘积；其增大系数，一级不应小于 1.3，二级不应小于 1.2，三级不应小于 1.1；

3）框架柱的内力设计值，应取消能梁段达到受剪承载力时柱内力与增大系数的乘积；其增大系数，一级不应小于 1.3，二级不应小于 1.2，三级不应小于 1.1。

8.3.2　框架梁、柱板件宽厚比，应符合表 8.3.2 的规定：

**表 8.3.2　框架梁、柱的板件宽厚比限值**

| 板件名称 | | 一级 | 二级 | 三级 | 四级 |
|---|---|---|---|---|---|
| 柱 | 工字形截面翼缘外伸部分 | 10 | 11 | 12 | 13 |
| | 工字形截面腹板 | 43 | 45 | 48 | 52 |
| | 箱形截面壁板 | 33 | 36 | 38 | 40 |
| 梁 | 工字形截面和箱形截面翼缘外伸部分 | 9 | 9 | 10 | 11 |
| | 箱形截面翼缘在两腹之间部分 | 30 | 30 | 32 | 36 |
| | 工字形截面和箱形截面腹板 | $72-120N_b/(Af)\leqslant 60$ | $72-100N_b/(Af)\leqslant 65$ | $80-110N_b/(Af)\leqslant 70$ | $85-120N_b/(Af)\leqslant 75$ |

注：1. 表列数值适用于 Q235 钢，采用其他牌号钢材时，应乘以 $\sqrt{235/f_{ay}}$。

2. $N_b/(Af)$ 为梁轴压比。

8.3.2　条文说明：从抗震设计的角度，对于板件宽厚比的要求，主要是地震下构件端部可能的塑性铰范围，非塑性铰范围的构件宽厚比可有所放宽。

8.3.3　梁柱构件的侧向支承应符合下列要求：

1　梁柱构件受压翼缘应根据需要设置侧向支承；

2 梁柱构件在出现塑性铰的截面，上下翼缘均应设置侧向支承；

3 相邻两侧向支承点间的构件长细比，应符合现行国家标准《钢结构设计规范》（GB 50017—2003）的有关规定。

8.3.7 框架柱的接头距框架梁上方的距离，可取1.3m和柱净高一半二者的较小值。

上下柱的对接接头应采用全熔透焊缝，柱拼接接头上下各100mm范围内，工字形柱翼缘与腹板间及箱型柱角部壁板间的焊缝，应采用全熔透焊缝。

8.4.2 中心支撑节点的构造应符合下列要求。

3 梁在其与V形支撑或人字支撑相交处，应设置侧向支承；该支承点与梁端支承点间的侧向长细比（$\lambda_y$）以及支承力，应符合现行国家标准《钢结构设计规范》（GB 50017—2003）关于塑性设计的规定。

4 若支撑和框架采用节点板连接，应符合现行国家标准《钢结构设计规范》（GB 50017—2003）关于节点板在连接杆件每侧有不小于30°夹角的规定；一、二级时，支撑端部至节点板最近嵌固点（节点板与框架构件连接焊缝的端部）在沿支撑杆件轴线方向的距离，不应小于节点板厚度的2倍。

8.4.3 框架-中心支撑结构的框架部分，当房屋高度不高于100m且框架部分按计算分配的地震剪力不大于结构底部总地震剪力的25%时，一、二、三级的抗震构造措施可按框架结构降低一级的相应要求采用。

8.5.2 偏心支撑框架的支撑杆件长细比不应大于120$\sqrt{235/f_{ay}}$，支撑杆件的板件宽厚比不应超过现行国家标准《钢结构设计规范》（GB 50017—2003）规定的轴心受压构件在弹性设计时的宽厚比限值。

10.2.16 （大跨度屋盖建筑）支座的抗震构造应符合下列要求。

1 应具有足够的强度和刚度，在荷载作用下不应先于杆件和其他节点破坏，也不得产生不可忽略的变形。支座节点构造形式应传力可靠、连接简单，并符合计算假定。

2 对于水平可滑动的支座，应保证屋盖在罕遇地震下的滑移不超出支承面，并应采取限位措施。

3 8、9度时，多遇地震下只承受竖向压力的支座，宜采用拉压型构造。

## 二、审查原则

### 1. 安全

① 审查只是手段，保证建筑工程的安全才是目的，其中包括结构的整体性安全、局部安全和构件安全。

② 单靠完全通过施工图审查来保证结构的安全是不现实的，一个项目从前期规划到竣工验收，每一道建设程序都非常重要，只有把好每一道关，才能把工程建设和使用过程中的质量、安全隐患消灭在萌芽状态，而施工图审查只是其中的一个环节。

### 2. 强条

① 作为《工程建设标准强制性条文》的结构类条文，最主要的考虑因素也是安全。

② 尽管依靠强制性条文并不能完全解决结构的安全问题，但是相对而言，入选的强制性条文都具备影响结构安全的重要性。

③ 许多工程质量事故，尤其是恶性工程事故，证实了《工程建设标准强制性条文》条款的重要性。

④ 结构设计部分的强制性条文从内容上可以划分为：

a. 材料的强度取值；

b. 结构的设计准则；

c. 结构的基本构造问题；

d. 构件的构造措施；

e. 混凝土结构抗震设计。

⑤ 由于强制性条文的重要性及违反时可能带来的严重后果，在设计审查时应重点检查验算。

⑥ 设计审查时，通过对强制性条文的复核，对保证结构安全具有重要的意义。

**3. 深度**

① 可以说，图纸的深度就决定了图纸的质量。这并非是一句毫无根据的话，深度达不到要求，无形中掩盖了图纸中存在的问题，图纸中什么也不画当然不会违反强条，审查时也不会发现问题。

② 审图中常常碰到图纸中“甩项”或“二次制作、二次装修”等项目，一般都不经过审查，结构中荷载随意修改，其存在安全隐患是不言而喻的。

注：施工图审查的原则，上面三项已经介绍得很详细了，但它们之间还存在着主次关系，可以表述为：“安全第一、强条第二、深度第三”。为了方便读者阅读，并能够加深印象，我们把施工图审查的原则用框架的形式表述，如图 1-1 所示。

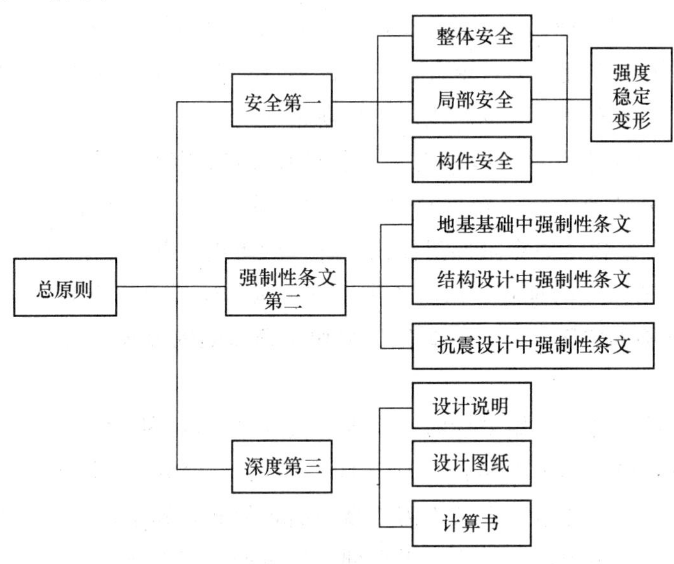


**图 1-1　图纸审查的原则**

## 三、审查流程

建设项目从报审到出具施工图审查合格书，基本流程如下。

① 办理项目审查登记，并进行政策性审查，审查完成后，建设单位报请施工图技术性审查的资料应包括：

a. 作为设计依据的政府有关部门的批准文件及附件；

b. 审查合格的岩土工程勘察报告（详细勘察）；

c. 全套设计文件（含计算书并注明软件的名称及版本）；

d. 审查需要提供的其他资料。

② 设计文件的技术性审查，并出具初步审查意见，施工图技术性审查主要内容包括：

a. 审查是否符合《工程建设标准强制性条文》和其他有关工程建设强制性标准；

b. 审查地基基础和结构设计等是否安全；

c. 审查是否符合公众利益；

d. 审查施工图是否达到规定的设计深度要求；

e. 审查是否符合作为设计依据的政府有关部门的批准文件要求。

③ 对修改后的设计文件进行复审，合格后出具审查合格书，对不合格的设计文件，重新报审。

## 四、审查要求

**1. 施工图审查的要求**

① 审查结构再审查结束后，应向建设行政主管部门提交书面的项目施工图审查报告，报告应有审查人员的签字和审查机构的盖章。

② 审查合格的项目，建设行政主管部门收到审查报告后，应及时向建设单位通报审查结果，并颁发施工图审查批准书；审查不合格的项目，由审查机构提出书面报告，并将施工图退回建设单位，交由原设计单位修改后，重新报送。

③ 审查机构在收到审查材料后，应在一定期限内完成审查工作，并提出工作报告。

④ 施工图一经审查批准，不得擅自进行修改。如遇特殊情况需要进行涉及审查主要内容的修改时，必须重新报请原审批部门委托审查机构审查，并经过批准后方能实施。

⑤ 施工图审查所需要的经费，由施工图审查机构向建设单位收取。

**2. 作为一名合格的审图人员，在审图过程中必须做到的要求**

(1) 勤学苦练

大部分审图人员最初都是做设计的，审查与设计最大的不同点就是：审图偏重于经验和对规范条文的理解，设计偏重于结构概念和体系、机算（PKPM 软件）和手算；设计需要创新而审查需要保守，因此审图人员不需要高智商，但必须勤学苦练，与结构有关的强制性条文三百多条，要记熟很难，天天看，天天翻，用时能记起在哪本规范哪一页，已经是非常不错了。另外随着规范的更新加快，新旧知识的更替，需要审图人员不断学习，不断积累，接受再教育。

（2）吃透规范

规范是行业专家们集体智慧的结晶，是对过去经验和成熟技术的总结，审图人员不但要掌握规范，而且要吃透规范，特别是强制性条文，这是审图人员的“圭臬”，要结合条文说明，图示内容仔细理解条文背后的规定（直接或隐含），不仅知其然，更要知其所以然，知道为什么（这么规定），只有这样才能在图纸审查过程中变被动为主动，提出的问题让设计人员心服口服，设计人员也愿意和审图人员去交流，共同提高业务水平。

（3）准确判断

规范是死的，图纸是活的，掌握规范不是盲从规范，死抠规范，这就要求审图人员必须把规范条文和图纸有机结合，对图纸中存在的结构安全问题，特别是违反强制性条文的问题能够做出准确的判断。对审查图纸时间不长的审图人员来说，错审、漏审的情况时有发生。而一些高水平的资深审图专家一眼就能看出图纸中存在的问题。这就是差距，需要长期的磨炼和经验的积累。

（4）提高能力

审图人员需要加强概念和手算的能力，规范是指导、概念是灵魂、审查是手段、手算是基本、安全是目的。对于审图人员，一方面要加强手算能力，特别是结构审查人员，在审查计算书的基础上，能够通过简化计算，发现其中的问题，防止有些人修改计算书中的数据，蒙混过关，给工程留下隐患；另一方面要注重概念的学习，学会从整体上把握施工图审查，保证建筑的安全。

（5）诚信为先

最后一条也是最重要的一条，一名审图人员如果缺少诚信，无论其水平多高，也不是一名合格的审图人员，审查机构必须本着为政府把关，替业主负责的宗旨，需要审图人员不唯上，不唯下，只唯实，对图纸不敷衍，对设计人员不刁难，诚信为先。

**3. 作为一名合格的审图人员，书写审查意见时必须做到的要求**

（1）术语的专业性

术语的专业性就是不说外行话，意见尽量采用专业术语。

（2）整体的逻辑性

整体的逻辑性就是避免把意见写得前后矛盾，给设计人员修改图纸带来困惑，另外应注意意见的先后顺序，尽量按专业和图纸编排的顺序写审查意见。

（3）内容的简练性

内容的简练性就是指提出的问题要简练，不要啰嗦，去繁就简，就问题提问题，不带有个人感情色彩。

# 第二章 设计总说明审查要领及常见问题

## 第一节 审查要领

### 一、文件内容

**1. 工程概况**

① 工程地点、工程分区、主要功能。

② 各单体（或分区）建筑的长、宽、高，地上与地下层数，各层层高，主要结构跨度，特殊结构及造型的简要结构说明，工业厂房的吊车吨位、台数、工作制等。

**2. 设计依据**

① 主体结构设计使用年限。

② 自然条件：基本风压、基本雪压、气温（必要时提供）、抗震设防烈度等。

③ 工程地质勘察报告。

④ 场地地震安全性评价报告（必要时提供）。

⑤ 风洞试验报告（必要时提供）。

⑥ 初步设计的审查、批复文件（按规定不需进行初步设计审查、批复的除外）。

⑦ 采用桩基础时，应有试桩报告或深层平板载荷试验报告或基岩载荷板试验报告（若试桩或试验尚未完成，应注明桩基础图不得用于实际施工）。

⑧ 本专业设计所执行的主要法规和所采用的主要标准（包括标准的名称、编号、年号和版本号）。

**3. 图纸说明**

① 设计±0.000 标高所对应的绝对标高值。

② 混凝土结构采用平面整体表示方法时，应注明所采用的标准图名称及编号或提供标准图。

**4. 建筑分类等级**

应说明下列建筑分类等级及所依据的规范或批文。

① 建筑结构安全等级。

② 地基基础设计等级。

③ 建筑抗震设防类别。

④ 钢筋混凝土结构抗震等级。

⑤ 地下室防水等级。

⑥ 人防地下室的设计类别、防常规武器抗力级别和防核武器抗力级别。

⑦ 建筑防火分类等级和耐火等级。

⑧ 混凝土构件的环境类别。

**5. 主要荷载（作用）取值**

① 楼（屋）面面层荷载、吊挂（含吊顶）荷载。

② 墙体荷载、特殊设备荷载。

③ 楼（屋）面活荷载。

④ 风荷载（包括地面粗糙度系数、体形系数、风振系数等）。

⑤ 雪荷载（包括积雪分布系数等）。

⑥ 地震作用（包括设计基本地震加速度、设计地震分组、地场类别、场地特征周期、结构阻尼比、地震影响系数等）。

⑦ 温度作用及地下室水浮力的有关设计参数。

**6. 设计计算程序**

① 结构整体计算及其他计算所采用的程序名称、版本号、编制单位。

② 结构分析所采用的力学模型、高层建筑整体计算的嵌固部位等。

**7. 主要结构材料**

① 混凝土强度等级、防水混凝土的抗渗等级、轻骨料混凝土的密度等级；注明混凝土耐久性的基本要求。

② 砌体的种类及其强度等级、干容重，砌筑砂浆的种类及等级，砌体结构施工质量控制等级。

③ 钢筋种类、钢绞线或高强钢丝种类及对应的产品标准，其他特殊要求（如强屈比等）。

**8. 基础及地下室工程**

① 工程地质及水文地质概况，各主要土层的压缩模量及承载力特征值等；对不良地基的处理措施及技术要求，抗液化措施及要求，地基土的冰冻深度等。

② 注明基础形式和基础持力层；采用桩基时应简述桩型、桩径、桩长、桩端持力层及桩进入持力层的深度要求，设计所采用的单桩承载力特征值（必要时尚应包括竖向抗拔承载力和水平承载力）等。

③ 地下室抗浮（防水）设计水位及抗浮措施，施工期间的降水要求及终止降水的条件等。

**9. 钢筋混凝土工程**

① 各类混凝土构件的环境类别及其受力钢筋的保护层最小厚度。

② 预应力构件采用后张法时的孔道做法及布置要求、灌浆要求等；预应力构件张拉端、固定端构造要求及做法，锚具防护要求等。

③ 预应力结构的张拉控制应力、张拉条件（如张拉时的混凝土强度等）、必要的张拉测试要求等。

**10. 钢结构工程**

① 钢结构材料：钢材牌号和质量等级，及所对应的产品标准；必要时提出物理力学性能和化学成分要求；必要时提出其他要求，如强屈比、Z 向性能、碳当量、耐候性能、交货状态等。

② 焊接方法及材料：各种钢材的焊接方法及对所采用的焊材的要求。

③ 螺栓材料：注明螺栓种类、性能等级，高强螺栓的接触面处理方法、摩擦面抗滑移系数，以及各类螺栓所对应的产品标准。

④ 焊钉种类及对应的产品标准。

⑤ 应注明钢构件的成形方式（热轧、焊接、冷弯、冷压、热弯、铸造等），圆钢管种类（无缝管、直缝焊管等）。

⑥ 结构用压型钢板的截面形式及产品标准。

⑦ 焊缝质量等级及焊缝质量检查要求。

⑧ 涂装要求：注明除锈方法及除锈等级以及对应的标准；注明防腐底漆的种类、干漆膜最小厚度和产品要求；当存在中间漆和面漆时，也应分别注明其种类、干漆膜最小厚度和要求；注明各类钢构件所要求的耐火极限、防火涂料类型及产品要求。

⑨ 钢结构主体与围护结构的连接要求。

**11. 砌体工程**

① 砌体墙的材料种类、厚度，填充墙墙重限制。

② 砌体填充墙与框架梁、柱、剪力墙的连接要求或注明所引用的标准图。

③ 砌体墙上门窗洞口过梁要求或注明所引用的标准图。

④ 需要设置的构造柱、圈梁（拉梁）要求及附图或注明所引用的标准图。

**12. 其他**

① 对水池、地下室等有抗渗要求的建（构）筑物的混凝土，说明抗渗等级，需作试漏的提出具体要求，地下施工需要人工降水时停止降水的条件，防止降水对邻近建筑物产生不利影响的措施。

② 说明所采用的通用做法和标准构件图集，如有特殊构件需作结构性能检验的，应指出检验的方法和要求。

③ 施工注意事项，如后浇带设置、封闭时间及所用材料性能，施工顺序、专业配合及施工质量验收的特殊要求是否明确；是否注明“未尽注明事宜应满足现行有关施工验收相关规范、规程要求。”

④ 结构专业与其他专业的配合要求，如建筑专业电梯及装饰部分预埋件，设备专业的

预留洞及后期封堵，电气专业的避雷、埋设管线，需二次设计的内容及要求等。

⑤ 围护墙、内隔墙的布置、与结构的拉结措施是否合理。

### 二、审查内容

① 设计采用的规范、规程及标准图，计算软件应为有效版本。

② 设计参数取值正确，包括结构安全等级、设计使用年限、耐火等级、抗震设防类别、抗震设防烈度、抗震等级、场地类别、地基基础的设计等级、地下室防水等级、砌体施工质量控制等级等。

③ 设计±0.000标高所对应的绝对标高、基础选用的持力层及承载力特征值与勘察报告相符，防水设计水位和抗浮设计水位取值正确。

④ 主要荷载（作用）取值：楼（屋）面活荷载、特殊设备荷载、风荷载、雪荷载、地震作用（包括设计基本地震加速度、设计地震分组）；温度作用及地下室水浮力的有关设计参数应正确。

⑤ 混凝土结构的环境类别、地下结构防腐措施、材料选用、强度等级、材料性能应标注准确、清楚。

⑥ 主要结构材料：混凝土强度等级、钢筋种类、钢绞线或高强钢丝种类、钢材牌号、砌体材料的说明等应正确。

⑦ 建筑物的耐火等级、构件耐火极限、钢结构防火、防腐蚀及施工安装要求。

⑧ 钢筋混凝土保护层厚度、钢筋锚固和连接，钢材的焊接，预埋件及吊环的材料要求。

⑨ 后浇带设置、专业配合和施工质量验收等施工要求表述正确。

⑩ 地下工程施工停止降水的条件及对邻近建筑物影响的措施。

⑪ 专业配合要求（电梯及装饰预埋件，设备留洞，电气避雷措施，二次设计内容要求）是否已考虑齐备。

## 第二节　常见问题

### 一、设计深度问题

**1. 设计内容简单**

在工程概况中，地上、地下结构层数、层高、总高度、建筑主要使用功能、室外地坪标高、建筑周边场地高差情况、地下室顶板覆土厚度、距周边建筑距离等内容表述过于简单，交代不清楚，工业厂房吊车吨位未注明。

在审图过程中，审查结构设计总说明时，应按照《建筑工程设计文件编制深度规定》（2008年版）第4.4.3条的规定，依据建设工程的复杂程度进行编写，当工程较简单时，亦可将总说明的内容分散写在相关部分的图纸中。

**2. 采用规范陈旧**

结构设计相关的规范、规程更新频率较快，有的设计人员没有及时察觉新规范的产生，在设计说明中还继续采用废止的规范、规程版本。这种做法直接造成设计依据的错误，给结构设计留下安全隐患，因此应该标注清楚规范版本号，并依据最新规范、规程进行结构设计，严禁采用废止的标准。

设计人员在填写设计依据时，应认真核对规范名称、版本号、编号是否准确，所列规范是否应作为本工程的设计依据，特殊工程是否漏掉应作为本工程设计依据的规范、规程、文件等。工程有初步设计时，初步设计的审查、批复文件也应列入设计依据。

**3. 生搬规范内容**

有些设计人员常常将规范中的“要求、要点”照抄在结构说明中，这样做显然不合适，应由设计人员根据工程实际情况将规范对设计的要求，具体落实到设计文件中。

**4. 建筑结构标高**

结构楼面标高应为建筑楼面标高减建筑面层厚度，不应简单说明为建筑标高减去多少，应以建筑和设备专业做法而定，通常结构楼面标高＝建筑楼面标高一建筑面层厚度（一般为50mm），对于特殊地面（辐射采暖地板、厨房、卫生间、阳台等）应单列说明标高。

**5. 总分说明矛盾**

总说明对于某一设计院来说可能是通用图，但因设计者未注意总说明在本工程或本栋建筑的适用性，只是简单的拿来而未做修改，审查中经常发现总说明与各结构图分说明对同一问题的叙述自相矛盾，这些矛盾的说明不但给施工造成混乱，同时给结构带来安全隐患，应引起设计人员重视。

**6. 说明常见错误**

设计说明中有一些错误，例如“＋0.000 以下采用水泥砂浆”误写为“＋0.000 以下采用混合砂浆”，“混凝土强度等级”误写为“混凝土标号”，“抗震设防烈度 8 度”误写为“抗震设防烈度 7 度”等，如此错误应该算为笔误。还有一些错误应是对规范条文学习理解不够，例如“钢筋接头优先采用绑扎接头”误写为“钢筋接头优先采用焊接接头”等。

**7. 设计说明漏项**

对总说明中没有说明的问题，应在不同图纸上予以说明。设计说明也不可能包罗所有情况，所以在总说明中一定要明确“本说明未尽之处参照有关规范、规程、规定、标准执行”。最好能罗列应执行的相关规范、规程、规定、标准。采用标准图中的标准构件及构造做法的应列出采用的标准构件及构造做法编号（应使用标准图中的编号）及对应的标准图册名及标准图册号。

**8. 标准图集选用**

设计院的结构施工图大部分都采用平面整体表示方法，构造详图基本都选用 11G101 系列图集，为了确保施工人员准确无误地按平法施工图进行施工，在具体工程施工图设计说明中必须写明与平法施工图密切相关的内容。

当标准构造详图有多种可选择的构造做法时应写明在何部位选用何种构造做法。当未写明时，则视为设计人员自动授权施工人员可以任选一种构造做法进行施工。某些节点要求设计人员必须注明在何部位选用何种构造做法。

**9. 特殊构件抗震**

说明中未注明抗震等级需特别提高的特殊构件（如框支梁、框支柱、短肢剪力墙、错层柱等），致使施工时未按提高后的抗震等级进行构造处理，造成结构抗震性能下降。

**10. 强度等级标注**

说明中地下室、剪力墙、梁柱等混凝土强度等级标注混乱，互相矛盾，注意应尽量统一，混凝土强度等级不宜太多，否则会给施工造成较大困难。

**11. 明确选用软件**

设计说明中应注明结构整体计算及其他特殊构件计算所采用的程序名称、版本号、编制单位等，且应采用新规范版本。

**12. 地下水未说清**

地下水类型、标高、防水、抗浮设计水位交代不清楚，有时地下水在干湿交替状况下，对钢筋混凝土构件中的钢筋有中等或中等以上腐蚀性，桩基设计时应特别注意，要在图纸中注明。

设计人员可依据审查后的《岩土工程勘察报告》查阅相关资料，并在设计说明中明确采取相关的处理措施。

**13. 耐火腐蚀问题**

建筑物的耐火等级，构件的耐火极限，钢结构防火，防腐蚀等问题未说明，《建筑设计防火规范》（GB 50016—2014）明确规定了的建筑物耐火等级和构件的耐火极限，因此在结构上必须采取相应的措施，并在结构设计总说明中予以说明。

**14. 施工安装要求**

有关施工安装要求和注意事项、施工程序、专业配合及施工质量验收的特殊要求、设计中需要交代的事项等未在结构设计总说明中注明。如基槽施工及验收的注意事项，砌体结构施工要求，结构后浇带的做法及施工程序，大体积混凝土的浇筑要求，土建、水、电、暖有关工种在施工时的配合等都未在说明中注明，从而造成了设计文件深度达不到要求，图纸表示不清，不但给施工带来了麻烦，也给工程质量留下了隐患。

**15. 施工注意事项**

一些关键性施工工序，例如“后浇带设置封闭时间、所使用材料性能、施工程序、专业配合及施工质量验收的特殊要求”等内容交代不够明确。在设计时应特别注明：“未尽事宜应满足现行有关施工验收相关规范、规程的要求。”

## 二、设计安全问题

**1. 土层未明类型**

审查的图纸说明中常出现+0.000 所对应的绝对标高由建设单位自定或见总平面图，持力层选择错误与勘察报告不符，地基承载力仍采用标准值等情况。这些问题不交代清楚，就有可能导致基础不能坐落于计要求持力层上。还有的设计人员随意注写±0.000所对应的绝对标高，结果导致基础落在半空中。

**2. 建筑分类等级**

设计总说明中应说明的建筑分类等级主要有以下十个，每个等级含义不同，是审图人员审图的关键数据，分类等级错误将导致结构安全问题，必须引起重视。

① 建筑结构安全等级（一般是二级），见《建筑结构可靠度设计统一标准》（GB 50068—2001）（1.0.8强制性条文），分一级、二级、三级。

② 地基基础设计等级，见《建筑地基基础设计规范》（GB 50007—2011）（3.0.1条），分甲级、乙级、丙级。

③ 建筑抗震设防类别（一般为丙类），见《建筑工程抗震设防分类标准》（GB 50223—2008）（3.0.2强制性条文），分甲类、乙类、丙类、丁类。《抗震设防分类标准》（GB 50223—2008），按照新标准对“学校、医院、体育场馆、博物馆、文化馆、图书馆、影剧院、商场、交通枢纽等人员密集的公共服务设施，应当按照高于当地房屋建筑的抗震设防要求进行设计，增强抗震设防能力”的要求，提高了这些建筑的抗震设防类别，审查时应注意。

④ 钢筋混凝土房屋和钢结构房屋的抗震等级，见《建筑抗震设计规范》（GB 50011—2010）（6.1.2条、8.1.3条强制性条文），《高层建筑混凝土结构技术规程》（JGJ 3—2010）（3.9.3条、3.9.4条强制性条文），分特一级（仅用于混凝土房屋）、一级、二级、三级、四级。

⑤ 地下室防水等级，见《地下工程防水技术规范》（GB 50108—2008）（3.2.1强制性条文），分一级、二级、三级、四级。

⑥ 建筑的耐火等级，见《建筑设计防火规范》（GB 50016—2014），分一级、二级、三级、四级。

⑦ 混凝土结构环境类别，见《混凝土结构设计规范》（GB 50010—2010）（3.5.2条），分一类、二a类、二b类、三a类、三b类、四类、五类。

⑧ 建筑桩基设计等级（30层以上或高度超过100m为甲级），见《建筑桩基技术规范》（JGJ 94—2008）（3.1.2条），分甲级、乙级、丙级。

⑨ 建筑的场地类别，见《建筑抗震设计规范》（GB 50011—2010）（4.1.6强制性条文），分$\mathrm{I}_0$、$\mathrm{I}_1$、Ⅱ、Ⅲ、Ⅳ类。

⑩ 结构的设计使用年限（一般是50年），见《建筑结构可靠度设计统一标准》（GB 50068—2001）（1.0.5强制性条文），分5年、25年、50年、100年。

**3. 主要材料取值**

① 室外露天混凝土构件的环境类别，应根据不同条件确定，对于日照地区（寒冷地区）应为“二b类”，卫生间构件应为“二a类”，常被设计人员与上部混凝土构件一起错误地划分为“一类”，导致结构构件混凝土强度等级不满足《混凝土结构设计规范》（GB 50010—2010）第3.5.3条的要求。

② 防水混凝土的设计抗渗等级表达混乱，有的是用P6表示，有的是用S6表示，还有用W6表示等［P6是《地下工程防水技术规范》（GB 50108—2008）和《高层建筑混凝土结

构技术规程》(JGJ 3—2010) 表示方法，S6 是老规范表示抗渗等级的方法，W6 是水利工程表示抗渗等级的方法]。混凝土的抗渗性用抗渗等级表示，抗渗等级是以 28d 龄期的混凝土标准试件，按规定的方法进行试验，所能承受的最大静水压力来确定的。混凝土的抗渗等级分为 P4、P6、P8、P10、P12 五个等级，相应表示能抵抗 0.4MPa、0.6MPa、0.8MPa、1.0MPa、1.2MPa 的静水压力而不渗水，也就是混凝土抗渗试验时一组 6 个试件中 4 个试件未出现渗水时不同的最大水压力。抗渗等级≥P6 的混凝土为抗渗混凝土。在过去一般按最大水头和混凝土壁厚比值来确定设计抗渗等级，如已废止的《高层建筑混凝土结构技术规程》(JGJ 3—2002) 第 12.1.9 条。但根据近十年地下防水工程的实践经验，按最大水头和混凝土壁厚比值来确定设计抗渗等级往往偏高，不太符合工程实际的需要，而且高抗渗等级的防水混凝土水泥用量要相应增加，混凝土开裂的可能性也加大。近年来广泛采用按工程的埋置深度来确定防水混凝土的抗渗等级，《地下工程防水技术规范》(GB 50108—2008) 第 4.1.1 条和《高层建筑混凝土结构技术规程》(JGJ 3—2010) 第 12.1.10 条根据工程埋置深度把设计抗渗等级划分为 P6、P8、P10、P12 四个等级。

③ 混凝土强度等级、钢筋种类、砌体强度等级等和施工质量要求（沉降观测、砌体施工质量控制等级、钢筋锚固和接头要求等）未作交代可纳入结构安全性问题审查，严重的应纳入《工程建设标准强制性条文》(2009 年版) 方面的问题进行审查。

**4. 钢筋连接接头**

钢筋接头连接方式有机械连接、绑扎搭接或焊接。《高层建筑混凝土结构技术规程》(JGJ 3—2010) 规定：对于结构的关键部位，钢筋的连接宜优先采用机械连接，不宜采用焊接。这是因为焊接质量较难保证，而机械连接技术已比较成熟，质量和性能比较稳定。此外，剪力墙的端柱及约束边缘构件的纵筋，也应优先选用机械接头。但直径不大于 25mm 的纵筋，也可选用搭接接头。剪力墙的水平与竖向分布筋，一般直径较小，且数量多，不宜采用机械接头，可采用搭接接头。

**5. 超限设计审查**

属于建质［2010］109 号文件规定范围内的高层建筑，需按住房和城乡建设部的要求在初步设计阶段进行抗震设防专项审查。对应建设部令第 111 号文，各省相应出台了超限建筑工程抗震设防专项审查实施细则，审图人员审查这些项目时应特别留意。

施工图审查中常见超限高层建筑可分为以下几种。

① 房屋高度超过规范规定的混凝土结构、混合结构、钢结构，见表 2-1。

**表 2-1　房屋高度 (m) 超过下列规定的高层建筑工程**

| 结构类型 | | 6 度 | 7 度<br>(含 0.15$g$) | 8 度<br>(含 0.20$g$) | 8 度<br>(含 0.30$g$) | 9 度 |
|---|---|---|---|---|---|---|
| 混凝土结构 | 框架 | 60 | 50 | 40 | 35 | 24 |
| | 框架-抗震墙 | 130 | 120 | 100 | 80 | 50 |
| | 抗震墙 | 140 | 120 | 100 | 80 | 60 |
| | 部分框支抗震墙 | 120 | 100 | 80 | 50 | 不应采用 |

续表

| 结构类型 | | 6 度 | 7 度（含 0.15$g$） | 8 度（含 0.20$g$） | 8 度（含 0.30$g$） | 9 度 |
|---|---|---|---|---|---|---|
| 混凝土结构 | 框架-核心筒 | 150 | 130 | 100 | 90 | 70 |
| | 筒中筒 | 180 | 150 | 120 | 100 | 80 |
| | 板柱-抗震墙 | 80 | 70 | 55 | 40 | 不应采用 |
| | 较多短肢墙 | — | 100 | 60 | 60 | 不应采用 |
| | 错层的抗震墙和框架-抗震墙 | — | 80 | 60 | 60 | 不应采用 |
| 混合结构 | 钢外框-钢筋混凝土筒 | 200 | 160 | 120 | 120 | 70 |
| | 型钢混凝土外框-钢筋混凝土筒 | 220 | 190 | 150 | 150 | 70 |
| 钢结构 | 框架 | 110 | 110 | 90 | 70 | 50 |
| | 框架-支撑（抗震墙板） | 220 | 220 | 200 | 180 | 140 |
| | 各类筒体和巨型结构 | 300 | 300 | 260 | 240 | 180 |

注：当平面和竖向均不规则（部分框支结构指框支层以上的楼层不规则）时，其高度应比表内数值降低至少10%。

② 其中有三项及以上不规则的高层建筑工程，包括平面、竖向结构建筑布置不规则，悬挑长度超长，局部穿层柱，斜柱，夹层，局部错层，转换层上、下墙柱支撑不连续，加强层，连体，还有局部开大洞，细腰，角部重叠，平面凹凸，偏心，剪力墙偏置等。经抗震作用计算结果不满足要求时不应采用，见表 2-2。

**表 2-2　同时具有下列三项及三项以上不规则的高层建筑工程**

| 序号 | 不规则类型 | 简要含义 |
|---|---|---|
| 1a | 扭转不规则 | 考虑偶然偏心的规定水平力作用下扭转位移比大于 1.2 |
| 1b | 偏心布置 | 偏心率大于 0.15 或相邻层质心相差大于相应边长 15% |
| 2a | 凹凸不规则 | 平面凹进的尺寸，大于相应投影方向总尺寸的 30% |
| 2b | 组合平面 | 细腰形或角部重叠形 |
| 3 | 楼板不连续 | 有效宽度小于 50%，开洞面积大于 30%，错层大于梁高 |
| 4a | 刚度突变 | 想邻层刚度变化大于 70%或连续三层变化大于 80% |
| 4b | 尺寸突变 | 竖向构件位置缩进大于 25%，或外挑大于 10%和 4m |
| 5 | 构件间断 | 上下墙、柱、支撑不连续、含加强层、连体类 |
| 6 | 承载力突变 | 相邻层受剪承载力变化大于 80% |

续表

| 序号 | 不规则类型 | 简要含义 |
| --- | --- | --- |
| 7 | 其他不规则 | 如局部的穿层柱、斜柱、夹层、个别构件错误或转换 |

注：1. 深凹进平面在凹口设置连梁，其两侧的变形不同时仍视为平面轮廓不规则，不按楼板不连续的开洞对待。

2. 序号 a、b 不重复计算不规则项。

3. 局部的不规则，视其位置、数量等对整个结构影响的大小判断是否计入不规则的一项。

③ 其中具有以下一项的不规则高层建筑工程，这包括抗震计算扭转位移比大于 1.4，扭转周期比大 0.9，侧向刚度小于相邻上层的 50%，高位及厚板转换，塔楼偏置，复杂连接及结构同时具有转换层、加层、错层、连体和多塔等复杂类型中的 3 种，见表 2-3。

**表 2-3　具有下列某一项不规则的高层建筑工程**

| 不规则类型 | 简要含义 |
| --- | --- |
| 扭转偏大 | 裙房以上的较多楼层，考虑偶然偏心的扭转位移比大于 1.4 |
| 抗扭刚度弱 | 扭转周期大于 0.9，混合结构扭转周期比大于 0.85 |
| 层刚度偏心 | 本层侧向刚度小于相邻上层的 50% |
| 高位转换 | 框支墙体的转换构件位置：7 度超过 5 层，8 度超过 3 层 |
| 厚度转换 | 7～9 度设防的厚板转换结构 |
| 塔楼偏置 | 单塔或多塔与大底盘的质心偏心距大于底盘相应边长 20% |
| 复杂连接 | 各部分层数、刚度、布置不同的错层或连体两端塔楼显著不同的结构 |
| 多重复杂 | 结构同时具有转换层、加强层、错层、连体和多塔等复杂类型中的 3 种 |

注：仅前后错层或左右错层属于前表中的一项不规则，多数楼层同时前后、左右错层的属于本表的复杂连接。

④ 房屋高度大于 24m 且屋盖结构超出《空间网格结构技术规程》（JGJ 7—2010）规定的常用形式大型公共建筑工程（暂不含轻型的膜结构），见表 2-4。

**表 2-4　其他高层建筑**

| 简体 | 简要含义 |
| --- | --- |
| 特殊类型高层建筑 | 抗震规范、高层混凝土结构规程和高层钢结构规程暂未列入的其他高层建筑结构，特殊形式的大型公共建筑及超长悬挑结构、特大跨度的连体结构等 |
| 超限大跨度空间结构 | 屋盖的跨度大于 120m 或悬挑长度大于 40m 或单向长度大于 300m，屋盖结构形式超出常用空间结构的大型列车客运候车室、一级汽车客运候车楼、一级港口客运站、大型航站楼、大型体育馆、大型影剧院、大型商场、大型博物馆、大型展览馆、大型会展中心，以及特大型机库等 |

注：表中大型建筑工程范围，参见《抗震设防分类标准》（GB 50223—2008）中的分类说明。

**6. 基坑开挖封闭**

《建筑地基基础设计规范》(GB 50007—2011)第9.1.9条规定:“基坑土方开挖应严格按设计要求进行,不得超挖。基坑周边堆载不得超过设计规定。土方开挖完成后应立即施工垫层,对基坑进行封闭,防止水浸和暴露,并应及时进行地下结构施工。”此条规定对保护地基土不受扰动、保证支护体系的安全度和保证现场人员的人身安全都是非常重要的,必须写入设计文件说明之中。

**7. 基桩检验不明**

《建筑地基基础设计规范》(GB 50007—2011)第10.2.14条规定:“施工完成后的工程桩应进行桩身完整性检验和竖向承载力检验。承受水平力较大的桩应进行水平承载力检验,抗拔桩应进行抗拔承载力检验。”对基桩承载力和桩身完整性进行检验是现行国家标准《建筑地基基础工程施工质量验收规范》(GB 50202—2002)和行业标准《建筑基桩检测技术规范》(JGJ 106—2003)以强制性条文的形式规定的。桩身质量与基桩承载力密切相关,桩身质量有时会严重影响基桩承载力,桩身质量检测抽样率较高,费用较低,通过检测可有效减少桩基的安全隐患,并可为判定基桩承载力提供参考。设计人员在设计说明中应加以注明。

**8. 基坑开挖回填**

《建筑桩基技术规范》(JGJ 94—2008)第8.1.5条规定:“挖土应均衡分层进行,对流塑状软土的基坑开挖,高差不应超过1m”。第8.1.9条规定:“在承台和地下室外墙与基坑侧壁间隙回填土前,应排除积水,清除虚土和建筑垃圾,填土应按设计要求选料,分层夯实,对称进行”。

**9. 遗漏验槽要求**

《建筑地基基础设计规范》(GB 50007—2011)第10.1.1条规定:“基槽(坑)开挖后,应进行基槽检验。基槽检验可用触探或其他方法,当发现与勘察报告和设计文件不一致,或遇到异常情况时,应结合地质条件提出处理意见”。对于基槽开挖后验槽要求,设计者应该予以重视,在施工图说明中务必注明。当验槽发现基槽实际与勘察不一致时,必须根据实际情况及时处理,消除隐患。对于复合桩基、桩基的基槽验槽同样重要,不可忽视。

## 三、设计条文问题

**1. 未写强制条文**

这几年随着对施工图审查力度的加大,违反强制性条文和错审、漏审的情况已大大减少,有些设计人员认为某些强制性条文“无实际意义”,写与不写无所谓,从而造成漏写或漏审。例如,《混凝土结构设计规范》(GB 50010—2010)第3.1.7条:在设计使用年限内未经技术鉴定或设计许可,不得改变结构的用途和使用环境。《混凝土结构设计规范》(GB 50010—2010)第4.2.2条:钢筋的强度标准值应具有不小于95%的保证率。

**2. 简化强制条文**

① 不应在结构设计总说明中将设计所依据的国家标准和规范简单化地表述为“本工程按现行国家标准和规范进行设计”。因为,这样简单化的表述会导致以下不良后果。

a. 现行国家标准或规范有的正在进行修订，有的将要进行修订，简单化的表述不能保证设计者正确采用了现行国家标准和规范，也不能保证设计者采用的国家标准和规范均为现行的有效版本。依据现行国家标准和规范进行工程设计，是设计人员的职责，也是设计人员对业主、对社会应尽的义务。

b. 现行的国家标准和规范有很多种，对于一项具体的工程，设计人员不可能按照所有的现行国家标准和规范进行结构设计，只能是根据工程的具体情况，执行其中的某几种。如果工程中出现这样或那样的问题需要处理时，用简单化的方式来表述结构设计所依据的规范和规程，会使设计人员难以说清楚问题，也不便于分清责任。

② 在结构设计总说明中列出岩土工程勘察报告时，不仅要写出岩土工程勘察报告的全称，也要写出勘察单位的名称和勘察的时间。

③ 对于设计所依据的其他文件，亦应写明文件全名及编写单位和时间。

## 四、设计荷载问题

**1. 地下室顶板均布活荷载取值要求**

①《全国统一措施》(2003 年版) 规定：一般民用建筑的非人防地下室的顶板（一般在 0.000 处），宜考虑施工时堆放建筑材料、施工工具等的荷载，该荷载的标准值不宜小于 $5kN/m^2$。

②《建筑结构专业技术措施》（2007 年版）规定：一般民用建筑的非人防地下室顶板（0.000 处）的活荷载宜不小于 $4kN/m^2$。

③《高层建筑混凝土结构技术规程》(JGJ 3—2010) 补充规定 2.1.2：首层楼面宜考虑施工荷载，每平方米宜不少于 10kN。构件承载力验算时，施工荷载的分项系数可取 1.0。施工单位有特别要求时，应做施工阶段构件承载力验算。

**2. 计算外墙时地面活荷载取值要求**

① 计算地下室外墙时，通常需要考虑室外地面活荷载的影响，一般取值不宜小于 $10kN/m^2$。

② 如果室外紧邻车道（包括消防车道），则还应考虑车辆荷载。

**3. 设防水位和抗浮水位选取要求**

① 首先，设计人员需要认真研究确定建筑的设防水位与抗浮水位。《岩土工程勘察规范》(2009 年版) (GB 50021—2001) 的 4.1.13 条：详细勘察应论证地下水在施工期间对工程和环境的影响。对情况复杂的重要工程，需要论证使用期间水位的变化和需要提出抗浮设防水位时，应进行专门研究。抗浮设防水位是很重要的设计参数，但要预测建筑物在使用期间的水位可能发生的变化和最高水位有时相当困难，这些变化不仅与气象、水文地质等自然因素有关，同时还涉及地下水开采、上下游水量的调配、跨流域调水等复杂因素。因此规定要专门研究。

②《地下工程防水技术规范》(GB 50108—2008) 的规定。

a. 地下工程必须进行防水设计，防水设计应定级准确、方案可靠、施工简便、经济合理。

b. 地下工程必须从工程规划、建筑结构设计、材料选择、施工工艺等全面系统地做好地下工程的防排水。

c. 地下工程的防水设计，应考虑地表水、地下水、毛细管水等的作用，以及由于人为因素引起的附近水文地质改变的影响。单建式的地下工程，应采用全封闭、部分封闭防排水设计；附建式的全地下或半地下工程的防水设防高度，应高出室外地坪高程 500mm 以上。

③ 抗浮设计应注意以下问题。

a. 当基础埋置在水体稳定且连续的含水层土中时，如图 2-1 所示，基础底板受水浮力作用，其水头高度为 $h$。

b. 当基础埋置在隔水层土中。

Ⅰ. 若隔水层土质在建筑使用期间可始终保持非饱和状态，且下层承压水不可能冲破隔水层，基槽回填采用不透水材料时，如图 2-1 所示，可以认为基础底板不受上层滞水的浮力作用。

Ⅱ. 若隔水层为饱和土，基础应考虑浮力的作用，但应考虑渗流作用的影响，对抗浮力进行折减。

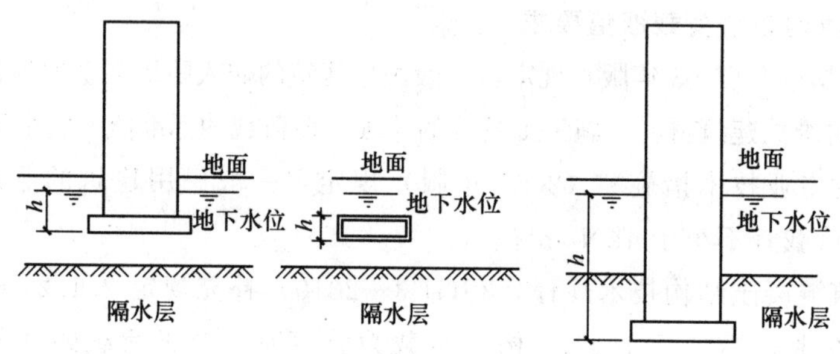


**图 2-1　基础在土中的埋置情况**

④ 对于抗浮水位的确定，目前尚无统一规定，各勘察单位提供的抗浮水位有时差异很大，有的取南水北调、官厅水库放水、丰水年的最高水位等不利因素的简单叠加，此时可考虑取 $K \geqslant 0.9$。若所提供的水位已对上述不利因素同时出现的可能性进行了合理分析组合，此时可以考虑取 $K \geqslant 1.0$。

⑤ 北京规定如果勘察报告未提供抗浮设防水位，可取历史最高水位与最近 3～5 年的最高水位的平均值（水位高度包括上层滞水）。

**4. 地面材料堆载荷载取值要求**

① 大面积地面堆载引起临近基础不均匀沉降及其对上部结构的不良影响是软土地区建筑物普遍存在的问题，这些堆载往往具有以下特点。

a. 堆载范围广，主要是活载数量变化快，且堆放很不均匀，荷载一般在 50～150kN/m$^2$。

b. 大面积堆载由于作用面积大，应力扩散范围广，地基受压土层厚度不均匀，因而使地基变形具有以下特点：

Ⅰ. 基础的沉降量和不均匀沉降量大。有资料记载，因大面积堆载的影响，使得基础的沉降量加大 1.2～2 倍；

Ⅱ. 建筑物中间的沉降大，边缘的沉降小，地面凹陷；

Ⅲ. 基础的沉降稳定时间长。由于荷载面积大，影响深度大，土层固结速率缓慢，有资料记载，3 年内基础的平均沉降速率波动在 0.3～0.4mm/d，10 年内在 0.05mm/d，且沉降仅为最终计算量的 60%～80%；

Ⅳ. 位于堆载两侧的基础和墙基础发生内倾。

② 为了减少大面积堆载对建筑物的不利影响，应根据地面荷载的大小、范围分布、使用特点及地基土的性质等采取以下措施。

a. 地面堆载应均衡，并应根据使用要求、堆载特点、结构类型和地质条件确定允许堆载量和范围。堆载不宜压在基础上。大面积的填土，宜在基础施工前 3 个月完成。

b. 对场地进行预先处理、对软土地区可采用预压法和复合地基等。

c. 控制堆载限额、范围及速率，堆载力求均衡，避免大量、迅速、集中堆载。

d. 增强上部建筑的增体刚度，提高柱、墙的抗弯能力。

e. 建筑物宜采用静定结构，以适应不均匀变形的要求。

f. 对带有吊车的工业建筑，应预留便于调整轨道的设施。

g. 遇有下列情况，可考虑采用桩基础。

Ⅰ. 由地面堆载引起的柱基础内侧边缘的中点的地基变形计算值不能满足《地基基础设计规范》(GB 50007—2011) 的有关要求。

Ⅱ. 车间内设有起重量 30t 以上，工作级别大于 A5 的吊车的建筑。

Ⅲ. 基础下软弱土层较薄，采用桩基也比较经济。

③ 如果地面堆载的等效均布活载标准值小于表 2-5 中的数值时，一般可以不考虑堆载对临近建筑地基不均匀沉降的影响。

**表 2-5　可不考虑地面堆载对临近建筑物不均匀沉降影响的地面荷载标准值**

| 地基压缩模量 $E_a$/MPa | ≤5 | 6 | 7 | 8 | 9 | 10 |
|---|---|---|---|---|---|---|
| 地面荷载标准值/ (kN/$m^2$) | 30 | 35 | 40 | 45 | 50 | 55 |

**5. 计算地下结构时土压力选取要求**

在设计地下结构时，经常会遇到合理选择土压力的问题。依据地下结构支承情况不同，土对结构的压力应分别按主动土压力、静止土压力、被动土压力考虑。不能任何情况下都按主动土压力计算。

主动土压力：当结构受到外力作用而远离土体时，土对结构产生的压力叫主动土压力。

被动土压力：当结构受到外力作用而推向土体时，土对结构产生的压力叫被动土压力。

静止土压力：当结构受到外力作用无水平位移时，土对结构产生的压力叫静止土压力。

通用计算公式为：

$$E_0=\frac{1}{2}rh^2K_0$$

注：适用于无黏性土，但土压力系数 $K_0$ 各不相同。

主动土压力系数：$K_0=\tan^2(45°-\varphi/2)$，$\varphi=30°$时，$K_0=0.333$；

静止土压力系数：$K_0=1-\sin\varphi$，$\varphi=30°$时，$K_0=0.50$；

被动土压力系数：$K_0=\tan^2(45°+\varphi/2)$，$\varphi=30°$时，$K_0=3.0$。

在设计地下结构时，按下列原则划分。

① 适合采用主动土压力的结构：挡土墙、无盖板的水池、地坑、地上悬臂挡墙等有水平位移远离土体的结构。

② 适合采用静止土压力的结构：民用建筑地下结构外墙，有顶盖的水池、地坑等无水平位移的结构，但应注意地下结构的施工开挖方式。

a. 当采用大开挖，无护坡桩或连续墙支护时可取 $K_0=1-\sin\varphi$。

b. 当地坑开挖采用护坡桩或连续墙支护时，可以考虑基坑支护与地下室外墙共同工作或按静止土压力再乘以 0.66 的折减系数：$K_0=0.66(1-\sin\varphi)$。

③ 适合采用被动土压力的结构：顶盖为弓形的水池、地坑、地下通廊，结构有水平位移压缩土体的结构。

**6. 地下结构设计时车辆荷载取值要求**

在设计地下结构时，有时还需要考虑车辆荷载的影响，车辆荷载可按以下原则计算。

① 车辆荷载引起的侧压力可按下式换算成等代土层厚度 $H_0$ 计算：

$$H_0=\sum G/(B_0L_0\gamma)$$

式中 $H_0$——等代土厚，m；

$B_0$——挡土墙计算长度，m；

$L_0$——墙后填土破坏棱体长度，m；

$\gamma$——土的重力密度，kN/m$^3$；

$\sum G$——布置在 $B_0L_0$ 面积内车轮荷载总和，kN。

② 挡土墙计算长度 $B_0$ 取下列两种长度的较大者。

a. 挡土墙的沉降缝、伸缩缝间距，但不大于 15m。

b. 一辆重车的扩散长度，但不大于 15m。

对汽车 10 级、15 级：$B_0=4.2+(2a_0+H_y)\tan30°$；

对汽车 20 级：$B_0=5.6+(2a_0+H_y)\tan30°$。

式中 $a_0$——挡土墙顶面以上填土高度，m；

$H_y$——挡土墙顶面至计算截面的高度，m。

注：有履带车、平板挂车或其他车辆通过时，其荷载应根据实际情况确定，验算时，横向可只按有一辆车的荷载作用考虑。

③ 履带车、平板挂车对应的汽车荷载等级可按表 2-6 的规定确定。当地下墙高度在 $H=2\sim8$m范围时，也可近似按表 2-7 直接等效为均布荷载 $q_k$。

表 2-6　履带车、平板挂车对应的汽车荷载等级

| 履带车、平板挂车的类别 | 履带-50 | 挂车-80 | 挂车-100 | 挂车-120 |
|---|---|---|---|---|
| 对应的汽车荷载等级 | 汽-10 | 汽-15 | 汽-20 | 汽超-20 |

表 2-7　等效为均布荷载 $q_k$　　　单位：$kN/m^2$

| 荷载等级 | 砂性土 | 碎石土 | 黏性土 |
|---|---|---|---|
| 汽车-10、履带-50 | 9 | 9 | 7.5 |
| 汽车-15、履带-80 | 12 | 14 | 12 |
| 汽车-20、履带-100 | 15 | 17 | 14.5 |

**7. 高低跨屋面荷载取值要求**

① 对于雪荷载，按《建筑结构荷载规范》(GB 50009—2012) 表 6.2.1 第 8 项规定，高低屋面在低屋面处的积雪分布系数为 2.0，因此在设计低屋面处的屋面结构时，必须考虑此种情况，否则有可能不安全，如图 2-2 所示。

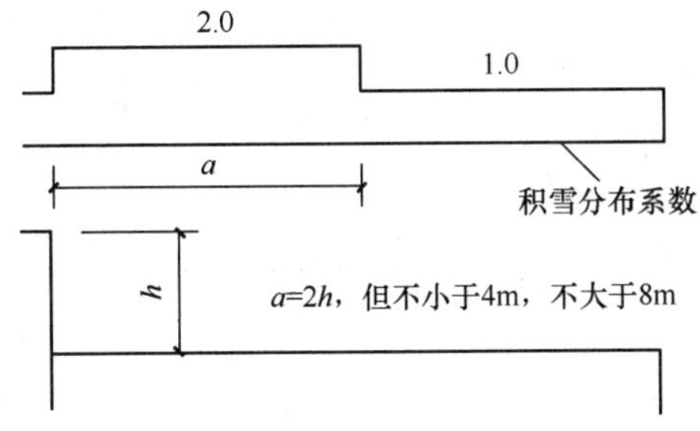


图 2-2　高低跨屋面积雪分布系数示意图

② 对于屋面上易形成灰堆处，当设计屋面板、檩条时，在高低跨处两倍于屋面高差但不大于 6m 的分布范围内取活载 $2kN/m^2$ 进行计算。

③《全国统一技术措施》(2003 年版) 2.1.2 条 4 款 5) 规定：高低层相邻的屋面，设计低层屋面构件时应适当考虑施工时的临时荷载，该荷载应不小于 $4kN/m^2$。此荷载仅用于直接接触的板及梁计算，整体计算时可以不考虑施工临时荷载的影响。

**8. 高层建筑抗风设计要求**

对于高层建筑物来讲，横风向效应与顺风向效应是同时发生的，因此计算时必须考虑两者的效应组合，但在强度计算与位移计算时要求是不同的。

① 强度计算时，作用效应应按下列公式计算：

$$S=\sqrt{S_C^2+S_A^2}$$

式中　$S$——考虑横风向风振的风荷载效应；

$S_C$——顺风向风荷载效应；

$S_A$——横风向风荷载效应。

② 计算位移时，结构顺风向和横风向的侧向位移应分别符合规范对位移限值的要求，不需要按矢量和的方向叠加控制结构的层间位移。

**9. 建筑活荷载取值要求**

① 住宅储藏室、办公建筑走廊、电梯机房、阳台不加区分统一取 2.0kN/m²。

② 地下车库顶板消防车道不考虑上面覆土厚度统一取 20kN/m²。

③ 特殊设备荷载、吊车荷载未注明。

④ 轻钢结构屋面活荷载不加区分统一取 0.3kN/m²。

⑤ 高层住宅屋顶设水箱，荷载说明中未交代大小。

⑥ 住宅楼梯间活荷载未区分多层和高层统一取 2.0kN/m²。依据《建筑结构荷载规范》（GB 50009—2012）第 5.1.1 条规定：多层住宅取 2.0kN/m²，高层住宅应取 3.5kN/m²。

⑦ 教室的楼面活荷载取值，有些设计人员仍按《建筑结构荷载规范》（2006 版）（GB 50009—2001）中规定取 2.0kN/m²，正确取值应为 2.5kN/m²，详见《建筑结构荷载规范》（GB 50009—2012）第 5.1.1 条规定。

# 第三章
# 结构计算书审查要领及常见问题

## 第一节　审查要领

### 一、文件内容

① 计算模型的建立，必要的简化计算与处理，应符合结构的实际工作情况，计算中应考虑楼梯构件的影响。

② 采用手算的结构计算书，应给出构件平面布置简图和计算简图、荷载取值的计算或说明；结构计算书内容应完整清楚，计算步骤条理分明，引用数据应有可靠依据，采用计算图表及不常用的计算公式时应注明其来源出处，构件编号、计算结果应与图纸一致。

③ 当采用计算机程序计算时，应在计算书中注明所采用的计算程序名称、代号、版本及编制单位，计算程序必须经过鉴定。输入的总信息、计算模型、几何简图、荷载简图应符合本工程的实际情况。报审时应提供所有的计算文本，对多高层混凝土结构应提供结构自振周期及周期比 $T_t/T_1$、位移及位移比、楼层地震剪力系数及总地震剪力、楼层侧向刚度比、轴压比、梁柱内力组合平面包络图、超筋超限信息、配筋平面等，对砌体结构应提供抗震验算结果、承载力验算结果、砌体高厚比验算结果等，对钢结构应提供结构自振周期及周期比 $T_t/T_1$、位移及位移比、楼层地震剪力系数及总地震剪力、楼层侧向刚度比、强度及稳定计算结果等。当计算采用不常用的程序时，应提供程序的使用说明书。

④ 复杂结构应采用不少于两个不同力学模型的分析软件进行整体计算。

⑤ 所有计算机计算结果，应经分析判断确认其合理、有效后方可用于工程设计。如计算结果不能满足规范要求时应做必要的调整。特殊情况下，当确有依据不做调整时，应在计算书的相应位置说明其理由，并采取相应的加强措施。

⑥ 当结构经过多次调整后，设计过程中实际荷载的大小和布置等与计算书中不一致时，应对计算书进行相应的调整，当变化不大不做调整时，应进行分析，并将分析的过程和结果写在计算书的相应位置。

⑦ 计算书内容应完整，所有计算书均应装订成册，并经过校审，由有关责任人（总计不少于三人）在计算书封面上签字，设计单位和注册结构工程师应在计算书封面上签字盖章。

## 二、审查内容

① 所用计算软件的技术条件符合现行标准且通过鉴定。

② 提供的计算书内容完整（包括总信息、周期、振型、地震作用、位移；荷载、配筋平面简图；地基、基础、挡土墙计算；楼梯、水池计算等）。

③ 计算模型与实际工程相符合。

④ 结构构件的承载力及变形控制满足规范、规程规定。

⑤ 分析判断计算结果的合理性，包括以下内容。

a. 结构延性：轴压比。

b. 控制结构的扭转效应：周期比和位移比。

c. 控制结构的竖向不规则性：层刚度比、楼层受剪承载力比、剪重比。

d. 结构的整体稳定：刚重比。

⑥ 复杂结构应采用不少于两个不同的力学模型的软件进行计算。

# 第二节　常见问题

## 一、手算文件问题

### 1. 楼、屋面板永久荷载取值要求

① 在计算书中应分别写明楼、屋面板上的建筑面层做法及建筑面层内各层材料的自重和厚度；当有板底抹灰或吊顶时，应写明抹灰做法或吊顶做法、抹灰材料自重及厚度或吊顶材料及自重；楼板的板厚及材料自重也应写入计算书中。

② 在计算出作用在楼、屋面板上均布的永久荷载标准值（含楼板自重标准值）后，宜对标准值进行整化取值调整，以考虑建筑装修荷载的不利变化（若标准值为 4.89kN/m$^2$，宜取为 5.0kN/m$^2$；若标准值为 12.34kN/m$^2$，宜取为 12.5kN/m$^2$；其余类推）。

### 2. 填充墙自重荷载取值要求

① 在计算书中应写明墙体块材的类别、强度等级和自重，如强度等级为 Mu3.5 的陶粒混凝土空心砌块，砌块自重 12kN/m$^3$；同时也应写明砌筑砂浆的强度等级（在抗震设防地区，砌筑填充墙的砂浆强度等级不应低于 M5，砂浆自重 20kN/m$^3$）。

② 在计算书中还应写明墙体的厚度和高度及墙体两面的建筑装修做法、材料种类和材料自重。

③ 先计算墙体自重标准值（单位为 kN/m$^2$，包括墙体自重和建筑装修自重标准值），然

后再计算墙体的线荷载自重标准值；当墙体上开有洞口时，计算墙体的线荷载自重标准值时，宜考虑其影响。

④ 对计算出的墙体自重线荷载标准值宜进行整化取值调整（若标准值为 6.34kN/m，宜取为 6.5kN/m；若标准值为 6.79kN/m，宜取为 7.0kN/m；其余类推）。

**3. 隔墙自重荷载取值要求**

① 按填充墙的计算原则和计算要求计算隔墙自重线荷载标准值。

② 固定隔墙的自重应按永久荷载考虑；当墙下不布置梁时，固定隔墙的自重可换算为等效均布荷载并计入楼面永久荷载标准值中。楼板上作用有局部荷载时，其等效均布荷载的换算方法是：当楼板为单向板时，按《建筑结构荷载规范》(GB 50009—2012) 附录 B 规定的方法进行换算；当楼板为双向板时，可按《建筑结构荷载设计手册》(第二版) 附录四规定的方法进行换算。如果楼板上均布的永久荷载标准值为 6.5kN/m²，楼板上固定隔墙经换算后的等效均布永久荷载标准值为 1.5kN/m²，则作用在楼板上的均布永久荷载标准值为：6.5+1.5=8.0kN/m²。

③ 当隔墙位置可在楼板上灵活自由布置时，隔墙自重应按活荷载考虑；应将隔墙每延米长墙重（kN/m）的 1/3 作为楼面均布活荷载的附加值（kN/m²）计入，且此附加值不小于 1.0kN/m²。如果楼板上均布活荷载标准值为 2.0kN/m²，非固定隔墙自重标准值为 0.9kN/m，则由隔墙产生的楼面附加活荷载标准值为$\frac{1}{3}\times0.9=0.3$（kN/m²），但其值不应小于 1.0kN/m²，取等于 1.0kN/m²，故楼面均布活荷载标准值为：2.0+1.0=3.0（kN/m²）。

**4. 构件荷载计算要求**

① 在计算书中应给出构件平面布置简图和计算简图；作用在构件上的荷载应有导算过程；计算书内容应完整（满足规范的计算要求）、清楚，计算步骤要条理分明，引用数据应有可靠依据，采用的图表及不常用的计算公式，应注明其来源出处，构件编号、计算结果应与施工图纸相一致。

② 对于钢筋混凝土构件，还应在计算书中写明所采用的混凝土强度等级、钢筋种类、构件重要性系数 $\gamma_0$ 值、所处的环境类别、受力钢筋保护层厚度等内容。

③ 对于钢结构构件，还应在计算书中写明钢材牌号和质量等级、构件重要性系数 $\gamma_0$ 值；并根据不同的钢材厚度或直径选取不同的钢材强度设计值。

④ 对于砌体结构构件，还应在计算书中写明砌体块材类别、强度等级、砂浆强度等级、构件重要性系数 $\gamma_0$ 值、砌体的施工质量控制等级；如砌体的强度设计值需要折减，应写明调整系数 $\gamma_0$ 的取值。

**5. 构件复核计算要求**

① 关于国家（或地方）标准图及重复使用图，如受到某种条件的限制，在设计中不能直接采用时，宜根据图集的编制条件和说明，结合工程的实际情况，对标准图中的构件进行必要的手算复核计算。

② 必要时尚可对标准图中的构件作局部修改。

③ 复核计算成果也应作为计算书的一部分归档保存。

## 二、电算文件问题

### 1. 电算输入文件要求

采用计算机程序对大多数普通的多、高层建筑结构进行整体电算时，需要输入的数据文件和图形文件（以软件 SATWE 为例）主要有包括以下内容。

① 结构的总体信息文件，包括总信息、风荷载信息、地震信息、活荷信息、配筋信息、设计信息、荷载组合信息、地下室信息和剪力墙底部加强区信息等。

② 结构的几何平面简图：图上应标注梁、柱断面尺寸，当有剪力墙时，应标注墙的厚度及洞口尺寸和位置；图上也应标注梁、柱、墙各构件的编号及层高和混凝土等级。

③ 结构的荷载平面简图：图上应标注作用在楼、屋面上的均布活荷载的取值，也应标注作用在梁上的填充墙等永久线荷载标准值；均布面荷载和均布线荷载标准值通常分两个平面图标注，当荷载简单时，也可标注在图上。

④ 总体信息文件是 SATWE 程序对多、高层建筑结构进行整体分析计算时的结构总体信息参数文件；而结构几何平面简图和结构荷载平面简图，则是 SATWE 程序经 PMCAD 主菜单 1、2、3 形成的几何数据和荷载数据，并自动将这些数据转换成图形文件（也可生成文本文件）。几何数据文件和荷载数据文件都是 SATWE 程序进行建筑结构整体计算时必不可少的文件。

### 2. 电算输出文件要求

对大多数普通的多、高层建筑结构，采用计算机程序计算后，应当输出的文件主要包括以下内容。

① 结构计算用的总体信息文件、结构的几何平面简图和结构的荷载平面简图；输出这三个文件的目的如下。

a. 为了审查结构整体计算时输入的设计参数和设计荷载是否符合现行国家有关标准的规定。

b. 为了审查施工图中结构平面布置图是否与结构几何平面简图相符，包括结构构件的布置、构件断面尺寸、构件的混凝土强度等级等；如果结构平面布置图中有剪力墙，还应核查剪力墙的截面尺寸、数量、墙上开洞数量、开洞位置和洞口大小是否与结构几何平面简图相符。

② 结构各楼层的质量、质心、刚心、偏心率和相邻层侧移刚度比等信息文件。

③ 结构各楼层的抗剪承载力和抗剪承载力比值文件。

④ 结构的周期、周期比、地震力与振型等信息文件（包括地震作用最大方向角）。

⑤ 结构各楼层的位移和位移比文件。

⑥ 结构各楼层的最小剪重比和有效质量系数文件。

⑦ 结构各楼层混凝土构件配筋及钢构件应力比简图。

⑧ 结构各楼层超筋、超限信息文件。

⑨ 显示结构底层柱底、墙底组合内力的基础设计荷载简图。

⑩ 结构各楼层现浇楼板计算配筋简图。

⑪ 结构的柱、墙（肢）轴压比及柱计算长度系数简图。

⑫ 12层以下的混凝土矩形柱框架结构弹塑性位移和位移角文件。

⑬ 框架-剪力墙结构中的框架柱、短肢剪力墙结构中的短肢剪力墙所承担的倾覆力矩百分比文件。

⑭ 在抗震设防地区，建筑设计应符合抗震概念设计的要求，不规则的建筑方案应按规定采取加强措施；特别不规则的建筑方案应进行专门研究和论证，采取特别的加强措施；不应采用严重不规则的建筑方案。建筑及其抗侧力结构的平面布置宜规则、对称，并应具有良好的整体性；建筑的立面和竖向剖面宜规则，结构的侧向刚度宜均匀变化，竖向抗侧力构件的截面尺寸和材料强度宜自下而上逐渐减小，避免抗侧力结构的侧向刚度和承载力突变。

⑮ 在抗震设防地区，尤其应特别注意结构整体电算时，计算机的计算结果文件反映出的结构平面不规则性和竖向不规则性。对于大多数普通的多、高层建筑结构而言，结构的不规则性主要是指：结构的扭转不规则、偏心布置、凹凸不规则、组合平面（细腰形平面或角部重叠形平面）、楼板局部不连续、侧向刚度不规则、尺寸突变（上部楼层缩进尺寸大于25%或上部楼层外挑尺寸大于10%和4m）、竖向抗侧力构件不连续、楼层承载力突变等9项。当结构属于特别不规则的结构时，除应计入双向水平地震作用下的扭转影响外，尚应通过研究和论证采取特别的抗震加强措施；当结构属于严重不规则的结构时，应调整结构的平面或立面布置；当结构属于超限高层建筑工程时，应请建设单位申报抗震设防专项审查，并由建设行政主管部门委托“超限高层建筑工程抗震设防专家委员会”进行专项审查。

**3. 结构设计电算要求**

① 计算模型的建立，必要的简化计算与处理，应符合结构的实际工作状况；计算中应考虑楼梯构件的影响。

② 计算软件的技术条件应符合国家的结构设计规范及有关标准的规定，并应阐明其特殊处理的内容和依据。

③ 复杂结构进行多遇地震作用下的内力分析和变形计算时，应采用不少于两个不同力学模型的分析软件进行整体计算，并对其结果进行分析与比较；对受力复杂的结构构件，宜按应力分析结果校核配筋设计。

④ 计算机的所有计算结果，应经分析判断，确认其合理、有效后方可用于工程设计。

**4. 楼梯间的荷载取值要求**

在结构整体电算时，楼梯间楼面荷载的输入方式通常有两种。

① 在楼梯间楼板厚度为零的条件下，按均布永久荷载标准值和均布活荷载标准值输入，并指定荷载传导方式。

② 在楼梯间楼板开洞条件下，按楼梯梯段及休息平台板的实际支承情况，将楼梯间的均布永久荷载和均布活荷载分别导算到相关支承梁上，按作用在楼面梁上的线荷载或集中荷载输入。此输入法较符合工程实际，应优先采用。

## 三、软件常见问题

**1. 软件名未注明**

① 目前国内结构计算软件除了 PKPMCAD 系列软件、广厦软件、佳构 STRAT 软件、3D3S 钢结构设计软件外，还有一些针对特殊结构的计算软件，如用于网架和网壳结构计算的 MST 软件，用于复杂水池和地基基础计算的理正软件等。

② 国外结构计算分析软件中大家比较熟悉有 ETABS、SAP2000、MIDAS 等。

③ 由于计算软件的多样性，采用计算软件进行计算的结构，提供的计算书必须注明软件名称及有效的版本号，以方便审图人员对计算过程的审查。

**2. 计算模型与实际工程不符**

① 审查图纸时经常发现有些结构中的薄弱部位如楼板开大洞口、框架梁未贯通、错层、平面凹凸不规则等很明显，但计算书中计算参数和计算结果都很完美。要求提供模型后，发现计算模型与实际工程出入很大，楼板该开洞的地方未开洞，错层部位按同一标高输入等。如果计算模型与实际不相符，再完美的计算结果也没有实际意义。

②《建筑抗震设计规范》(GB 50011—2010) 第 3.6.6 条规定："计算模型的建立、必要的简化计算与处理，应符合结构的实际工作状况。"

**3. 复杂结构未采用不同力学模型**

①《建筑抗震设计规范》(GB 50011—2010) 第 3.6.6 条规定："复杂结构在多遇地震作用下的内力和变形分析时，应采用不少于两个合适的不同力学模型，并对其计算结果进行分析比较。"

② 复杂结构指计算的力学模型十分复杂、难以找到完全符合实际工作状态的理想模型，只能依据各个计算软件自身的特点，在力学模型上分别作某些程度不同的简化后才能运用该软件进行计算的结构。

③ 因此《建筑抗震设计规范》(GB 50011—2010) 对这类复杂结构要求用多个相对恰当、合适的力学模型而不是截然不同、不合理的模型进行比较计算。

④ 复杂结构应是计算模型复杂的结构，不同的力学模型还应属于不同的计算机程序。

⑤ 许多设计院对于复杂结构工程只提供采用一种计算软件进行计算的结果，并未进行两种不同力学模型计算软件的计算结果分析对此，会给工程留下较大的安全隐患。

⑥ 审查人员在审查意见中应明确指出此问题。

**4. 不合理计算结果直接应用**

①《建筑抗震设计规范》(GB 50011—2010) 第 3.6.6 条规定："所有计算机计算结果，应经分析判断确认其合理、有效后方可用于工程设计。"

② 设计人员依据这样的结果出施工图，结构安全无法得到保证。

**5. 计算数据随意修改**

① 审查中发现有些设计人员对计算结果不满足要求的构件，不去调整结构，怕麻烦，而是直接修改计算结果。

② 随意修改计算数据，极有可能造成事故的发生，这应当引起审查人员足够的重视。

## 四、计算书的问题

**1. 混凝土结构计算书不完整性和参数有误**

(1) 计算书不完整　以SATWE软件计算输出结果为例，SATWE后处理输出文件包括图形文件和文本文件，图形文件中对审查有帮助的项，如“混凝土构件配筋及钢构件验算简图，梁弹性挠度、柱轴压比、墙边缘构件简图，底层柱、墙最大组合内力简图”在计算书中必须提供。文本文件中对审查有帮助的项，如“构件设计信息、周期、振型、地震力、结构位移、框架柱倾覆弯矩及0.2VO调整系数”，在计算书中必须提供（对框架剪力墙结构应包括第9项）。需要补充的内容：楼屋面荷载统计、各层楼面荷载简图、地下室外墙计算、抗浮验算（有地下水时）、地基承载力计算、基础计算等。

(2) 计算参数有误　结构总信息中参数的选取应与施工图说明中相一致。审查关键点是：结构类别、结构基本周期、地震烈度、场地类别、地震分组、框架的抗震等级、剪力墙的抗震等级、周期折减系数等。

计算振型数偏小，导致有效质量系数不满足要求。一般情况下为3的倍数，应不小于9，多塔时应不小于12，对高层建筑可先取15，多层建筑可取3$N$（$N$为结构模型的层数）。需要注意的是：指定的振型数不能超过结构的固有振型总数，否则会导致程序计算结果异常；对于B级高度的高层建筑和复杂高层建筑结构《高层建筑混凝土结构技术规程》(JGJ 3—2010）第5.1.13条第2款还要求：抗震计算时，宜考虑平扭耦联计算结构的扭转效应，振型数不应小于15，对多塔楼结构的振型数不应小于塔楼数的9倍，且计算振型数应使振型参与质量不小于总质量的90%。不论何种结构类型，设计人员应保证各地震方向的振型参与质量都超过总质量的90%，作为选取足够的结构计算振型数的唯一判断条件。

考虑偶然偏心和考虑双向地震扭转效应问题。总信息中是否考虑偶然偏心和是否考虑双向地震扭转效应可同时选择“是”或“否”。SATWE允许同时选择偶然偏心和双向地震，两者取不利，结果不叠加。

① 考虑偶然偏心。偶然偏心指的是由偶然因素引起的结构质量分布的变化，会导致结构固有振动特性的变化，因而结构在相同地震作用下的反应也将发生变化。《高层建筑混凝土结构技术规程》(JGJ 3—2010）第4.3.3条规定“计算单向地震作用时，应考虑偶然偏心的影响”；第3.4.5条“计算位移比时，必须考虑偶然偏心影响”；第3.7.3条注“计算层间位移角时可不考虑偶然偏心”。考虑偶然偏心计算后，对结构的荷载（总重、风荷载）、周期、竖向位移、风荷载作用下的位移及结构的剪重比等没有影响，而对结构的地震力和地震下的位移（如最大位移、层间位移、位移角等）有较大区别，平均增大18.47%，对结构构件（梁、柱）的配筋平均增大2%～3%。程序在进行偶然偏心计算时，总是假定结构所有楼层质量同时向某个方向偏心，对于不同楼层向不同方向运动的情况（比如某一层向$X$正向运动，另一楼层沿$X$负向运动），程序没有考虑。偶然偏心对结构的影响是比较大的，一般会大于双向地震作用的影响，特别是对于边长较大结构的影响更大。

② 考虑双向地震作用。根据《建筑抗震设计规范》（GB 50011—2010）第5.1.1－3条和《高层建筑混凝土结构技术规程》（JGJ 3—2010）第4.3.2－2条规定“质量和刚度分布明显不对称的结构，应计入双向地震作用下的扭转影响”。规范中提到的“质量与刚度分布明显不均匀不对称”，主要看结构刚度和质量的分布情况以及结构扭转效应的大小。一般而言，可根据在规定的水平力作用下，楼层最大位移与平均位移之比值判断：若该值超过扭转位移比下限1.2较多（比如A级高度高层建筑＞1.4或B级高度或复杂高层建筑＞1.3），则可认为扭转明显，需考虑双向地震作用下的扭转效应计算。《高层建筑混凝土结构技术规程》（JGJ 3—2010）第4.3.10－3条规定了双向地震作用效应的计算方法。计算分析表明，双向地震作用对结构竖向构件（如框架柱）设计影响较大，对水平构件（如框架梁）设计影响不明显。

结构整体稳定验算。高层建筑的稳定计算应符合《高层建筑混凝土结构技术规程》（JGJ 3—2010）第5.4.1条和5.4.4条（强制性条文）要求，总信息里给出了验算结果。

**2. 砌体结构计算书不完整性和模型不符**

（1）计算书不完整　审查砌体结构时，计算书至少应包括以下内容：

① 楼面荷载的统计；

② 各层楼面荷载的输入；

③ 建模总信息；

④ 最不利墙体高厚比的验算；

⑤ 各层墙体抗震承载力的验算；

⑥ 基础计算输入的总信息及计算结果；

⑦ 挑梁的抗倾覆验算；

⑧ 非抗震构件的计算；

⑨ PKPM的砌体计算软件可提供的计算结果有各层墙体抗震承载力的验算，墙体高厚比及局部承压计算，这些都应包括在计算书里。

（2）计算模型与实际工程不符　有些住宅工程，底层因设对外的储藏室，客厅又追求宽窗，导致纵向墙体很少，为了通过抗震验算，建模时增加一些实际不存在的墙体，虽然抗震验算通过，但却留下安全隐患。审查砌体结构工程时，当对计算结果怀疑时应要求设计人员提供模型，以便校核。

**3. 钢结构计算书不完整性和参数有误**

（1）计算书不完整　普通钢结构：只有SATWE后处理的文件（梁柱应力比、周期、位移）。普通钢框架结构同混凝土结构一样采用SATWE计算，计算书与混凝土结构完全一样，但普通钢框架结构需要补充柱脚设计文件、梁柱宽厚比和高厚比验算及节点域的验算。

门式刚架：

① 屋面恒载统计（不宜小于$0.3kN/m^2$）；

② 总信息；

③ 门式刚架建模图形；

④ 荷载简图；

⑤ 门架、檩条、抗风柱、非标准柱间支撑、吊车梁的计算；

⑥ 基础输入信息及计算结果。

(2) 计算参数有误　普通钢结构：梁柱宽厚比和高厚比不满足要求，节点域验算不满足要求。

门式刚架：

① 钢结构受拉柱容许长细比为 300；

② 钢结构受压柱容许长细比为 150；

③ 钢梁（恒载＋活载）容许挠跨比为 1/240；

④ 柱顶容许水平位移/柱高为 1/75。

## 五、计算数据问题

### 1. 自振周期取值要求

对于比较正常的工程设计，其不考虑折减的计算自振周期大概在下列范围中。

框架结构：

$$T_1 = (0.12 \sim 0.15)\ n$$

框架-剪力墙和框架-筒体结构：

$$T_1 = (0.06 \sim 0.12)\ n$$

剪力墙结构和筒体结构：

$$T_1 = (0.04 \sim 0.06)\ n$$

注：式中的 $n$ 为建筑层数。

第二及第三周期近似为：

$$T_2 = (1/3 \sim 1/5)\ T_1$$

$$T_3 = (1/5 \sim 1/7)\ T_1$$

如果计算结果偏离上述数值太远，应考虑工程中截面是否太大、太小，剪力墙数量是否合理，应适当进行调整。

反之，如果截面尺寸、结构布置都正确，无特殊情况而偏离太远，则应检查输入数据是否有错误。

以上判断是根据平移振动振型分解方法来提出的，考虑扭转耦连振动时，情况复杂得多，首先应挑出与平移振动对应的振型来进行上述比较，至于扭转周期的合理数值，由于经验不足尚难提出合理的数值。

### 2. 振型曲线取值要求

在正常的计算下，对于比较均匀的结构，振型曲线应是比较连续光滑的曲线，不应有大进大出，大的凸凹曲折。

第一振型无零点；

第二振型在 (0.7～0.8) $H$ 处；

第三振型分别在（0.4～0.5）$H$ 及（0.8～0.9）$H$ 处。

**3. 地震力取值要求**

截面尺寸、结构布置都比较正常的结构，其底部剪力大约在下述范围内：

8 度，二类场地：

$$F_{ek}=(0.03\sim0.06)G$$

7 度，二类场地：

$$F_{ek}=(0.015\sim0.03)G$$

式中　$F_{ek}$——底部地震剪力的标准值；

$G$——结构总重量。

层数多、刚度小时，偏于较小值；层数少、刚度大时偏于较大值；当其他烈度和场地时，相应调整此数值。但计算的底部剪力小于上述数值时，宜适当加大截面、提高刚度、适当增大地震力以保证安全；反之，地震力过大，宜适当降低刚度以求得合理的经济技术指标。

**4. 水平位移指标取值要求**

水平位移满足《高层建筑混凝土结构技术规程》（JGJ 3—2010）的要求，是合理设计的必要条件之一，但不是充分条件，即是说：合理的设计，水平位移应满足限值；但是水平位移满足，还不一定是合理的结构，还要考虑周期、地震力的大小等综合条件。因为，抗震设计时，地震力的大小与刚度直接相关，当刚度小，结构并不合适，由于地震力也小，所以位移也有可能在限值范围内，此时并不能说明结构合理；因为它的周期长，地震力小，并不安全。其次，将各层位移连成位移曲线，应具有以下特征：

① 剪力墙结构的位移曲线具有悬臂弯曲梁的特征，位移越往上增大越快，成外弯形曲线；

② 框架结构具有剪切梁的特征，越往上增长越慢，成内收形曲线；

③ 框架-剪力墙和框架-筒体结构处于两者之间，为反 S 形曲线，接近一直线。

在刚度较均匀的情况下，位移曲线应圆曲光滑，无突然的凸凹变化和折点。

# 第四章 地基与基础审查要领及常见问题

## 第一节 审查要领

### 一、文件内容

① 地基基础设计等级是否正确，基础选型、埋深和布置是否合理，基础底面标高不同或局部未达到勘察报告建议的持力层时结构处理措施是否得当。

② 人工地基设计是否合理，施工、检测及验收要求是否明确。

③ 桩基类型选择、桩的布置、试桩要求、成桩方法、终止沉桩条件、桩的检测及桩基的施工质量验收要求是否明确。

④ 是否要进行沉降观测，如要进行观测，沉降观测的措施是否落实，是否正确。

⑤ 深基础施工中是否提出了基础施工中施工单位应注意的安全问题，基坑开挖和工程降水时有无消除对毗邻建筑物的影响及确保边坡稳定的措施。

⑥ 对有液化土层的地基，是否根据建筑的抗震设防类别、地基液化等级，结合具体情况采取了相应的措施；液化土中的桩的配筋范围是否符合《建筑抗震设计规范》（GB 50011—2010）第 4.4.5 条的要求。

⑦ 特殊类型场地土（如湿陷性黄土、膨胀土等）是否采取了合理处理措施。

⑧ 地基和基础设计是否符合《建筑抗震设计规范》（GB 50011—2010）第 3.3.4 条的要求。

⑨ 基础处于不同性质的持力层时处理措施是否得当。

⑩ 山区地基的基础设计是否按《建筑地基基础设计规范》（GB 50007—2011）第 6.1 节和《建筑抗震设计规范》（GB 50011—2010）第 3.3.5 条考虑相关不利因素。

⑪ 山区和滨海地区基础的处理方案和技术措施是否合理。

⑫ 高层建筑基础与裙房基础之间的处理是否合理。

⑬ 是否有地基、基础的检验、检测要求。

⑭ 在不利地段（如坡地）是否对地基稳定进行了复核。

⑮ 在软弱地基上是否采取了减少建筑物沉降和不均匀沉降的措施。

⑯ 岩溶与土洞的处理措施是否满足《建筑地基基础设计规范》（GB 50007—2011）第6.6节的要求。

⑰ 地下室顶板和外墙计算，采用的计算简图和荷载取值（包括地下室外墙的地下水压力及地面荷载等）是否符合实际情况，计算方法是否正确；有人防地下室时，要注意审查基础结构是由人防荷载控制还是建筑物的荷载控制。

⑱ 存在软弱下卧层时，是否对下卧层进行了强度和变形验算。

⑲ 单桩承载力的确定是否正确，群桩的承载力计算是否正确；桩身混凝土强度是否满足桩的承载力设计要求；当桩周土层产生的沉降超过基桩的沉降时，应根据《建筑桩基技术规范》（JGJ 94—2008）第5.4.2条考虑桩侧负摩阻力。

⑳ 筏形基础的设计计算方法是否正确，详见《建筑地基基础设计规范》（GB 50007—2011）第8.4.14～8.4.18条。

㉑ 地基承载力及变形计算、桩基沉降验算、高层建筑高层部分与裙房间差异沉降控制和处理是否正确。

㉒ 基础设计（包括桩基承台），除抗弯计算外，是否进行了抗冲切及抗剪切验算以及必要时的局部受压验算，见《建筑地基基础设计规范》（GB 50007—2011）第8.2.7条、8.3.1条、8.3.2条、8.5.17～8.5.23条及8.4节等内容。

㉓ 人防地下室结构选型是否正确，设计荷载取值、计算和构造是否符合规范规定。

㉔ 天然地基基础是否按《建筑抗震设计规范》（GB 50011—2010）第4.2.2条进行了抗震验算。

㉕ 地下室墙的门（窗）洞口是否按计算设置了地梁；地下室设置的隔墙是否进行了计算，其计算简图、荷载取值、受力传力路径是否明确合理。

㉖ 设计等级为甲级、乙级及规范规定需要进行变形验算的丙级地基基础是否进行地基变形设计，见《建筑地基基础设计规范》（GB 50007—2011）第3.0.2条。

㉗ 在同一整体大面积基础上建有多栋高层和低层建筑时，是否按照上部结构、基础和地基的共同作用进行了变形计算。

㉘ 沉降缝的设置、处理是否合理，见《建筑地基基础设计规范》（GB 50007—2011）第7.3.2条。

㉙ 箱形基础的设计、计算方法是否正确。

㉚ 施工后浇带及沉降后浇带设置、处理是否合理［（《建筑地基基础设计规范》（GB 50007—2011）第8.4.20条）第2款］。

㉛ 地下工程防水设计是否满足《地下工程防水技术规范》（GB 50108—2008）的要求。

㉜ 非液化土中低承台桩基是否按《建筑抗震设计规范》（GB 50011—2010）第4.4.2条进行了抗震验算。

㉝ 当大体积基础采用粉煤灰混凝土时，是否对设计强度的龄期做出了说明。

## 二、审查内容

① 采用的地基参数与《岩土工程勘察报告》中的数据是否符合。

② 基础埋置深度，持力层选择及桩进入持力层的深度。

③ 地基或桩基承载力计算（包括软弱下卧层验算）。

④ 不良地基处理措施（含抗液化措施）。

⑤ 沉降计算及控制（含独立基础倾斜率）。

⑥ 地基基础抗震验算和措施（包括稳定和抗浮）。

⑦ 减少和适应地基变形的措施。

⑧ 基础或桩承台的强度计算和构造。

# 第二节　常见问题

## 一、勘察报告问题

### 1. 勘察报告未审核

审查中发现有些施工图的结构说明中未列出基础设计所依据的岩土工程勘察报告，基础持力层描述不详，有的设计图纸中甚至写着“本工程无勘察报告，参照周边地基情况，地基承载力特征值取 $f_{ak}=200\text{kN/m}^2$ 等”，这些都给基础设计留下了安全隐患。有些业主提供的勘察报告未经审查或审查日期晚于基础设计日期，当勘察报告修改后，基础图无法及时调整。

地基与基础设计必须遵守先勘察，再设计，后施工的法规要求，不允许在无工程岩土勘察报告的情况下进行地基与基础的设计。所依据的勘察报告未经审查或报告内容不全或勘察资料不足时，设计单位应要求业主进行补勘，并提供审查后的勘察报告。《建筑地基基础设计规范》（GB 50007—2011）第 3.0.4 条明确规定，地基基础设计前应进行岩土工程勘察，并应符合下列规定。

① 岩土工程勘察报告应提供下列资料。

a. 有无影响建筑场地稳定性的不良地质作用，评价其危害程度。

b. 建筑物范围内的地层结构及其均匀性，各岩土层的物理力学性质指标，以及对建筑材料的腐蚀性。

c. 地下水埋藏情况、类型和水位变化幅度及规律，以及对建筑材料的腐蚀性。

d. 在抗震设防区应划分场地类别，并对饱和砂土及粉土进行液化判别。

e. 对可供采用的地基基础设计方案进行论证分析，提出经济合理、技术先进的设计方案建议；提供与设计要求相对应的地基承载力及变形计算参数，并对设计与施工应注意的问题提出建议。

f. 当工程需要时，尚应提供：深基坑开挖的边坡稳定计算和支护设计所需的岩土技术参数，论证其对周边环境的影响；基坑施工降水的有关技术参数及地下水控制方法的建议；用于计算地下水浮力的设防水位。

② 地基评价宜采用钻探取样、室内土工试验、触探、并结合其他原位测试方法进行。设计等级为甲级的建筑物应提供载荷试验指标、抗剪强度指标、变形参数指标和触探资料；设计等级为乙级的建筑物应提供抗剪强度指标、变形参数指标和触探资料；设计等级为丙级的建筑物应提供触探及必要的钻探和土工试验资料。

③ 建筑物地基均应进行施工验槽。当地基条件与原勘察报告不符时，应进行施工勘察。从以上条文内容可知，岩土工程勘察报告对设计和审查人员都是非常重要的资料，设计和审查人员应该学会通过研读勘察报告，获得我们需要的有关该工程所在场地的一切参数（包括：场地的稳定性、水对基础的腐蚀性、场地类别、场地液化情况、基础设计方案、地基承载力及变形计算参数、施工降水措施、抗浮设防水位等）。

**2. 勘察报告深度不够**

① 各类工程建设项目在设计和施工之前，必须按基本建设程序进行岩土工程勘察。岩土工程勘察应按工程建设各勘察阶段的要求，正确反映工程地质条件，查明不良地质作用和地震灾害，精心勘察、精心分析，提出资料完整、评价正确的勘察报告。

② 建筑工程的岩土工程勘察宜分阶段进行，可行性研究勘察应符合选择场地方案的要求；初步勘察应符合初步设计的要求；详细勘察应符合施工图设计的要求；场地条件复杂的或有特殊要求的工程，宜进行施工勘察。

③ 场地较小且无特殊要求的工程可合并勘察阶段。当建筑平面布置已经确定，且场地或其附近已有岩土工程资料时，可根据实际情况，直接进行详细勘察。

④ 地基基础设计前进行的岩土工程勘察（详细勘察），应符合下列规定。

a. 岩土工程勘察报告应提供下列资料。

Ⅰ. 有无影响建筑场地稳定性的不良地质条件及其危害程度。

Ⅱ. 建筑物范围内的地层结构及其均匀性，以及各岩土层的物理力学性质。

Ⅲ. 地下水埋藏情况、类型和水位变化幅度及规律，以及对建筑材料的腐蚀性。

Ⅳ. 在抗震设防地区应提供场地的抗震设防烈度、设计基本地震加速度及设计地震分组，应划分场地土类型和场地类别，应划分对抗震有利、不利或危险的地段，并对饱和砂土及粉土进行液化判别。

Ⅴ. 对可供采用的地基基础设计方案进行论证分析，提出经济合理的设计方案建议；提供与设计要求相对应的地基承载力及变形计算参数，并对设计与施工应注意的问题提出建议。

Ⅵ. 当工程需要时，尚应提供：深基坑开挖的边坡稳定计算和支护设计所需要的岩土技术参数，论证其对周围已有建筑物和地下设施的影响。基坑施工降水的有关技术参数和施工降水方法及必要的安全措施的建议。提供地下水的防治方案、防水设计水位和抗浮设计水位的建议。提供时程分析法所需要的土层剖面、场地覆盖层厚度和土层剪切波速等有关的动力参数。

b. 设计等级为甲级的建筑物，应提供载荷试验指标、抗剪强度指标、变形参数指标和触探资料；设计等级为乙级的建筑物，应提供抗剪强度指标、变形参数指标和触探资料；设计等级为丙级的建筑物，应提供触探及必要的钻探和土工试验资料。

c. 建筑物地基均应进行施工验槽。如地基条件与原勘察报告不符时，还应进行施工勘察。

⑤ 对高层建筑工程中遇到的下列特殊岩土工程问题，应根据专门的岩土工程工作或分析研究，提出专题咨询报告。

a. 场地范围内或附近存在性质或规模尚不明的活动断裂带及地裂缝、滑坡、高边坡、地下采空区等不良地质作用的工程。

b. 水文地质条件复杂或环境特殊，需现场进行专门水文地质试验，以确定水文地质参数的工程；或需进行专门的施工降水、截水设计，并需分析研究降水、截水对建筑本身及邻近建筑和设施影响的工程。

c. 对地下水防护有特殊要求，需进行专门的地下水动态分析研究，并需进行地下室抗浮设计的工程。

d. 建筑结构特殊或对差异沉降有特殊要求，需进行专门的上部结构、地基与基础共同作用分析计算与评价的工程。

e. 根据工程要求，需对地基基础方案进行优化、比选分析论证的工程。

f. 抗震设计所需的时程分析评价。

g. 有关工程设计重要参数的最终检测、核定等。

**3. 勘察报告研读要求**

① 先看清楚地质资料中对场地的评价和基础选型的建议，以便对场地的大致情况有一个大概的了解。

② 根据地质剖面图和各土层的物理指标对场地的地质结构、土层分布、场地稳定性、均匀性进行评价和了解。

③ 审查图纸中的基础形式是否合适。

④ 根据勘察报告核对基础是否坐落于选用的地基持力层上。

⑤ 对沉降数据进行分析。

⑥ 是否有影响基础设计的不利地质情况，如土洞、溶洞、软弱土、地下水情况等。

注：有关地下水叙述中，勘察报告中经常有这样一句“勘察期间未见地下水”，如果带地下室，而且场地为不透水土层，基坑一旦进水，而水又无处可排，如果设计时未加考虑，将给基础设计留下安全隐患。

## 二、地基处理问题

**1. 未做抗浮设计**

施工图未按勘察报告要求进行抗浮验算，有的虽然做了抗浮设计，但抗浮设计水位选用与勘察报告不符（为了计算满足要求），有的只验算主体部分，而对地下室车道、地下水池等未进行抗浮验算，且往往抗浮验算不满足要求又未采取措施，斜坡道与主体分缝处未作处理。

抗浮设计是基础部分审查的重点，也是强制性条文要求［见《建筑地基基础设计规范》

(GB 50007—2011) 第3.0.2条],审查关键点有:抗浮设防水位取值,抗浮稳定安全系数(一般情况下可取1.05)、配重土及抗浮锚杆设置,施工期间停降水要求。抗浮稳定性不满足设计要求时,可采用增加压重或设置抗浮构件等措施。在整体满足抗浮稳定性要求而局部不满足时,也可采用增加结构刚度的措施。

**2. 人工处理地基承载力特征值取值要求**

①《建筑地基基础设计规范》(GB 50007—2011) 第7.2.7条所说的复合地基,通常是指振冲桩复合地基、砂石桩复合地基、水泥粉煤灰碎石桩复合地基、夯实水泥土桩复合地基、竖向承载水泥土搅拌桩复合地基、竖向承载旋喷桩复合地基、石灰桩复合地基、灰土挤密桩和土挤密桩复合地基及柱锤冲扩桩复合地基等九种。

② 复合地基设计应满足建筑物承载力和变形要求。对于地基土为欠固结土、膨胀土、湿陷性黄土、可液化土等特殊土时,设计时要综合考虑土体的特殊性质,选用适当的增强体和施工工艺。增强体和施工工艺的具体选用方法详见《建筑地基处理技术规范》(JGJ 79—2012)。不同种类的复合地基有不同的适用土层范围、不同的设计要求和不同的施工工艺和施工方法,质量检验方法也不尽相同。同一建筑场地可供选择的复合地基处理方法可能不止一种,应经技术、经济比较后确定,不仅应满足建筑物的承载力和变形要求,还应做到因地制宜、就地取材、保护环境和节约资源。

③ 复合地基承载力特征值应通过现场复合地基载荷试验确定,或采用增强体的载荷试验结果和其周边土的承载力特征值结合经验确定。

④ 复合地基增强体顶部应设褥垫层。褥垫层可采用中砂、粗砂、砾砂、碎石、卵石等散体材料,碎石、卵石宜掺入20%~30%的砂。

⑤ 经处理后的复合地基,当按地基承载力确定基础底面积及埋深而需要对复合地基承载力特征值进行修正时,应符合下列规定:

a. 基础宽度的地基承载力修正系数应取零;

b. 基础埋深的地基承载力修正系数应取1.0。

⑥ 经处理后的复合地基,当在受力层范围内仍存在软弱下卧层时,尚应验算下卧层的地基承载力。

⑦ 对于水泥土类桩复合地基尚应根据修正后的复合地基承载力特征值,进行桩身强度验算。

⑧ 按地基变形设计或应作变形验算且需进行地基处理的建筑物或构筑物,应对处理后的复合地基进行变形验算。

⑨ 受较大水平荷载或位于斜坡上的建筑物及构筑物,当建造在处理后的地基上时,应进行地基稳定性验算。

⑩ 复合地基的变形计算应符合现行国家标准《建筑地基基础设计规范》(GB 50007—2011) 的有关规定。在用《建筑地基基础设计规范》(GB 50007—2011) 中的变形计算公式计算复合地基的变形量时,复合土层的压缩模量应根据《建筑地基处理技术规范》(JGJ 79—2012) 中不同类的复合地基分别确定。

**3. 减少差异沉降要求**

① 高层建筑的筏形基础与其相连的裙房基础，可以通过地基变形计算来确定是否需要设置沉降缝。

② 当需要设置沉降缝时，高层建筑基础的埋深应大于裙房基础的埋深至少 2m，以保证高层建筑基础有可靠的侧向约束和地基的稳定性。若不能满足上述要求时，必须采取有效措施。

③ 沉降缝在地面以下应用粗砂填实。

④ 当不允许设置沉降缝，经地基变形验算后的差异沉降不能满足设计要求时，应采取可靠而有效的措施减少差异沉降及其影响。

⑤ 高层建筑与低层裙房之间根据建筑使用功能的要求及侧向约束的需要多数不设永久沉降缝。

⑥ 对带有裙房的高层建筑基础的沉降观测表明：地基沉降曲线在高低层连接处是连续的，不会出现突变。

⑦ 高层建筑地基下沉时，由于土的剪切传递，高层建筑以外的地基随之下沉，其影响范围随土质而异。因此，裙房与高层建筑连接处不会发生突变的差异沉降，而是在裙房若干跨内产生连续性的差异沉降。

⑧ 当高层建筑与低层裙房之间不设沉降缝时，可采取下述措施以减少高层建筑的沉降，同时使裙房的沉降量不致过小，从而使两者之间的差异沉降尽量减小。

⑨ 减小高层建筑沉降可采取的措施有：

a. 应选择压缩性较低的土层作为地基的持力层，其厚度不应小于 4m，较均匀且无软弱下卧层；

b. 适当扩大基础底面积，以减少基础底面单位面积上的压力；

c. 如建筑物层数较多或地基持力层为压缩性较高、变形较大的土层时，可以选择高层建筑的基础采用复合地基基础或桩基础（宜通过经济比较后确定）、低层裙房的基础采用天然地基基础的做法，也可以采取高层建筑与低层裙房采用不同桩径、不同桩长的桩基础的做法，还可以采取高层建筑与低层裙房采用不同变形要求的复合地基基础的做法。

⑩ 使裙房沉降量不致过小的措施有：

a. 可使裙房基础的埋置深度小于高层建筑基础的埋置深度，以便裙房基础落在压缩性较高的地基持力层上；

b. 尽可能减小裙房基础的底面面积，优先选用柱下独立基础或柱下条形基础，不宜采用满堂筏形基础，有防水要求时，可采用独立基础或条形基础另设防水板的做法；此时，防水板下应铺设一定厚度的易压缩材料；

c. 提高裙房基础下地基土层的承载力。

Ⅰ. 如果岩土工程勘察报告所提供的地基持力层的承载力有一个变化幅度的话，则可采用上限值 180kPa。

Ⅱ. 进行地基持力层承载力深度修正时，其计算埋置深度 $d$ 不论内、外墙基础或内、外柱基础，均可按下式计算：

$$d=\frac{d_1+d_2}{2}$$

式中　$d_1$——自地下室室内地面起算的基础埋置深度，且 $d_1 \geqslant 1$m；

$d_2$——自室外地面起算的基础埋置深度。

注：高层建筑的基底压应力与低层裙房的基底压应力相差不应过大。

⑪ 当高层建筑与低层裙房之间不设沉降缝时，宜设置后浇带，后浇带一般设置于高层建筑与裙房交界处裙房一侧的第二跨内。后浇带一般应在高层建筑主体结构完工以后进行浇注。但如有沉降观测，根据观测结果的分析计算，证明高层建筑的沉降在主体结构全部完工之前已趋于稳定，也可以适当提前。

⑫ 高层建筑与裙房之间设置后浇带后，施工中应注意将后浇带两侧之构件妥善支撑，同时也应注意由于设置后浇带可能引起各部分结构的承载力问题与稳定问题，必要时应进行补充计算。

⑬ 设置后浇带后，使裙房挡土墙的侧压力不能传递至高层建筑主体结构上，如果支撑不当，施工时可能发生事故。

⑭ 在地基的承载力、变形和稳定性满足要求的条件下，沉降后浇带也可设置在高层建筑与裙房交界处裙房一侧的第一跨内。

⑮ 当高层建筑与相连的裙房之间不允许设置沉降缝和后浇带时，应进行地基变形计算，验算时需考虑地基与结构变形的相互影响并采取相应的有效措施。

⑯ 关于地基变形计算，当允许设置沉降缝时，如地基条件较差，上部结构荷载差异较大，必要时也应进行变形计算，以考虑相邻建筑对地基变形的相互影响。同样，允许设置后浇带时，对后浇带到封闭前和封闭后应分别进行地基变形计算，既便于掌握后浇带封闭时间，也便于控制后浇带封闭后地基的后续变形对上部结构的不利影响。

⑰ 在高层建筑与低层裙房之间的连接部位，高宽比大于 4 的高层建筑基础底面在水平荷载或地震作用下，均不宜出现零应力区；同时，应加强高层建筑与裙房之间相连处基础结构的承载力。

**4. 地基处理的审查关键点**

① 设计依据是否齐全、正确，主要包括：

a. 采用的规范、标准，岩土勘察报告；

b. 上部结构设计的要求和提供的数据，如上部荷载（各点的荷载或柱、墙底，特别是核心筒处反力）、地基承载力、压缩模量、最大沉降量、平均沉降量、沉降差、倾斜值等。

② 处理深度是否正确，是否与岩土勘察报告要求相符，处理范围（平面）尺寸是否符合要求与上部荷载相对应。

③ 设计计算是否符合规范要求，选用材料是否满足要求，特别是混凝土桩身强度验算及强度等级是否符合要求。

④ 地基承载力的确定方法是否符合强制性标准要求，承载力的取值是否与上部结构要求相符，沉降计算是否满足上部结构设计要求。

⑤ 计算采用的规范、标准是否合法有效。

⑥ 检测要求、沉降观测要求等。

⑦ 对于采用灰土桩处理地基时，特别是用于湿陷性黄土地基，要求消除部分湿陷性时，审查中除以上要求外还应重点审查以下内容。

a. 是否能消除湿陷性。消除的湿陷量应满足《湿陷性黄土地区建筑规范》(GB 50025—2004) 第 6.1.1 条要求及相关各条款的规定。

b. 处理后的地基应进行检测，指出检测要求及确定地基承载力的方法（应满足规范强制性条文要求）。

c. 注意地下水的埋深和变化幅度标高深度，有地下水时不应采用一般灰土桩处理方法。

⑧ 在选择地基处理方案时，应考虑上部结构、基础和地基的共同作用，并经过技术经济比较，选用处理地基或加强上部结构和处理地基相结合的方案。

**5. 桩基础布桩计算要求**

桩基础设计时，仅按竖向荷载作用进行布桩，未验算弯矩作用下承台底部边桩的反力。尤其是大跨度结构、框剪结构的剪力墙、剪力墙结构核心筒底部弯矩和剪力对基础承载力的影响很大，不应遗漏。对于水位较高的地下室和短肢剪力墙、大跨度结构等弯矩较大的承台底部桩基尚应验算是否存在向上的抗拔力（大跨度结构如影剧院、厂房等，柱底弯矩很大，轴力很小，计算结果甚至会出现抗拔桩，这时应加大桩距，即加大反力力臂，尽量避免出现抗拔桩。小高层建筑由于布置较少的剪力墙，且墙肢长度小，墙底弯矩大，也容易出现抗拔桩，可同样处理)。根据电算结果进行基础设计时，尚应计入底层隔墙及基础梁荷重或者承台及覆土的荷重。

**6. 抗拔桩设计要求**

在地下水位较高的地下室、大跨度空旷结构、门式刚架轻型房屋钢结构厂房刚接柱脚，存在着抗拔桩受力状态，在设计中往往缺抗拔桩抗裂性验算、抗拔桩静载试验及其配筋做法等要求说明。抗拔桩设计时，桩身配筋量仅按强度要求进行计算，缺少裂缝宽度验算，按裂缝宽度控制计算结果的配筋量远大于按强度要求计算的配筋量。采用 PHC 高强预应力管桩作为抗拔桩时，往往只注意桩身的抗拉强度要求，桩基与承台间连接钢筋的强度要求和接桩段的裂缝宽度要求经常被忽视。

抗拔桩配筋计算时荷载分项系数取值有误。审查中发现，抗浮计算时水浮力和压重分项系数均取 1.0 计算，当水浮力大于压重时，抗拔桩桩身配筋按“(水浮力－压重)/钢筋强度设计值”计算，严重错误。

**7. 承台间连接方式**

目前建筑工程大量采用截面尺寸较小的预应力管桩，且在多层建筑中采用单桩承台或两桩承台基础，在承台之间未设置连系梁。连系梁的上下主筋在桩承台内锚固长度与构造做法要求应加以说明。如果桩身考虑承受上部结构传来的弯矩作用时也未进行抗弯承载力计算，若存在抗震薄弱环节，会给工程留下潜在的安全隐患。

**8. 管桩与承台间的连接**

施工图中宜注明选用的标准图，未按标准图的要求明确连接钢筋的根数和型号。

**9. 软弱下卧层计算**

天然地基扩展基础持力层或桩基持力层下面存在软弱下卧层时，有的工程既不进行沉降验算，又不作软弱下卧层地基承载力验算。

**10. 压实填土地基处理**

有的工程处于部分挖方、部分填方地段，填方地段采用压实填土人工处理地基，其压实填土地基的填料、施工，压实填土的范围以及压实填土地基检验等均未提出具体要求说明，甚至未注明压实填土的密实度要求和地基承载力特征值要求，压实填土地基施工质量如何控制，其地基承载力能否达到设计要求等均存在疑问。

**11. 地下室底板下基础设计**

高层建筑地下室设计时，当底板下的土质较好时，地下室底板自重、地下室隔墙和水池等荷载考虑由底板下的土层直接承受，应要求不扰动土层、对遇到软弱土时的处理方法，超开挖或者标高变化处的回填土的施工应提出明确的要求，回填土未加处理将引起底板开裂。

**12. 附属建筑基础设计**

建筑物主体采用桩基础，而室外坡道、台阶等附属建筑常采用浅基础，且附属建筑浅基础常落在回填土上，应对回填土的施工提出明确的要求，附属建筑与主体结构间应设置调整沉降的后浇带，或者采用后期施工的方法，并应注意附属建筑的抗浮设计。

**13. 地面层高差处挡土结构做法**

审图中，经常发现建筑物底层地面由于使用要求设置较大的高差，采用钢筋混凝土墙作为挡土结构，钢筋混凝土墙落在基础梁上，支承挡土墙的基础梁承受挡土墙传来的水平荷载作用，该基础梁承受双向弯矩，并以水平荷载产生的侧向弯矩为主。可是，基础梁宽度太小，当跨度较大时难以承受水平荷载产生的侧向弯矩，且常见未按计算配筋、配筋方式也不对（未在梁两侧配抗扭钢筋)。

审查中发现有的工程地面层高差处挡土结构套用标准图采用重力式挡土墙，挡土墙落在回填土上，未对填土进行处理，存在安全隐患，并且重力式挡土墙与承台间的基础梁存在交叉打架的情况。

**14. 基础埋置深度要求**

① 建筑物基础的埋置深度，一般由室外地面标高算起。

② 在填方整平地区，可自填土地面标高算起，但填土在上部结构施工后完成时，应从天然地面标高算起。

③《建筑地基基础设计规范》(GB 50007—2011) 没有规定填土应是自重下固结完成的土。因为基础周围的填土，在承载力验算中，作为边载考虑，有助于地基的稳定和承载力的提高，因此填上即算，只与填土的重度有关，与填土是否在自重下完成固结没有关系。但在变形计算时，应考虑新填土的影响，并满足变形要求。当有地下室时，如采用箱形基础或筏形基础，基础埋置深度自室外地面标高算起；如采用独立基础或条形基础，则应从室内地面标高算起。

④ 基础的埋置深度，应按下列条件经技术经济比较后确定：

a. 建筑物的用途、高度和体型，有无地下室、设备基础和地下设施，基础的形式和构造；

b. 作用在地基上的荷载大小和性质；

c. 工程地质条件和水文地质条件；

d. 相邻建筑物的基础埋深；

e. 地基土冻胀和融陷的影响。

⑤ 在满足地基稳定和变形要求的前提下，基础宜浅埋，当上层地基的承载力大于下层土时，宜利用上层土层作持力层。除岩石地基外，基础埋深不宜小于 0.5m。

⑥ 高层建筑筏形基础和箱形基础的埋置深度应满足地基承载力、变形和稳定性要求。在抗震设防地区，除岩石地基外，天然地基上的箱形基础和筏形基础其埋置深度不宜小于建筑物高度（从室外地面至主要屋面的高度）的 1/15；桩箱或桩筏基础的埋置深度（不计桩长）不宜小于建筑物高度的 1/20～1/18。

⑦《高层建筑混凝土结构技术规程》（JGJ 3—2010）第 12.1.6 条规定：高宽比大于 4 的高层建筑，基础底面不宜出现零应力区；高宽比不大于 4 的高层建筑，基础底面与地基之间零应力区面积不应超过基础底面面积的 15%。计算时，质量偏心较大的裙房与主楼分开考虑。

⑧ 位于岩石地基上的高层建筑，在满足地基承载力、稳定性要求及《高层建筑混凝土结构技术规程》（JGJ 3—2010）第 12.1.6 条规定的前提下，其基础埋置深度不受建筑物高度的 1/15（天然地基）或 1/20～1/18（桩基）的限制，但基础埋置深度应满足抗滑要求。

⑨ 基础宜埋置在地下水位以上，当必须埋置在地下水位以下时，应采取地基土在施工时不受扰动的措施。当基础埋置在易风化的岩层上时，施工时应在基坑开挖后立即铺筑垫层。

⑩ 当存在相邻建筑物时，新建建筑物的基础埋深不宜大于原有建筑物基础的埋深。当新建建筑物基础埋深大于原有建筑物基础时，两基础之间应保持一定的净距，其数值应根据原有建筑荷载大小、基础形式和土质情况确定，一般情况下，宜使相邻基础底面的标高差 $d$ 与其净距 $s$ 之比 $d/s \leqslant 1/2$。

⑪ 当上述要求不能满足时，应采取分段施工、设临时加固支撑、打板桩、设地下连续墙等施工措施，或加固原有建筑物地基，并应考虑浅埋基础对深埋基础的影响。

⑫ 位于稳定土坡坡顶上的建筑，当垂直坡顶边缘线的基础底面边长小于或等于 3m 时，其基础底面外边缘线至坡顶的水平距离应符合下式要求，但不得小于 2.5m。

条形基础：

$$a \geqslant 3.5b - d/\tan\beta$$

矩形基础：

$$a \geqslant 2.5b - d/\tan\beta$$

当基础底面外边缘线至坡顶的水平距离不满足上述公式的要求时，可根据基底平均压力按下式确定基础距坡顶边缘的距离和基础埋深：

$$M_R/M_s \geqslant 1.2$$

式中　$M_R$——滑动力矩；

$M_s$——抗滑力矩。

注：当边坡坡角大于45°、坡高大于8m时，尚应按上式验算坡体稳定性。

⑬ 同一建筑物相邻两基础的底面不在同一标高时，基础底面标高差 $d$ 与其净距 $s$ 之比也应满足 $d/s \leqslant 1/2$ 的要求；同一建筑物的条形基础沿纵向的埋置深度变化时，应做成阶梯形过渡，其阶高与阶长之比宜取1：2，每阶的阶高不宜大于500mm。

## 三、地基基础设计问题

### 1. 地基基础的设计等级要求

地基基础设计，应考虑上部结构和地基基础的共同作用，对建筑体型、荷载情况、结构类型和地质条件进行综合分析，确定合理的建筑措施、结构措施和地基处理方法。

为了满足各类建筑物的设计要求，提高设计质量，减少设计失误，《建筑地基基础设计规范》（GB 50007—2011）根据地基变形、建筑物规模和功能特点以及由于地基问题可能造成建筑物破坏或影响正常使用的程度，将地基基础设计分为三个设计等级，对不同设计等级建筑物的地基基础设计对地基承载力取值方法、勘探要求、变形控制原则等，在规范的有关条文里进行了规定。

建筑地基基础设计等级是按照地基基础设计的复杂性和技术难度确定的，划分时考虑了建筑物的性质、规模、高度和体型，对地基变形的要求，场地和地基条件的复杂程度，以及由于地基问题对建筑物的安全和正常使用可能造成影响的严重程度等因素。

地基基础设计等级采用三级划分，如下所示。

甲级：重要的工业与民用建筑物；30层以上的高层建筑；体型复杂，层数相差超过10层的高低层连成一体的建筑物；大面积的多层地下建筑物（如地下车库、商场、运动场等）；对地基变形有特殊要求的建筑物；复杂地质条件下的坡上建筑物（包括高边坡）；对原有工程影响较大的新建建筑物。场地和地基条件复杂的一般建筑物；位于复杂地质条件及软土地区的二层及二层以上地下室的基坑工程。

乙级：除甲级、丙级以外的工业与民用建筑物。

丙级：场地和地基条件简单、荷载分布均匀的七层及七层以下民用建筑及一般工业建筑物。次要的轻型建筑物。

在地基基础设计等级为甲级的建筑物中，又有如下规定。

① 30层以上的高层建筑，不论其体型复杂与否均列入甲级，这是考虑到其高度和重量对地基承载力和变形均有较高要求，采用天然地基往往不能满足设计需要，而需考虑桩基或进行地基处理。

② 体型复杂、层数相差超过10层的高低层连成一体的建筑物，是指在平面上和立面上高度变化较大、体型变化复杂，且建于同一整体基础上的高层宾馆、办公楼、商业建筑等建筑物，由于上部荷载大小相差悬殊，结构刚度和构造变化复杂，很容易出现地基不均匀变形，为使地基变形不超过建筑物的允许值，地基基础设计的复杂程度和技术难度较大，有时需要采用多种地基和基础类型或考虑采用地基与基础和上部结构共同作用的变形分析计算来

解决不均匀沉降对基础和上部结构的影响问题。

③ 大面积的多层地下建筑物存在深基坑开挖的降水、支护和对邻近建筑物可能造成严重不良影响等问题，增加了地基基础设计的复杂性，有些地面以上没有荷载或荷载很小的大面积多层地下建筑物，如地下停车场、商场、运动场等还存在抗地下水浮力设计等问题。

④ 复杂地质条件下的坡上建筑物，是指坡体岩土的种类、性质、产状和地下水条件变化复杂等对坡体稳定性不利的情况，此时应作坡体稳定性分析，必要时应采取整治措施。

⑤ 对原有工程有较大影响的新建建筑物，是指在原有建筑物旁和在地铁、地下隧道、重要地下管道上或旁边新建的建筑物，当新建建筑物对原有工程影响较大时，为保证原有工程的安全和正常使用，增加了地基基础设计的复杂性和难度。

⑥ 场地和地基条件复杂的建筑物，是指建筑物建在不良地质现象强烈发育的场地，如泥石流、崩塌、滑坡、岩溶土洞塌陷等，或地质环境恶劣的场地，如地下采空区、地面沉降区、地裂缝地区等。

⑦ 复杂地基是指地基岩土种类和性质变化很大，有古河道或暗浜分布，地基为特殊性岩土，如膨胀土、湿陷性土等，以及地下水对工程影响很大需特殊处理等情况，上述情况均增加了地基基础设计的复杂程度和技术难度。

⑧ 对在复杂地质条件和软土地区开挖较深的基坑工程，由于基坑支护、开挖和地下水控制等技术复杂、难度较大，也列入甲级。

地基基础设计等级采用三级划分，其中丙级的建筑物是指建筑场地稳定，地基岩土均匀良好、荷载分布均匀的 7 层及 7 层以下的民用建筑和一般工业建筑物以及次要的轻型建筑物。

由于情况复杂，结构工程师在设计时应根据建筑物和地基的具体情况参照上述说明确定地基基础的设计等级。

《建筑结构可靠度设计统一标准》（GB 50068—2001）对结构设计应满足的功能要求作了如下规定：

① 能承受在正常施工和正常使用时可能出现的各种作用；

② 在正常使用时具有良好的工作性能；

③ 在正常维护下具有足够的耐久性；

④ 在偶然事件发生时及发生后，仍能保持必要的整体稳定。

因此，地基设计时根据地基工作状态应当考虑以下内容：

① 在长期荷载作用下，地基变形不致造成承重结构的损坏；

② 在最不利荷载作用下，地基不出现失稳现象。

因此，地基基础设计应注意区分上述两种功能要求，在满足第一功能要求时，地基承载力选取应以不使地基中出现过大塑性变形为原则，同时考虑在此条件下各类建筑可能出现的变形特征和变形量。地基土的变形具有长期的时间效应，与钢、混凝土、砖石等材料相比，它属于大变形材料。从已有大量地基事故分析，绝大多数事故皆由地基变形过大或不均匀造成。地基基础设计按变形控制的总原则成为工程界认可的正确的地基基础设计原则。

《建筑地基基础设计规范》（GB 50007—2011）明确提出，根据建筑物地基基础设计等级及长期荷载作用下地基变形对上部结构的影响程度，地基基础设计应符合下列规定。

① 所有建筑物的地基计算均应满足承载力计算的有关规定。

② 设计等级为甲级、乙级的建筑物，均应按地基变形设计。

③ 表 4-1 所列范围内设计等级为丙级的建筑物可不作变形验算，如有下列情况之一时，仍应作变形验算：

a. 地基承载力特征值小于 130kPa，且体型复杂的建筑；

b. 在基础上及其附近有地面堆载或相邻基础荷载差异较大，可能引起地基产生过大的不均匀沉降时；

c. 软弱地基上的建筑物存在偏心荷载时；

d. 相邻建筑距离过近，可能发生倾斜时；

e. 地基内有厚度较大或厚薄不均的填土，其自重固结未完成时。

④ 对经常受水平荷载作用的高层建筑、高耸结构和挡土墙等，以及建造在斜坡上或边坡附近的建筑物和构筑物，尚应验算其稳定性。

⑤ 基坑工程应进行稳定性验算。

⑥ 当地下水埋藏较浅，建筑地下室或地下构筑物存在上浮问题时，尚应进行抗浮验算。

**表 4-1　可不作地基变形计算设计等级为丙级的建筑物范围**

<table>
<tr><td rowspan="2">地基主要受力层情况</td><td colspan="3">地基承载力特征值 $f_{ak}$/kPa</td><td>60≤$f_{ak}$<80</td><td>80≤$f_{ak}$<130</td><td>100≤$f_{ak}$<130</td><td>130≤$f_{ak}$<160</td><td>160≤$f_{ak}$<200</td><td>200≤$f_{ak}$<300</td></tr>
<tr><td colspan="3">各土层坡度/%</td><td>≤5</td><td>≤5</td><td>≤10</td><td>≤10</td><td>≤10</td><td>≤10</td></tr>
<tr><td rowspan="8">建筑类型</td><td colspan="3">砌体承重结构、框架结构（层数）</td><td>≤5</td><td>≤5</td><td>≤5</td><td>≤6</td><td>≤6</td><td>7</td></tr>
<tr><td rowspan="4">单层排架结构（6m柱距）</td><td rowspan="2">单跨</td><td>起重机额定起重量/t</td><td>5～10</td><td>10～15</td><td>15～20</td><td>20～30</td><td>30～50</td><td>50～100</td></tr>
<tr><td>厂房跨度/m</td><td>≤12</td><td>≤18</td><td>≤24</td><td>≤30</td><td>≤30</td><td>≤30</td></tr>
<tr><td rowspan="2">多跨</td><td>起重机额定起重量/t</td><td>3～5</td><td>5～10</td><td>10～15</td><td>15～20</td><td>20～30</td><td>30～75</td></tr>
<tr><td>厂房跨度/m</td><td>≤12</td><td>≤18</td><td>≤24</td><td>≤30</td><td>≤30</td><td>≤30</td></tr>
<tr><td colspan="2">烟囱</td><td>高度/m</td><td>≤30</td><td>≤40</td><td>≤50</td><td colspan="2">≤75</td><td>≤100</td></tr>
<tr><td colspan="2" rowspan="2">水塔</td><td>高度/m</td><td>≤15</td><td>≤20</td><td>≤30</td><td colspan="2">≤30</td><td>≤30</td></tr>
<tr><td>容积/$m^3$</td><td>≤50</td><td>50～100</td><td>100～200</td><td>200～300</td><td>300～500</td><td>500～1000</td></tr>
</table>

注：1. 地基主要受力层系指条形基础底面下深度为 $3b$（$b$ 为基础底面宽度），独立基础下为 1.56，且厚度均不小于 5m 的范围（二层以下一般的民用建筑除外）。

2. 地基主要受力层中如有承载力特征值小于 130kPa 的土层时，表中砌体承重结构的设计，应符合《建筑地基基础设计规范》（GB 50007—2011）第 7 章的有关要求。

3. 表中砌体承重结构和框架结构均指民用建筑，对于工业建筑可按厂房高度、荷载情况折合成与其相当的民用建筑层数。

4. 表中起重机额定起重量、烟囱高度和水塔容积的数值系指最大值。

**2. 地基变形验算要求**

(1) 地基变形验算的范围　在地基极限状态设计中，变形验算是最主要的验算之一。《建筑地基基础设计规范》(GB 50007—2011) 按不同建筑物的地基变形特征，要求建筑物的地基变形计算值不应大于地基允许值，即：

$$s \leqslant [s]$$

式中　$s$——地基变形计算值，传至基础上的荷载 $F_k$ 应按正常使用极限状态下荷载效应的准永久组合（不应计入风荷载和地震作用）；

$[s]$——地基变形允许值，查表 4-2 得到，对表中未包括的其他建筑物的地基变形允许值，可根据上部结构对地基变形的适应能力和使用要求确定。

**表 4-2　建筑物的地基变形允许值**　　单位：mm

<table>
<tr><th colspan="2" rowspan="2">变形特征</th><th colspan="2">地基土类别</th></tr>
<tr><th>中、低压缩性土</th><th>高压缩性土</th></tr>
<tr><td colspan="2">砌体承重结构基础的局部倾斜</td><td>0.002</td><td>0.003</td></tr>
<tr><td rowspan="3">工业与民用建筑相邻柱基的沉降差</td><td>框架结构</td><td>$0.002l$</td><td>$0.003l$</td></tr>
<tr><td>砌体墙填充的边排柱</td><td>$0.0007l$</td><td>$0.001l$</td></tr>
<tr><td>当基础不均匀沉降时，不产生附加应力的结构</td><td>$0.005l$</td><td>$0.005l$</td></tr>
<tr><td colspan="2">单层排架结构（柱距为 6m）柱基的沉降量</td><td>(120)</td><td>200</td></tr>
<tr><td rowspan="2">桥式吊车轨面的倾斜（按不调整轨道考虑）</td><td>纵向</td><td colspan="2">0.004</td></tr>
<tr><td>横向</td><td colspan="2">0.003</td></tr>
<tr><td rowspan="4">多层和高层建筑的整体倾斜</td><td>$H_g \leqslant 24m$</td><td colspan="2">0.004</td></tr>
<tr><td>$24m < H_g \leqslant 60m$</td><td colspan="2">0.003</td></tr>
<tr><td>$60m < H_g \leqslant 100m$</td><td colspan="2">0.0025</td></tr>
<tr><td>$H_g > 100m$</td><td colspan="2">0.002</td></tr>
<tr><td colspan="2">体型简单的高层建筑基础的平均沉降量</td><td colspan="2">200</td></tr>
<tr><td rowspan="6">高耸结构基础的倾斜</td><td>$H_g \leqslant 20m$</td><td colspan="2">0.008</td></tr>
<tr><td>$20m < H_g \leqslant 50m$</td><td colspan="2">0.006</td></tr>
<tr><td>$50m < H_g \leqslant 100m$</td><td colspan="2">0.005</td></tr>
<tr><td>$100m < H_g \leqslant 150m$</td><td colspan="2">0.004</td></tr>
<tr><td>$150m < H_g \leqslant 200m$</td><td colspan="2">0.003</td></tr>
<tr><td>$200m < H_g \leqslant 250m$</td><td colspan="2">0.002</td></tr>
</table>

续表

| 变形特征 | | 地基土类别 | |
|---|---|---|---|
| | | 中、低压缩性土 | 高压缩性土 |
| 高耸结构基础的沉降量 | $H_g \leqslant 100m$ | 400 | |
| | $100m < H_g \leqslant 200m$ | 300 | |
| | $200m < H_g \leqslant 250m$ | 200 | |

注：1. 本表数值为建筑物地基实际最终变形允许值。

2. 有括号者仅适用于中压缩性土。

3. $l$ 为相邻柱基的中心距离（mm），$H_g$ 为自室外地面起算的建筑物高度（m）。

以上要求对于地质条件简单、建筑安全等级不高的大量中小型工程来说，往往不易办到，而且也没有必要。为此，《建筑地基基础设计规范》（GB 50007—2011）在确定各类土的地基承载力时，已经考虑了一般中小型建筑物在地质条件比较简单的情况下对地基变形的要求。对满足要求的丙级建筑物，在按承载力确定基础底面尺寸之后，可不行地基变形验算。但凡属以下情况之一者，在按地基承载力确定基础底面尺寸后，仍应作地基变形验算。

① 地基基础设计等级为甲、乙级的建筑物。

② 可不作变形验算的丙级建筑物所列范围，有下列情况之一的。

a. 地基承载力特征值小于130kPa，且体型复杂的建筑物。

b. 在基础上及其附近有地面堆载或相邻基础荷载差异较大，可能引起地基产生过大的不均匀沉降时。

c. 软弱地基上的相邻建筑物存在偏心荷载时。

d. 相邻建筑物距离过近，可能发生倾斜时。

e. 地基土内有厚度较大或厚薄不均的填土，其自重固结尚未完成时。

地基特征变形验算结果如果不满足上式的条件，可以先适当调整基础底面尺寸或埋深，如仍不满足要求，再考虑从建筑、结构、施工诸方面采取有效措施以防止不均匀沉降对建筑物的损害，或改用其他地基基础设计方案。

（2）地基变形特征　在荷载作用下，地基土要产生压缩变形，使建筑物产生沉降。由于不同建筑物的结构类型、整体刚度、使用要求的差异，对地基变形的敏感程度、危害、变形要求也不同。对于各类建筑结构，对其不利的沉降形式称为地基变形特征。地基变形特征一般分为：沉降量、沉降差、倾斜、局部倾斜。

① 沉降量。沉降量指基础中心点的最终沉降量，如图4-1（a）所示。对于单层排架结构，在低压缩性地基上一般不会因沉降而损坏，但在中、高压缩性地基上，应该限制柱基沉降量，尤其是要限制多跨排架中受荷较大的中排柱基的沉降量不宜过大，以免支承于其上的相邻屋架发生对倾而使端部相碰。

② 沉降差。沉降差指同一建筑物中两个相邻柱基础沉降量的差值，如图 4-1（b）所示。框架结构常因相邻柱基的不均匀沉降而使结构受剪扭曲而损坏。对于由开窗面积不大的砌体

墙所填充的边排柱，尤其是房屋端部抗风柱之间的沉降差，应予以特别注意。

③ 倾斜。倾斜指基础在倾斜方向两端点的沉降差与其距离的比值，如图 4-1（c）所示。高耸结构的重心高，基础倾斜使重心侧向移动引起的偏心力矩荷载，不仅使基底边缘压力增加而影响倾覆稳定性，还会导致高烟囱等筒体结构产生附加弯矩。因此，对于高耸结构以及长高比很小的高层建筑，其地基变形特征是建筑物的整体倾斜。

④ 局部倾斜。局部倾斜指砖石承重结构沿纵墙 6～10m 内两点的沉降差与其距离的比值，如图 4-1（d）所示。一般砌体承重结构房屋因地基沉降所引起的损坏，最常见的是房屋外纵墙由于相对挠曲引起的拉应变形成的裂缝，通常裂缝呈正“八”字形的正向挠曲（下凹）和呈倒“八”字形的反向挠曲（凸起）。但是，墙体的相对挠曲值不易计算，一般以沿纵墙一定距离范围（6～10m）内基础两点的沉降量计算局部倾斜，作为砌体承重墙结构的主要变形特征。

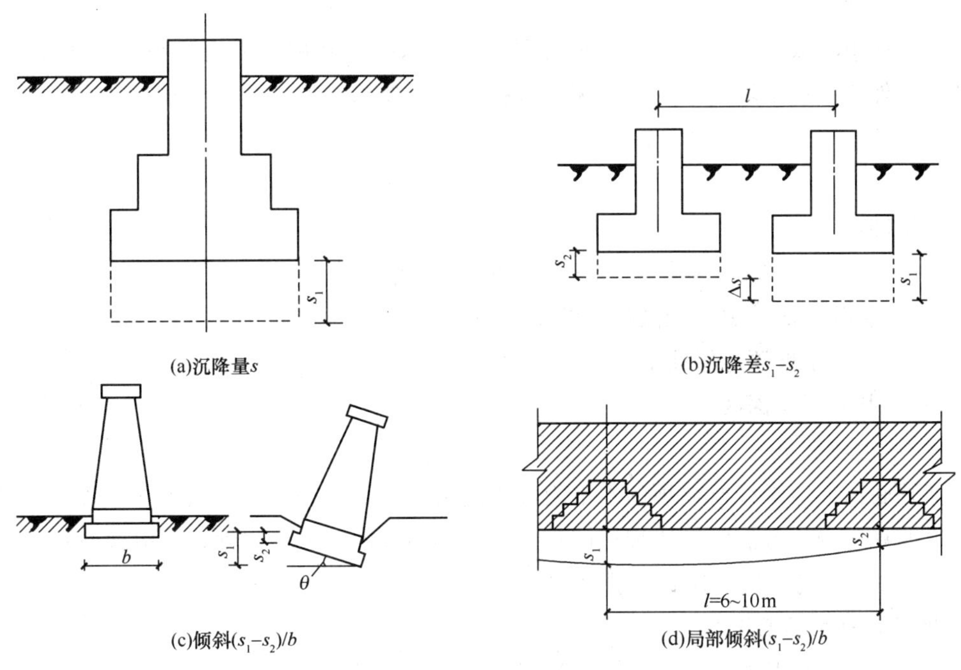


**图 4-1　地基变形的特征**

### 3. 地基稳定性验算要求

竖向荷载导致地基失稳的情况较少见，所以满足地基承载力的一般建筑物不需要进行地基稳定性验算。对于经常承受水平荷载的建筑物，如水工建筑物、挡土结构物以及高层建筑和高耸结构等，地基的稳定性可能成为其设计中的主要问题，必须进行地基稳定性验算。在水平和竖直荷载共同作用下，地基失稳破坏的形式有两种：一种是沿基底产生表层滑动；另一种是深层整体滑动破坏。地基稳定性验算所用的荷载组合应是承载能力极限状态的基本组合，各分项系数均取 1.0。地基的稳定性验算通常采用安全系数法，当判定地基失稳形式属于表层滑动时，可用下式计算稳定安全系数：

$$K_s=\frac{(F+G)f}{H}$$

式中　$K_s$——层滑动安全系数，一般为1.2～1.4；

$F+G$——用于基底的竖向力的总和，包括结构物自重和其他竖向荷载；

$H$——作用于基底的水平力的总和；

$f$——基础与地基土的摩擦系数。

当判定地基失稳形式属于深层滑动时，可用圆弧滑动法进行验算。稳定安全系数指作用于最危险的滑动面上的诸力对滑动中心所产生的抗滑力矩与滑动力矩的比值，其值应满足下式要求：

$$M_R/M_s\geqslant 1.2$$

式中　$M_R$——抗滑力矩；

$M_s$——滑动力矩。

位于稳定土坡坡顶上的建筑，当垂直于坡顶边缘线的基础底面边长小于或等于3m时，其基础底面外边缘线至坡顶的水平距离，应符合下式要求，但不得小于2.5m。

条形基础：

$$a\geqslant 3.5b-d/\tan\beta$$

矩形基础：

$$a\geqslant 2.5b-d/\tan\beta$$

式中　$a$——基础底面外边缘线至坡顶的水平距离；

$b$——垂直于坡顶边缘线的基础底面边长；

$d$——基础埋置深度；

$\beta$——边坡坡角。

当基础底面外边缘线至坡顶的水平距离不满足上式的要求时，应该用圆弧滑动法或其他类似的边坡稳定分析方法验算边坡连同其上建筑物地基的整体稳定性。若边坡坡角大于45°、坡高大于8m时，尚应按上述式子验算坡体稳定性。

**4. 地基承载力验算要求**

(1) 持力层的地基承载力验算　设计天然地基上的浅基础时，选择好基础埋深后，就可按持力层的承载力特征值计算所需的基础底面尺寸。根据《建筑地基基础设计规范》(GB 50007—2011)的规定，所有建筑物的地基计算均应满足承载力的要求。

当轴心荷载作用时，应符合下式的要求：

$$p_k\leqslant f_a$$

式中　$p_k$——相应于荷载效应标准组合时，基础底面处的平均压力值；

$f_a$——修正后的地基承载力特征值。

当偏心荷载作用时，除符合上式的要求外，尚应符合下式要求：

$$p_{k,max}\leqslant 1.2f_a$$

式中　$p_{k,max}$——应于荷载效应标准组合时，基础底面边缘的最大压力值。

《公路桥涵地基与基础设计规范》(JTG D63—2007) 规定在设计桥梁墩台基础时，应考虑在修建和使用期间实际可能发生的各项作用力按地基承载力容许值进行验算。不考虑基础底面土的嵌固作用时，按下式验算：

$$p_{max} \leqslant [f_a]$$

式中　$p_{max}$——基础底面处的最大压应力；

$[f_a]$——修正后的地基承载力容许值。

基础底面压力的确定，当中心荷载作用时：

$$p_k = \frac{F_k + G_k}{A}$$

式中　$F_k$——相应于荷载效应标准组合时，上部结构传至基础顶面的竖向力值；

$G_k$——基础自重和基础上土重；

$A$——基础底面面积。

当偏心荷载作用时：

$$p_{k,max} = \frac{F_k + G_k}{A} + \frac{M_k}{W}$$

$$p_{k,min} = \frac{F_k + G_k}{A} + \frac{M_k}{W}$$

式中　$M_k$——相应于荷载效应标准组合时，作用于基础底面的力矩值；

$W$——基础底面的抵抗矩；

$p_{k,min}$——相应于荷载效应标准组合时，基础底面边缘的最小压力值。

当偏心矩 $e > b/6$ 时，如图 4-2 所示，$p_{k,min} < 0$，$p_{k,min}$应按下式计算：

$$p_{k,min} = \frac{2(F_k + G_k)}{3cl}$$

式中　$l$——垂直于力矩作用方向的基础底面边长；

$c$——合力作用点至基础底面最大压力边缘的距离。

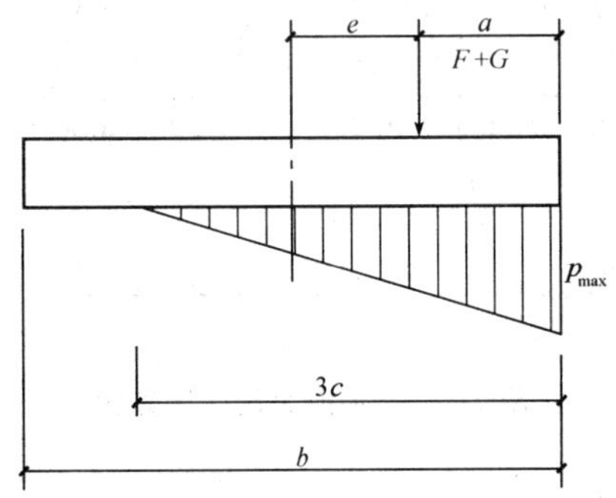


**图 4-2　偏心荷载 ($e > b/6$) 情况下基底压力分布**

此外，$p_{k,min}/p_{k,max}$值很小时，表示基底压力分布很不均匀，容易引起过大的不均匀沉降，应尽量避免。对高层建筑的箱形和筏形基础，还要求 $p_{k,min}>0$。若考虑地震组合，则允许基础底面可以局部与地基土脱开，但零应力区的面积不应超过基础底面面积的25%，即 $3c\geqslant 0.75b$。高耸结构的基础设计也有类似的要求。

（2）软弱下卧层的承载力验算 软弱下卧层是指在持力层下、地基受力范围内，存在的承载力显著低于持力层的高压缩性土层。要验算下卧层顶面处作用的附加应力与土的自重应力之和不超过软弱下卧层的承载力，即：

$$p_z+p_{cz}\leqslant f_{az}$$

式中 $p_z$——相应于荷载效应标准组合时，软弱下卧层顶面处的附加压力值；

$p_{cz}$——软弱下卧层顶面处的自重应力值；

$f_{az}$——软弱下卧层顶面处深度修正后的地基承载力特征值。

关于附加应力 $p_z$ 计算，根据弹性半空间理论，下卧层顶面土体的附加应力，在基础底面中心线下最大，向四周扩散呈非线性分布，如果考虑上、下层土的性质不同，应力分布规律就更为复杂。《建筑地基基础设计规范》（GB 50007—2011）通过大量试验研究并参照双层地基中附加应力分布的理论解答，提出了按扩散角原理的简化计算方法，如图4-3所示，当持力层与软弱下卧层的压缩模量比值 $E_{s1}/E_{s2}\geqslant 3$ 时，对矩形和条形基础，假设基底处的附加应力（$p_0=p_k-p_c$）下传递时按某一角度 $\theta$ 向外扩散，并均匀分布于较大面积的软弱下卧土层上，根据基底与软弱下卧层顶面处扩散面积上的附加应力相等的条件，可得附加应力 $p_z$ 计算表达式。

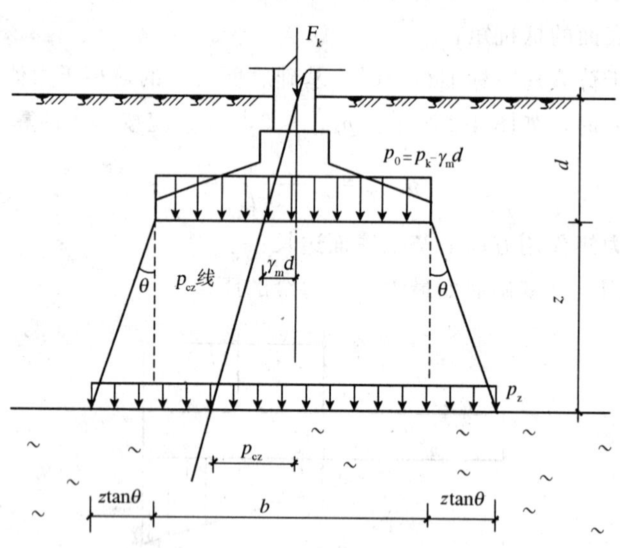


图4-3 附加应力简化计算图

条形基础时：

$$p_z=\frac{b\ (p_k-\gamma_m d)}{b+2z\tan\theta}$$

矩形基础时：

$$p_z=\frac{lb\ (p_k-\gamma_m d)}{(b+2z\tan\theta)\ (l+2z\tan\theta)}$$

式中　$b$——矩形或条形基础底边宽度；

$l$——矩形基础底边长度；

$p_k$——相应于荷载效应标准组合时，基础底面处的平均压力值；

$\gamma_m$——基础深度范围内土的加权平均重度，地下水以下取浮重度；

$d$——基础埋深；

$z$——基础底面至软弱下卧层顶面的垂直距离；

$\theta$——地基压力扩散线与垂直线的夹角（扩散角）。

试验研究表明：基底压力增加到一定数值后，传至软弱下卧层顶的压力将随之迅速增大，即 $\theta$ 角迅速减小，直到持力层冲剪破坏时的 $\theta$ 值为最小（相当于冲切锥台斜面的倾角，其值见表 4-3，实验结果一般不超过 30°，此表中 $\theta$ 值取 30°为上限）。由此可见，如果满足软弱下卧层验算要求，实际上也就保证了上覆持力层不发生冲剪破坏。如果软弱下卧层算不满足要求，应考虑增大基础底面积，或改变基础埋深，甚至改用地基处理或深基础设计的地基基础方案。

**表 4-3　地基压力扩散角 $\theta$**

| $E_{s1}/E_{s2}$ | $z/b$ | |
|---|---|---|
| | 0.25 | 0.50 |
| 3 | 6° | 23° |
| 5 | 10° | 25° |
| 10 | 20° | 30° |

注：1. $E_{s1}$ 为上层土压缩模量，$E_{s2}$ 为下层土压缩模量。

2. $z/b<0.25$ 时取 $\theta=0°$，必要时，宜由试验确定，$z/b>0.50$ 时 $\theta$ 值不变。

**5. 独立基础设计要求**

（1）基础台阶的宽高比和偏心距　《建筑地基基础设计规范》（GB 50007—2011）第 8.2.7 条第 3 款规定，在轴心荷载或单向偏心荷载作用下，基础底板受弯可按下列简化方法计算。

对于矩形独立基础，当台阶的宽高比小于等于 2.5 和偏心距小于等于 1/6 基础宽度时，任意截面的弯矩可按下列公式计算（图 4-4）：

$$M_{\text{I}}=\frac{1}{12}a_1^2\left[(2l+a')\left(p_{\max}+p-\frac{2G}{A}\right)+(p_{\max}-p)\ l\right]$$

$$M_{\text{II}}=\frac{1}{48}\ (1-a')^2\ (2b+b')\left(p_{\max}+p_{\min}-\frac{2G}{A}\right)$$

式中各符号的意义见《建筑地基基础设计规范》（GB 50007—2011）第 8.2.7 条。

显然，钢筋混凝土矩形独立基础任意截面处相应于荷载效应基本组合时的弯矩设计值 $M_{\text{I}}$、$M_{\text{II}}$，是以其台阶宽高比≤2.5 和偏心距≤$\frac{1}{6}b$ 为前提条件建立的，所以，工程设计

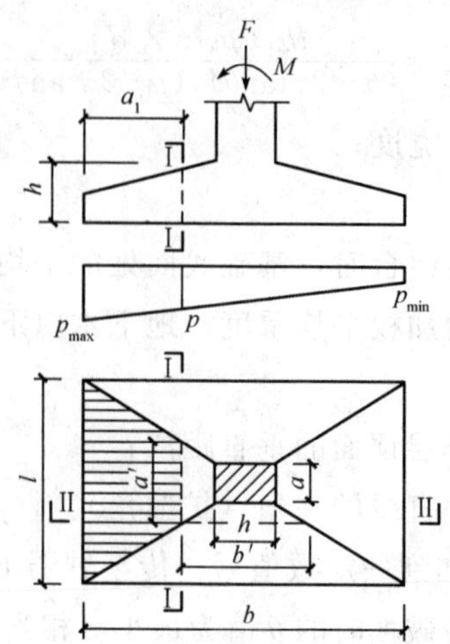

图 4-4 矩形基础底板计算示意图

时，这两个条件应当得到满足。

① 柱下钢筋混凝土独立基础承受地基反力设计值作用后，基础底板沿着柱子四周产生弯曲，当弯曲应力超过基础抗弯承载力时，基础底板将发生弯曲破坏，由于独立基础底面的长宽尺寸较为接近，使底板发生双向弯曲，其内力常常采用简化方法计算，即将独立基础的底板视作固定在柱子四周四面挑出的悬臂板，并近似地将地基反力设计值按对角线划分，沿基础长宽两个方向的弯矩 $M_{\mathrm{I}}$、$M_{\mathrm{II}}$，等于梯形基底面积上地基反力设计值对计算截面所产生的弯矩。要求独立基础台阶宽高比≤2.5 的实质是要保证独立基础有必要的抗弯刚度，否则，基础底面上地基反力难以符合线性分布的假定，基础底面上地基反力设计值也不宜按对角线划分，因而也不能按上式计算基础长宽两个方向的弯矩。

② 独立基础的偏心距 $e\leqslant\frac{1}{6}b$，意味着基础底面积上地基反力最小值 $p_{\mathrm{kmin}}\geqslant0$，因而才符合按上述公式计算基础长宽两个方向的弯矩的条件。如果 $e>\frac{1}{6}b$，则独立基础底面与地基土之间将出现零应力区，基础底面上相应于荷载效应标准组合的地基反力最大值将为：

$$p_{\mathrm{kmax}}=\frac{2(F_{\mathrm{k}}+G_{\mathrm{k}})}{3la}$$

式中 $l$——垂直于力矩作用方向的基础底面边长；

$a$——合力作用点至基础底面最大压力边缘的距离。

(2) 基础底板的最小配筋率 配筋方法一：钢筋混凝土独立基础底板每米宽度范围内的配筋取计算配筋和 $1000H\times0.15\%$ (mm$^2$) 的较大值，但不得少于 $\phi10@200$，$H$ 为基础高度，以毫米计。配筋方法二：钢筋混凝土独立基础底板每米宽度范围内的配筋取计算配筋和 $1000H_z\times0.15\%$ (mm$^2$) 的较大值，但不得少于 $\phi10@200$，$H_z$ 为基础截面的折算高度，以毫米计。配筋方法三：钢筋混凝土独立基础底板每米宽度范围内的配筋取计算配筋和 $1000h_1\times0.15\%$ (mm$^2$) 的较大值，但不得少于 $\phi10@200$，$h_1$ 为阶形独立基础第一阶的高度，如图 4-5 所示，以毫米计。阶形独立基础每阶的高度宜为 300～500mm；当 $H \leqslant 500$mm 时为一阶；500mm$<H\leqslant$900mm 时为二阶；$H>$900mm 时为三阶。配筋方法四：钢筋混凝土独立基础底板每米宽度范围内的配筋取计算配筋与 $\phi$10@200 的较大值。

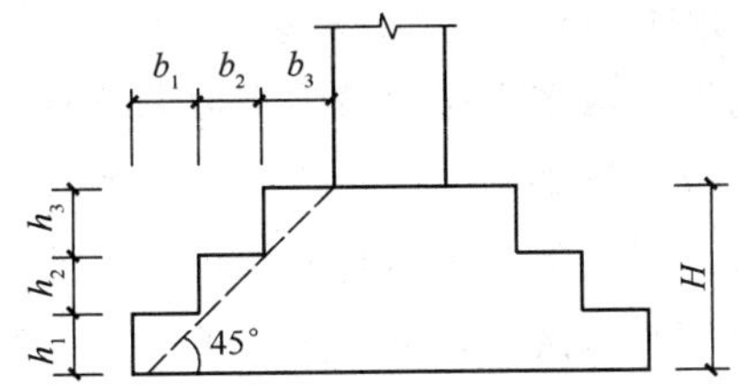


**图 4-5　基础阶高及阶宽示意图**

以上四种配筋做法中，第一种做法：过于安全。第二种做法：也有一定的道理。第四种做法：其配筋与配筋率无关，除满足计算要求外，其最低配筋要求是受力钢筋的最小直径不宜小于 10mm，间距不宜大于 200mm。第三种做法：对于阶形基础，其第一阶多半会伸出从柱边与基础顶面交接处引出的 45°线同基础底面相交线之外，因此该部分可以认为是卧置于地基上受弯矩控制的混凝土板类构件，需满足 $\rho_{min}=0.15\%$的要求。而基础底板底面的其余部分均在 45°角的冲切破坏锥体范围内，其高度（厚度）$H$ 一般由受冲切或受剪切承载能力确定，相对较厚，如果其配筋要求符合 $\rho_{min}=0.15\%$的要求，将会导致独立基础用钢筋量不必要的增加。因此钢筋混凝土柱下独立基础由于是房屋建筑的重要构件，其底板宜按第三种配筋做法配筋。即钢筋混凝土柱下独立基础底板的配筋，除满足计算要求、满足受力钢筋直径不小于 10mm，间距不大于 200mm 的要求外，宜使阶形基础的第一阶满足 $\rho_{min}=0.15\%$的要求。

（3）插筋在基础内的锚固长度　柱纵向受力钢筋应采用 HRB400 级或 HRB335 级热轧带肋钢筋。《建筑地基基础设计规范》（GB 50007—2011）第 8.2.4 条规定：柱纵向受力钢筋的插筋的下端宜做成直钩放在基础底板的钢筋网上，直钩宜$\geqslant 6d$（$d$ 为插筋的最大直径）且不小于 150mm。

当符合下列条件之一时，可仅将四角的插筋伸至底板钢筋网上，其余插筋在基础顶面下锚固 $l_{af}=l_a$（非抗震设计）或 $l_{afF}=l_{aE}$（抗震设计）即可。

① 柱为轴心受压或小偏心受压，基础高度大于等于 1200mm。

② 柱为大偏心受压，基础高度大于等于 1400mm。

当柱纵向受力钢筋的插筋在基础内的保护层厚度大于 $3d$（$d$ 为插筋的最大直径），且在基础内配有箍筋时，柱插筋的最小锚固长度 $l_{af}$ 取 $0.8l_a$（非抗震设计）或 $0.8l_{aE}$（抗震设计）。

当基础高度 $H$ 不满足柱插筋直线段锚固长度要求时，可采用弯折锚固，但柱插筋弯折前的直线段长度不应小于 $0.5l_a$（非抗震设计）或 $0.5l_{aE}$（抗震设计），弯折后的直钩长度可取 $12d$，且不小于 150mm。

（4）在基础的两个主轴方向设置基础系梁情况　一级抗震等级的框架和Ⅳ类场地上的二级框架，各柱基础承受的重力荷载代表值差别较大。基础埋置较深，或各基础埋置深度差别较大。地基主要受力层范围内存在软弱黏性土层、液化土层和严重不均匀土层。桩基承台之间。

注：一般情况下，基础系梁宜设置在基础顶面，其顶标高与基础顶面标高相同。当基础系梁梁底标高高于基础顶面时，应避免在基础系梁与基础之间的柱形成短柱；当基础系梁距基础顶面较远时，基础系梁应按拉梁层（无楼板的框架楼层）进行设计，并参与结构整体计算。

（5）独立基础加防水板的做法　多高层建筑大多数都建有地下室。多高层建筑建地下室时，绝大多数都采用筏板基础或箱形基础（也可以是桩筏基础或桩箱基础）。当为多层框架结构建有地下室且有防水要求（但地下水位不高又无抗浮设计问题）时，如地基较好，也可以选用独立基础加防水板的地下室做法。地下室采用独立基础加防水板的做法也适用于高层建筑的裙房。柱下独立基础加防水板的地下室在设计时应注意以下问题。

① 多层框架结构的地下室采用独立基础加防水板的做法时，柱下独立基础承受上部结构的全部荷载，防水板仅按防水要求设置。柱下独立基础的沉降受很多因素的影响，很难准确计算，因而其沉降引起的地基土对防水板的附加反力也很难准确计算。有的资料介绍说，当防水板位于地下水位以下时，防水板承受的向上的反力可按上部建筑自重的10%加水浮力计算；另一些资料则认为，防水板承受的向上的反力可取水浮力和上部建筑荷载的20%两者中的较大值计算。由此可见，在这种情况下，防水板所受到的向上的反力具有很大的不确定性。所以，当地下室采用独立基础加防水板的做法时，为了减少柱基础沉降对防水板的不利影响，在防水板下宜设一定厚度的易压缩材料，如聚苯板或松散焦渣等。这时，防水板仅考虑地下水浮力的作用，不考虑地基土反力的作用。

② 柱下独立基础的设计计算。

a. 地下室采用柱下独立基础加防水板时，柱下独立基础的设计计算方法与无地下室的多层框架结构相同。基础的底面面积、基础的高度和基础底板的配筋，均应按上部结构整体计算后输出的底层柱底组合内力设计值中的最不利组合并考虑某些附加荷载进行设计计算，不可仅采用静荷载＋活荷载的组合内力来进行设计计算。

b. 下设易压缩材料时，柱下独立基础除承受上部结构荷载及柱基自重外，还应考虑防水板的自重、板面建筑装修荷载和板面使用荷载。这些荷载使柱子的轴向压力增加，设计计算时应计入其影响，增加的轴向力可近似地按柱子的负荷面积计算。当独立基础的设计由$N_{min}$组合内力设计值控制时，则可不考虑作用在防水板上的使用荷载。

c. 柱下独立基础的配筋尚应考虑防水板板底向上荷载的作用影响。当防水板按无梁楼板进行设计计算时，柱下独立基础的最终配筋应取按柱下独立基础计算所需钢筋截面面积与防水板底面在向上竖向荷载（如水浮力等）作用下柱下板带支座所需钢筋截面面积之和。

③ 防水板的设计计算。

a. 当柱网较规则、荷载较均匀时，防水板通常按无梁楼板设计，此时柱基础可视为柱帽（托板式柱帽）。

b. 防水板的配筋应按下列均布荷载计算，并取其配筋较大者：

Ⅰ. 作用在防水板顶面向下的竖向均布荷载，包括板自重、板面装修荷载和等效均布活荷载；

Ⅱ. 作用在防水板底面向上的竖向均布荷载，包括水浮力及防空地下室底板等效静荷载(无人防要求时不计此项荷载)，但应扣除防水板自重和板面装修荷载。

c. 防水板应双向双层配筋，其截面面积除满足计算要求外，尚应满足受弯构件最小配筋率的要求（非人防的或人防的），见《混凝土结构设计规范》(GB 50010—2010) 第 9.5.1 条和《人民防空地下室设计规范》(GB 50038—2005) 第 4.11.7 条。

d. 防水板的厚度不应小于 250mm，混凝土强度等级不应低于 C25，宜采用 HRB335 级或 HRB400 级钢筋配筋，钢筋直径不宜小于 12mm，间距宜采用 150～200mm。

④ 独立基础符合下列情况需在两个主轴方向设置基础系梁时，可在防水板内设置暗梁来代替基础系梁：

a. 一级框架和Ⅳ类场地上的二级框架；

b. 各柱基承受的重力荷载代表值差别较大；

c. 基础埋置较深，或各基础埋置深度差别较大；

d. 地基主要受力层范围内存在软弱黏性土层、液化土层和严重不均匀土层。

注：暗梁的断面尺寸可取 250mm×防水板厚度；暗梁的纵向钢筋可取所连接的两根柱子中轴力较大者的 1/10 作为拉力来计算，且配筋总量不少于 4$\Phi$14（上下各不少于 2$\Phi$14），箍筋不少于ϕ6@200。暗梁的配筋可同时作为防水板的配筋。

⑤ 为了保证带防水板的桂下独立基础有必要的埋深，基础底面至防水板顶面（地下室底板顶面）的距离不宜小于 1.0m。对于防水要求较高的地下室，宜在防水板下铺设延性较好的防水材料，或在防水板上增设架空层。

**6. 筏形基础设计要求**

① 筏形基础的平面尺寸，应根据地基土的承载力、上部结构的布置及荷载分布等因素确定。对于单幢建筑物，在地基土比较均匀的条件下，基底平面形心宜与上部结构竖向永久荷载的重心重合。当不能重合时，在荷载效应准永久组合下，宜通过调整基底面积使偏心距 $e$ 符合下式要求：

$$e \leqslant 0.1W/A$$

式中 $W$——与偏心距方向一致的基础底面边缘的抵抗矩；

$A$——基础底面积。

注：对低压缩性地基或端承桩基的基础，可适当放松上述偏心距的限制，按上式计算时，高层建筑的主楼与裙房可以分开考虑。

② 筏形基础可采用具有反梁的交叉梁板结构，也可采用平板结构（有柱帽或无柱帽），其选型应根据工程地质条件、上部结构体系、柱距、荷载大小、基础埋深及施工条件等综合考虑确定，见表 4-4。

**表 4-4 梁板式和平板式筏形基础综合比较**

| 基础类型 | 材料消耗 | 造价 | 用工量 | 工期 | 基础本身高度（厚度） |
|---|---|---|---|---|---|
| 梁板式 | 低 | 低 | 高 | 较长 | 稍大 |

续表

| 基础类型 | 材料消耗 | 造价 | 用工量 | 工期 | 基础本身高度（厚度） |
|---|---|---|---|---|---|
| 平板式 | 高 | 高 | 低 | 较短 | 稍小 |

注：当地下水位较高、防水要求严格时，可在基础底板上面设置架空层。如为带反梁的筏形基础，应在基础板上表面处的基础梁内留排水洞，其尺寸一般为150mm×150mm。

③ 梁板式筏基底板除计算正截面受弯承载力外，其厚度应满足受冲切承载力和受剪切承载力的要求。对多层建筑的梁板式筏基，其底板厚度不宜小于250mm；对12层以上的高层建筑的梁板式筏基，其底板厚度不应小于400mm。平板式筏基的板厚除应满足受冲切承载力外，其最小厚度也不应小于400mm。

注：在设计交叉梁板式筏形基础时，应注意不能因柱截面较大而使基础梁的宽度很大，造成浪费。在满足$V\leqslant 0.25f_cbh_0$的条件下，当柱宽≤400mm时，梁宽可取大于柱宽，当柱宽>400mm时，梁宽不一定大于柱宽，可采用梁水平加腋的做法。基础梁高也不宜过大，如果不能满足$V\leqslant 0.25f_cbh_0$的条件，也可不必将梁的截面在整个跨内加大，仅需在支座剪力最大部位加腋（竖向加腋或水平加腋）。

④ 筏形基础底板是否外挑，可按以下原则确定：

a. 当地基土质较好，基础底板即使不外挑，也能满足承载力和沉降要求，当有柔性防水层时，基础底板不宜外挑。

b. 当地基土质较好，基础底板即使不外挑，也能满足承载力和沉降要求，当无柔性防水层时，基础底板宜按构造外挑，外挑长度可取0.5～1.0m。

c. 当地基土质较差，承载力或沉降不能满足设计要求时，可根据计算结果将基础底板外挑。挑出长度大于1.5～2.0m时，对于梁板式筏基，应将基础梁与板一同挑出，以减少板的内力。对于平板式筏基，宜设置柱下平板柱帽。

⑤ 筏形基础混凝土的强度等级，应根据耐久性要求按所处环境类别确定，一般情况下，对于多层建筑不宜低于C25，对于高层建筑不宜低于C30；当有防水要求时，混凝土的抗渗等级应根据地下水最大水头$H$与防水混凝土厚度$h$的比值按表4-5确定，且不应低于0.6MPa。

**表4-5　基础防水混凝土的抗渗等级**

| 最大水头$H$与防水混凝土厚度$h$的比值 | 设计抗渗等级/MPa | 最大水头$H$与防水混凝土厚度$h$的比值 | 设计抗渗等级/MPa |
|---|---|---|---|
| $\frac{H}{h}<10$ | 0.6 | $25\leqslant\frac{H}{h}<35$ | 1.6 |
| $10\leqslant\frac{H}{h}<15$ | 0.8 | $\frac{H}{h}\geqslant 35$ | 2.0 |
| $15\leqslant\frac{H}{h}<25$ | 1.2 | | |

筏形基础宜在纵、横方向每隔30～40m留一道施工后浇带，带宽800～1000mm左右。后浇带宜设置在柱距中部1/3范围内。后浇带处梁、板的钢筋可不断开。后浇带的混凝土宜在其

两侧的混凝土浇灌完毕后不少于两个月再进行浇灌。后浇混凝土的强度等级应提高一级，且应采用不收缩混凝土。筏形基础的梁、板，应采用 HRB335 级和 HRB400 级钢筋（包括基础梁箍筋）。梁板式筏基的底板和基础梁的配筋除满足计算要求外，纵、横方向的底部钢筋尚应有 1/3～1/2 贯通全跨，且其配筋率不应小于 0.15%，顶部钢筋按计算配筋全部贯通。

按基底反力直线分布计算的平板式筏基，可按柱下板带和跨中板带分别进行内力分析。柱下板带中，柱宽及其两侧各 0.5 倍板厚且不大于 1/4 板跨的有效宽度范围内，其钢筋配置量不应小于柱下板带钢筋数量的一半，且应能承受部分不平衡弯矩 $\alpha_m M_{unb}$。$M_{unb}$ 为作用在冲切临界截面重心上的不平衡弯矩，$\alpha_m$ 按下式计算：

$$\alpha_m = 1 - \alpha_s$$

式中　$\alpha_m$——不平衡弯矩通过弯曲来传递的分配系数；

$\alpha_s$——不平衡弯矩通过冲切临界截面上的偏心剪力来传递的分配系数，见《建筑地基基础设计规范》（GB 50007—2011）第 8.4.7 条。

平板式筏基柱下板带和跨中板带的底部钢筋应有 $\frac{1}{3}$～$\frac{1}{2}$ 贯通全跨且配筋率不应小于 0.15%；顶部钢筋应按计算配筋全部贯通，作为考虑筏板整体弯曲影响的构造措施。

筏形基础底板钢筋的间距不应太小，宜为 200～300mm，且不应小于 150mm。受力钢筋的直径不宜小于 12mm。梁板式筏基的基础梁，箍筋直径不宜小于 10mm，箍筋间距不应小于 150mm。

筏形基础底板钢筋的接头位置，应选择在底板内力较小的部位，宜采用搭接接头或机械连接接头，不应采用现场电弧焊焊接接头。

筏形基础地梁并无延性要求，其纵向钢筋伸入支座内的锚固长度、箍筋间距、弯钩做法等等均可按非抗震构件的要求进行设计。

⑥ 当地基土比较均匀、上部结构刚度较好、梁板式筏基梁的高跨比或平板式筏基板的厚跨比不小于 1/6（或梁板式筏基梁的线刚度不小于柱线刚度的 3 倍，当为平板式筏基时，梁的刚度可取板的折算刚度），且相邻柱荷载及柱间距的变化不超过 20%时，筏形基础可仅考虑局部弯曲作用。筏形基础的内力，可按基底反力直线分布进行计算，按基底反力直线分布计算的梁板式筏基，其基础梁的内力可按连续梁分析，边跨跨中弯矩及第一内支座的弯矩值宜乘以 1.2 的增大系数。

**7. 桩基础设计要求**

① 当天然地基或人工处理地基的承载力或变形不能满足结构设计要求，经方案比较采用其他类型的基础并不经济，或施工技术上存在困难时，可采用桩基础。

② 建筑结构所采用的桩基础通常是指混凝土预制桩和混凝土灌注桩低桩承台基础。按照桩的性状和竖向受力情况，可分为摩擦型桩和端承型桩。摩擦型桩的桩顶竖向荷载主要由桩的侧阻力承受；端承型桩的桩顶竖向荷载主要由桩的端阻力承受。

③ 设计低承台桩基础时，应当注意以下问题。

a. 应正确选择桩端持力层并确定桩端进入持力层的深度。

b. 具有适当埋深的一般第四纪砂土或碎石类土为一般预制桩和灌注桩较理想的桩端持力层，桩端下持力层的厚度不宜小于 3m。

c. 对于大面积的新近沉积的砂土，当密实度达到中密以上，厚度大于 4m 时，也可作为一般预制桩和灌注桩的桩端持力层。

d. 具有适当埋深的低压缩性黏性土、粉土可作为一般预制桩和灌注桩的桩端持力层，但其厚度应大于 4m。

e. 风化基岩也可以作为桩端持力层，但需经详细勘察，以确定其顶面起伏变化情况、风化程度、风化深度及物理力学性质。

f. 桩端全断面进入持力层的深度，应根据地质条件、竖向承载力要求、桩的类型、施工设备及施工工艺等因素综合考虑确定，宜为桩身直径的 1～3 倍。

g. 对于黏性土、粉土，桩端全断面进入持力层的深度不宜小于 $2d$（$d$ 为桩身直径，以下同）；砂土及强风化软质岩不宜小于 $1.5d$；对于碎石类土及强风化硬质岩不宜小于 $d$ 且不宜小于 0.5m。

h. 嵌岩灌注桩，桩端全断面进入未风化、微风化、中风化硬质岩体的最小深度，不宜小于 0.5m。

i. 当场地有液化土层时，桩身应穿过液化土层进入液化土层以下的稳定土层，进入深度（不包括桩尖部分）应按计算确定；且对碎石土，砾、粗、中砂，坚硬黏性土和密实粉土尚不应小于 0.5m，对其他类非岩石土尚不宜小于 1.5m。

j. 当场地有季节性冻土或膨胀土层时，桩身进入上述土层以下的土层深度应通过抗拔稳定性验算确定，其深度不应小于 4 倍桩径、扩大头直径及 1.5m 的较大值。

④ 桩的平面布置宜符合以下原则。

a. 应力求使各桩桩顶受荷均匀，上部结构竖向永久荷载的合力作用点宜与桩基的承载力合力点重合，并使群桩在承受水平力和弯矩方向有较大的抵抗矩。

b. 在建筑物的四角、转角、内外墙和纵横墙交叉处应布桩，但横墙较密的多层建筑，纵墙也可在与内横墙交叉处两侧布桩，门洞口范围内应尽量避免布桩；在伸缩缝或防震缝处可采用两柱或两墙共用同一承台或承台梁的布桩形式。

c. 钢筋混凝土筒体采用群桩时，在满足桩的最小中心距要求的条件下，桩宜尽量布置在筒体以内或不超出筒体外缘一倍基础底板厚度范围之内。

d. 框架-剪力墙结构中，剪力墙下的布桩量要考虑剪力墙两端应力集中的影响，而剪力墙中和轴附近的桩可按受力情况均匀布置。

e. 条形桩基承台的布桩可沿墙轴线单排布桩，或双排成对布桩，也可双排交错布桩；空旷、高大的建筑物，如食堂、礼堂、单层工业厂房等，不宜采用单排布置。

f. 柱下独立桩基承台，桩的布置可采用行列式或梅花式；柱下独立桩基承台当采用小直径桩时，一般应布置不少于 3 根桩；大直径桩（桩径 $d \geqslant 800$mm）宜采用一柱一桩。

g. 考虑到施工时相邻桩的相互影响和桩身受力的影响，桩的间距不应小于 $3d$。但是，条形桩基承台的外墙或横墙外端处，为便于布置，桩距也可减小到不小于 $2.5d$。一般桩距不宜大于 3.0m。当为柱下独立桩基承台时，桩间距不应小于 $3d$，且应使 $c\geqslant\frac{d}{2}$。

⑤ 桩型选择应合理。桩型的选择应根据建筑物的使用要求、上部结构类型、荷载大小、工程地质情况、施工设备和条件及周围环境等因素综合考虑确定。

a. 预制桩（包括混凝土预制方形桩及预应力混凝土管桩）适宜用于持力层层面起伏不大的强风化岩层、风化残积土层、砂层和碎石土层，且桩身穿过的土层主要为高、中压缩性黏性土层；所穿越土层中存在孤石等障碍物的石灰岩地区、从软塑层突变到特别坚硬层的岩层地区，均不适宜采用预制桩。预制桩的施工方法有锤击法和静压法两种。

b. 沉管灌注桩（包括 $D<500$mm 的小直径桩，$D=500\sim600$mm 的中直径桩）适宜用于持力层层面起伏较大，且桩身穿越的土层主要为高、中压缩性黏性土层；对于桩群密集，且为高灵敏度软土时，则不适宜采用打入式沉管灌注桩。沉管灌注桩的施工质量很不稳定，在工程中的应用受到限制。在饱和土中采用预制桩和沉管灌注桩时，应考虑挤土效应对桩的质量和环境的影响，必要时应采取预钻孔、设置消散超孔隙水压力的砂井、塑料插板、隔离沟等措施。

c. 钻孔灌注桩适用范围最广，通常适宜用于持力层层面起伏较大、桩身穿越各类土层以及夹层多、风化不均、软硬变化大的岩层；如持力层为硬质岩层或地层中夹有大块块石等，则需采用冲孔灌孔桩。钻（冲）孔灌注桩施工时需要泥浆护壁，故施工现场受限制或环境保护有特殊要求时，不宜采用。钻（冲）孔灌注桩桩孔底部渣土的清除是一个十分重要的问题，结构工程师必须依据有关的规定严格要求施工单位遵照执行。一般情况下，清底后孔底沉渣余留厚度应符合：端承桩≤50mm；摩擦端承桩或端承摩擦桩≤100mm；摩擦桩≤200mm。当清底后孔底沉渣超过规定或为了提高桩的承载力并减少桩的沉降量时，可采用中国建筑科学研究院的桩端后压浆技术等措施处理。钻孔灌注桩后压浆技术不仅可以提高桩的承载力 50%以上，而且可以减少桩的沉降量，也有利于通过后压浆的预留孔检查桩身的混凝土质量。

d. 人工挖孔桩适宜用于地下水埋藏较深，或地下水埋藏较浅但能采用井点降水且持力层以上无流动性淤泥质土的地层。成孔过程中可能出现流砂、涌水、涌泥的地层不宜采用人工挖孔桩。采用人工挖孔桩时，应采用钢筋混凝土井圈护壁，并应有通风设施等相应的安全措施。

⑥ 桩基础的单桩竖向承载力应按下列原则确定。

a. 单桩竖向承载力特征值应通过单桩竖向静载荷试验确定。在同一条件下的试桩数量，不宜少于总桩数的 1%，且不应少于 3 根。

b. 当桩端持力层为密实砂卵石或其他承载力类似的土层时，单桩承载力很高的大直径端承型桩，可采用深层平板载荷试验确定桩端土层的承载力特征值 $R_a$。

c. 地基基础设计等级为丙级的建筑物，可采用静力触探及标贯试验参数确定单桩竖向承载力特征值 $R_a$。

d. 初步设计时单桩竖向承载力特征值可按下式估算：

$$R_a=q_{pa}A_p+U_p\sum q_{sia}l_i$$

式中 $R_a$——单桩竖向承载力特征值；

$q_{pa}$、$q_{sia}$——分别为桩端端阻力、桩侧侧阻力特征值，由当地静载荷试验结果统计分析算得；

$A_p$——桩底端横截面面积；

$U_p$——桩身周边长度；

$l_i$——第 $i$ 层岩土的厚度。

当桩端嵌入完整及较完整的硬质岩中时，可按下式估算单桩竖向承载力特征值：

$$R_a = q_{pa} A_p$$

式中 $q_{pa}$——桩端岩石承载力特征值。

e. 嵌岩灌注桩桩端以下三倍桩径范围内应无软弱夹层、断裂破碎带和洞穴分布，并应在桩底应力扩散范围内无岩体临空面。桩端岩石承载力特征值，当桩端无沉渣时，应根据岩石饱和单轴抗压强度标准值按《建筑地基基础设计规范》（GB 50007—2011）第 5.2.6 条确定，或按《建筑地基基础设计规范》（GB 50007—2011）附录 H 用岩基载荷试验确定。

⑦ 桩基础的单桩水平承载力特征值取决于桩的材料强度、截面刚度、入土深度、土质条件、桩顶水平位移允许值和桩顶嵌固情况等因素，应通过现场水平载荷试验确定。必要时可进行带承台的载荷试验，试验宜采用慢速维持荷载法。当作用于桩基上的外力主要为水平力时，应根据使用要求对桩顶位移的限制，对桩基的水平承载力进行验算。当外力作用面的桩距较大时，桩基的水平承载力可视为各单桩的水平承载力的总和。当承台侧面的土未经扰动或回填密实时，应计算土抗力的作用，当水平推力较大时，宜设置斜桩。

⑧ 预制桩的混凝土强度等级不应低于 C30；预应力桩不应低于 C40；灌注桩不应低于 C25，并应符合相应环境类别的要求。桩身混凝土强度应满足桩的承载力设计要求。桩身强度应按下式验算。

a. 桩轴心受压时：

$$Q \leqslant A_p f_c \psi_c$$

式中 $f_c$——混凝土轴心抗压强度设计值；

$Q$——相应于荷载效应基本组合时的单桩竖向力设计值；

$A_p$——桩身横截面面积；

$\psi_c$——工作条件系数，预制桩取 0.75，灌注桩取 0.6～0.7（水下灌注桩或长桩时用低值）。

b. 当桩基承受拔力时，应对桩基进行抗拔验算及桩身抗裂验算。

⑨ 应考虑几种特殊岩土对单桩承载力的影响。

a. 所谓特殊岩土，通常是指岩溶地区的场地土、湿陷性黄土、新填土、欠固结的软土、季节性冻土和膨胀土等。在这类场地上采用桩基础时，应根据有关国家标准和工程实际情况，正确选用桩型、桩的持力层和桩进入持力层的深度，正确确定桩的承载力特征值（包括合理考虑桩的负摩阻力影响），必要时尚应验算桩的受拔力和桩身的稳定性。桩的负摩阻力宜按各地经验数据采用，或由拟建场地岩土工程勘察报告提供，也可按《建筑桩基技术规范》（JGJ 94－2008）的规定计算。

b. 软土地区的桩基础应考虑桩周土自重固结、蠕变、大面积堆载及施工中挤土对桩基的影响；在深厚软土中不宜采用大片密集有挤土效应的桩基础。

c. 位于坡地、岸边的桩基，应进行桩基稳定性验算。

d. 抗震设防地区的桩基，可不进行桩基承载力验算的范围、非液化土中低承台桩基的抗震验算要求、存在液化土层的低承台桩基的抗震验算要求。

⑩ 桩的纵向钢筋的配置。

桩的纵向钢筋应采用 HRB335 级或 HRB400 级钢筋，配筋量除经计算确定外，还应符合下列要求。

a. 打入式预制桩的最小配筋率不宜小于 0.8%；静压式预制桩的最小配筋率不宜小于 0.6%；灌注桩的最小配筋率不宜小于 0.2%～0.65%（小直径桩取大值）；直径≥800mm 的大直径灌注桩的最小配筋率不宜小于 0.4%，且不少于 8 根。

b. 桩基承台和条形承台梁的纵向受力钢筋应采用 HRB335 级或 HRB400 级钢筋，除满足计算要求外，尚应满足受弯构件最小配筋率的要求；柱下独立桩基承台的最小配筋率不应小于 0.15%。

c. 柱下独立桩基承台钢筋的锚固长度自边桩内侧（当为圆桩时，应将其直径乘以 0.8 等效为方桩）算起，不应小于 $35d$（$d$ 为钢筋直径）；当不满足时应将钢筋向上弯折，此时水平段长度不应小于 $25d$，弯折段长度不应小于 $10d$；柱下独立两桩承台，应按《混凝土结构设计规范》（GB 50010—2010）中的深受弯构件配置纵向受拉钢筋、水平及竖向分布钢筋。柱下独立两桩承台和条形承台梁纵向受力钢筋端部的锚固长度及构造应与柱下多桩承台的规定相同。

d. 各类桩的纵向钢筋的配筋长度应符合下列规定：

Ⅰ. 受水平荷载和弯矩较大的桩，配筋长度应通过计算确定；

Ⅱ. 桩基承台下存在淤泥、淤泥质土或液化土层时，配筋长度应穿过淤泥、淤泥质土层和液化土层；

Ⅲ. 坡地岸边的桩、8 度及 8 度以上地震区的桩，抗拔桩、嵌岩端承桩应通长配筋；

Ⅳ. 桩径大于 600mm 的钻孔灌注桩，其构造钢筋的长度不宜小于桩长的 2/3。

⑪ 桩顶嵌入承台内的长度不宜小于 50mm，主筋伸入承台内的锚固长度不宜小于钢筋直径的 35 倍。对于抗拔桩，桩顶纵向主筋的锚固长度应按《混凝土结构设计规范》（GB 50010—2010）的要求确定。对于大直径灌注桩，当采用一柱一桩时，可设置承台或将桩和柱直接连接。桩和柱直接连接时，可参考《建筑地基基础设计规范》（GB 50007—2011）第 8.2.6 条高杯口基础的短柱的截面尺寸要求选择桩的截面尺寸并配筋，柱纵筋插入桩身的长度应满足柱纵筋的锚固长度要求。

⑫ 承台混凝土的强度等级不应低于 C25，并应符合相应环境类别的要求。当承台的混凝土强度等级低于柱或桩混凝土强度等级时，尚应验算柱下或桩上承台的局部受压承载力。

⑬ 桩基承台之间的连接应符合下列要求。

a. 单桩承台，宜在两个互相垂直的方向上设置连系梁。

b. 两桩承台，宜在其短向设置连系梁。

c. 有抗震要求的柱下独立承台，宜在两个主轴方向设置连系梁。

d. 连系梁顶面宜与承台顶面位于同一标高。连系梁的宽度不应小于 250mm，梁的高度可取承台中心距的 1/10～1/15，且不宜小于 400mm。

e. 连系梁的纵向钢筋应采用 HRB335 级或 HRB400 级钢筋，并按计算确定，但不应小于连系梁所拉结的柱子中轴力较大者的 1/10 作为连系梁轴心受拉或轴心受压计算所，需要的钢筋截面面积。连系梁内上、下纵向钢筋的直径不宜小于 14mm，且均不应少于 2 根，并按受拉要求锚入承台内；连系梁的箍筋直径不宜小于 8mm，间距不宜大于 200mm；位于同一轴线上的相邻跨连系梁纵筋应连通。

# 第五章 混凝土结构审查要领及常见问题

## 第一节 审查要领

### 一、文件内容

**1. 结构布置**

① 房屋结构的高度是否在规范、规程规定的最大适用高度以内；房屋结构体系的选择是否合理；超限高层建筑（适用最大高度超限、适用结构类型超限及体型规则性超限的建筑）是否执行了省建设行政主管部门在初步设计阶段的抗震设防专项审查意见。

② 结构平面布置及结构竖向布置是否规则，抗侧力体系的布置、刚度、质量分布是否均匀对称；对不规则结构（扭转不规则、凹凸不规则、平面和竖向不规则、楼板局部不连续等）是否采取了有效措施；不应采用严重不规则的设计方案。

③ 结构竖向高宽比控制、竖向抗侧力构件的连续性及截面尺寸、结构材料强度等级变化是否合理；对竖向不规则结构（侧向刚度不规则、竖向抗侧力构件不连续、楼层承载力突变、竖向局部水平外伸或内缩）及结构伸缩缝、沉降缝、防震缝的设置和构造是否符合规范要求。

④ 主楼与裙房的连接处理是否合理；当主楼与裙房间不设缝时是否进行了必要的计算并采取了有效措施。

⑤ 转换层结构选型是否合理，转换层结构上下楼板及抗侧力构件是否按规范要求进行了加强。

⑥ 建筑及设备专业对结构的不利影响，例如建筑开角窗及设备在梁上开洞等，是否已采取了可靠措施。

⑦ 房屋局部采用小型钢网架、钢桁架、钢雨篷等钢结构时，与主体结构的连接应安全可靠，结构计算、构造、加工制作及施工安装应符合规范要求。

⑧ 填充墙、女儿墙和其他非结构构件及其与主体结构的连接是否符合规范的规定，是

否安全可靠。

⑨ 框架结构抗震设计时，不应采用部分由砌体墙承重的混合形式；框架结构中楼、电梯间及局部出屋顶的电梯机房、楼梯间、水箱间等，应采用框架承重，不得采用砌体墙承重；抗震设计时，甲、乙类建筑以及高度大于 24m 的丙类建筑不应采用单跨框架结构，高度大于 24m 的丙类建筑不宜采用单跨框架结构。

⑩ 框架及框架-剪力墙结构应设计成双向抗侧力体系；抗震设计时，框架-剪力墙结构两主轴方向均应布置剪力墙。

⑪ 抗震设计的框架-剪力墙结构，应根据在规定的水平力作用下结构底层框架部分承受的地震倾覆力矩与结构总地震倾覆力矩的比值，确定相应的设计方法，并应符合《高层建筑混凝土结构技术规程》(JGJ 3—2010) 第 8.1.3 条的规定。

⑫ 采用短肢剪力墙结构时，应符合《高层建筑混凝土结构技术规程》(JGJ 3—2010) 第 7.2.2 条的规定。

⑬ 框架-核心筒结构的周边柱间必须设置框架梁。

⑭ 复杂高层建筑结构的适用范围、结构布置、抗震措施、构造要求是否符合《高层建筑混凝土结构技术规程》(JGJ 3—2010) 第 10 章的有关规定。

⑮ 高层建筑楼板有较大开洞时是否满足《高层建筑混凝土结构技术规程》(JGJ 3—2010) 第 3.4.6 条的规定。

⑯ 高层结构顶层取消部分墙、柱形成空旷房间时，是否采取了有效构造加强措施。

⑰ 混合结构高层建筑的适用范围、结构布置、抗震措施、构造要求是否符合《高层建筑混凝土结构技术规程》(JGJ 3—2010) 第 11 章的有关规定。

⑱ 异形柱的结构体系、结构布置、抗震等级是否满足《混凝土异形柱结构技术规程》(JGJ 149—2006) 第三章的要求。

⑲ 筒体结构设计是否满足《高层建筑混凝土结构技术规程》(JGJ 3—2010) 第 9 章的要求。

⑳ 地下室顶板作为上部结构的嵌固部位是否明确、合理；当为嵌固部位时是否按《建筑抗震设计规范》(GB 50011—2010) 第 6.1.14 条采取加强措施。

㉑ 建筑抗震设计时，抗震设防类别的确定是否正确；当抗震设防类别为甲、乙类时，抗震措施是否加强。

㉒ 特殊位置楼板（如转换层、屋面）是否采取了加强措施。

㉓ 井子形等外伸长度较大的高层建筑是否按《高层建筑混凝土结构技术规程》(JGJ 3—2010) 第 3.4.7 条采取了加强措施。

**2. 结构计算**

① 结构平面简图和荷载平面简图是否正确。

② 抗震设计时，地震作用计算原则是否符合规范《建筑抗震设计规范》(GB 50011—2010) 第 5.1 节的要求。

③ 需进行时程分析时，岩土工程勘察报告是否提供了相关资料，地震波和加速度有效

峰值等计算参数的取值是否正确。

④ 薄弱层和薄弱部位的判别、验算及加强措施是否正确及有效。

⑤ 转换层上下部结构和转换层结构的计算模型和所采用的软件是否正确；转换层上下层结构侧向刚度比是否符合规范、规程规定；转换层结构（框支梁、柱、落地剪力墙底部加强部位及转换层楼板）的截面尺寸、配筋和构造是否符合规范的要求。

⑥ 体型复杂、结构布置复杂的高层建筑应至少采用两个不同力学模型的结构分析软件进行整体计算。

⑦ B级高度的高层建筑结构和《高层建筑混凝土结构技术规程》（JGJ 3—2010）第10章规定的复杂高层建筑结构计算应符合《高层建筑混凝土结构技术规程》（JGJ 3—2010）第5.1.13条的规定。

⑧ 异形柱的结构计算分析及截面设计是否满足《混凝土异形柱结构技术规程》（JGJ 149—2006）第4章、第5章的要求。

⑨ 对于特别重要或对风荷载比较敏感的高层建筑，承载力设计时应按基本风压的1.1倍采用。

⑩ 计算各振型地震影响所采用的结构自振周期是否考虑非承重墙的刚度影响予以折减。

⑪ 计算位移比、周期比等参数时是否采用了刚性楼板假定。

⑫ 采用底部剪力法计算地震作用时，突出屋面的屋顶间、女儿墙等的地震作用是否放大。

⑬ 高层建筑结构顶层取消部分墙、柱形成空旷房间时，计算模型是否合理。

⑭ 竖向地震作用计算应符合《建筑抗震设计规范》（GB 50011—2010）第5.3节的规定。

⑮ 受力复杂的结构构件宜进行应力分析并按计算结果校核配筋设计。

⑯ 高层结构计算是否有偶然偏心、薄弱层弹塑性变形计算等内容。

⑰ 特殊结构和构件需补充手算复核资料。

⑱ 结构计算的分析判断：结构计算总信息参数输入是否正确，自振周期、振型、层侧向刚度比、带转换层结构的等效侧向刚度比、楼层地震剪力系数、有效质量系数等是否在工程设计的正常范围内并符合规范、规程要求；层间弹性位移（含最大位移与平均位移的比）、弹塑性变形验算时的弹塑性层间位移；首层墙、柱轴压比、混凝土强度等级及断面变化处的墙、柱轴压比、柱有效计算长度系数等是否符合规范规定。当框架部分承受的地震倾覆力矩大于结构总地震倾覆力矩的50%但不大于80%时，框架部分的抗震等级和轴压比限值宜按框架结构的规定采用。当框架部分承受的地震倾覆力矩大于结构总地震倾覆力矩的80%时，框架部分的抗震等级和轴压比限值应按框架结构的规定采用。剪力墙连梁超筋、超限是否按《高层建筑混凝土结构技术规程》（JGJ 3—2010）第7.2.26条的要求进行了调整和处理。

⑲ 预应力混凝土结构构件，是否根据使用条件进行了承载力计算及变形、抗裂、裂缝宽度、应力及端部锚固区局部承压等验算；是否按具体情况对制作、运输及安装等施工阶段进行了验算。

⑳ 板柱节点的破坏往往是脆性破坏，在设计无梁楼盖板柱节点时，必须按《混凝土结构设计规范》（GB 50010—2010）附录 F 进行计算，并留有必要的余地。

**3. 结构配筋**

① 梁、板、柱和剪力墙的配筋应满足计算结果及规范的配筋构造要求。

② 框架-剪力墙结构的剪力墙，当有边框柱而无边框梁时应设暗梁，当无边框柱时还应设边缘构件。

③ 剪力墙厚度及剪力墙和框支剪力墙底部加强部位的确定应符合规范、规程的规定。

④ 采用预应力结构时，应符合有关规范的规定。

⑤ 剪力墙开洞形成独立小墙肢按柱配筋时，其箍筋配置除符合框架柱的要求外，还应符合剪力墙水平筋的配筋要求。

⑥ 当剪力墙或核心筒墙肢与其平面外相交的楼面梁刚接时，应按《高层建筑混凝土结构技术规程》（JGJ 3—2010）第 7.1.6 条的要求采取措施增大墙肢抵抗平面外弯矩的能力，楼面梁的水平钢筋应伸入剪力墙或扶壁柱，伸入长度应符合钢筋锚固要求。

⑦ 剪力墙结构设角窗时，该处 L 形连梁应按双悬挑梁复核，该处墙体和楼板应专门进行加强。

⑧ 受力预埋件的锚筋和电梯机房等处的吊环，严禁使用冷加工钢筋。

⑨ 跨高比≥5 的连梁宜按框架梁进行设计，不宜将楼面主梁支承在剪力墙之间的连梁上。

⑩ 筒体结构的内筒的抗震构造措施是否符合规范、规程的规定。

⑪ 带转换层结构的转换层设置高度、落地剪力墙间距、框支柱与落地剪力墙的间距，是否符合《高层建筑混凝土结构技术规程》（JGJ 3—2010）第 10.2 节的有关规定。

⑫ 结构伸缩缝的最大间距超过规范规定时，是否采取了减少温度作用和混凝土收缩对结构影响的可靠措施。

⑬ 剪力墙开洞处是否采取了加强措施。

⑭ 当悬挑梁跨度较小时需按牛腿进行构造设计。

⑮ 异形柱的结构构造设计是否满足《混凝土异形柱结构技术规程》（JGJ 149—2006）第六章的要求。

⑯ 建筑非结构构件的抗震构造措施是否满足《建筑抗震设计规范》（GB 50011—2010）第 13.3 节规定。

**4. 预应力结构**

① 预应力混凝土结构构件设计应符合《混凝土结构设计规范》（GB 50010—2010）第 10.1.1 条的要求。

② 有抗震设防要求的工程采用部分预应力混凝土结构时，应注意是否符合《混凝土结构设计规范》（GB 50010—2010）第 11.8.1 条～11.8.5 条及《建筑抗震设计规范》（GB 50011—2010）附录 C 的规定，并配置了足够数量的非预应力钢筋。

③ 预应力筋用锚具、夹具和连接器的性能要求应符合《预应力筋用锚具、夹具和连接

器应用技术规程》(JGJ 85—2010) 第 3 节要求。

④ 锚具、夹具和连接器的选用应符合《预应力筋用锚具、夹具和连接器应用技术规程》(JGJ 85—2010) 第 4 节的要求。

**5. 结构耐久性**

① 混凝土结构应根据设计使用年限和环境类别进行耐久性设计，耐久性设计包括下列内容：

a. 确定结构所处的环境类别；

b. 提出对混凝土材料的耐久性基本要求；

c. 确定构件中钢筋的混凝土保护层厚度；

d. 不同环境条件下的耐久性技术措施；

e. 提出结构使用阶段的检测与维护要求。

② 混凝土结构的耐久性设计应符合《混凝土结构耐久性设计规范》(GB/T 50476—2008) 和《混凝土结构设计规范》(GB 50010—2010) 第 3.5 节的有关规定。

## 二、审查内容

**1. 结构布置**

① 房屋结构高度和结构竖向高宽比的控制。

② 结构平面布置和竖向布置的合理性。

③ 竖向抗侧力构件的连续性及截面尺寸、结构材料强度等级变化是否合理。

④ 抗震墙、抗侧力体系及底部加强区的布置。

⑤ 三缝（伸缩缝、沉降缝和抗震缝）的设置和构造是否符合规范要求。

⑥ 非主体结构（如小型钢网架、钢桁架、钢雨篷等）与主体结构的连接应安全可靠。

**2. 结构计算**

① 材料强度设计值的选用和结构承载力计算。

② 荷载取值及有关系数的采用。

③ 设防烈度、场地类别、抗震等级和地震作用的计算原则。

④ 计算方法、计算原则、结构类型、程序和计算简图。

⑤ 输入信息、输出成果及判断。

⑥ 框支剪力墙结构转换层上下刚度比。

⑦ 短肢剪力墙和异形柱的计算，包括：抗震等级、轴压比、配筋率、配箍率。

⑧ 层间弹性位移（含最大位移与平均位移的比）、弹塑性层间位移；首层墙、柱轴压比。

⑨ 结构薄弱层的判断和验算。

⑩ 扭转位移比和周期比。

⑪ 大跨度梁板应验算其挠度和裂缝是否满足规范的要求。

**3. 结构配筋**

① 混凝土梁、柱和剪力墙的截面尺寸、配筋和构造（包括抗震设计时框架梁、柱箍筋加密）。

② 短肢剪力墙和异形柱的配筋和构造。

③ 混凝土保护层，钢筋锚固和搭接。

④ 受力预埋件锚筋、吊环（HPB300 级钢筋）的构造并严禁使用冷加工钢筋。

⑤ 伸缩缝、沉降缝和抗震缝的构造或不设缝的措施。

⑥ 薄弱层的加强措施。

⑦ 转换层的框支梁、柱和剪力墙截面、配筋和构造。

⑧ 单元之间或主楼与裙房之间的处理。

# 第二节　常见问题

## 一、结构布置问题

### 1. 结构单元尺寸超过规定

温度变化和混凝土干缩会使混凝土结构产生裂缝。为了把这种裂缝控制在规范允许的范围内，使裂缝不致影响结构的正常使用和耐久性，《混凝土结构设计规范》（GB 50010—2010）和《高层建筑混凝土结构技术规程》（JGJ 3—2010）都给出了钢筋混凝土结构伸缩缝的最大间距的规定，如表 5-1 所示。

**表 5-1　钢筋混凝土结构伸缩缝最大间距**　　单位：m

| 结构类别 | | 室内或土中 | 露天 |
|---|---|---|---|
| 排架结构 | 装配式 | 100 | 70 |
| 框架结构 | 装配式 | 75 | 50 |
| | 现浇式 | 55 | 35 |
| 剪力墙结构 | 装配式 | 65 | 40 |
| | 现浇式 | 45 | 30 |
| 挡土墙、地下室墙壁等类结构 | 装配式 | 40 | 30 |
| | 现浇式 | 30 | 20 |

在建筑产品商品化的大趋势下，通过设置伸缩缝把过长过宽的建筑物分成较小的独立结构单元，显然是必要的，尤其是住宅建筑。但在实际工程设计中，常常由于建筑功能的需要、抗震的要求，以及其他各种原因无法对结构分缝，有的工程分缝后导致结构体系不够合

理，有的分缝后建筑立面处理不当，有的工程分缝后每一个结构单元的长度还是超过了规范的最大伸缩缝间距。《混凝土结构设计规范》（GB 50010—2010）第 8.1.3 条指出，当有“充分依据和可靠措施”时，可适当增大建筑物伸缩缝的间距。要注意的是，这里所指的“充分依据和可靠措施”不应仅理解为已建成的工程这么做了，而应进行必要的全面分析和计算慎重考虑各种不利因素对结构内力和裂缝的影响，决定应采取的措施。因为已建成的工程即使不出现裂缝问题，也并不说明照此办法做的其他工程也不会出现问题。

对于超过规范限值的结构，设计和审查人员应慎重对待，对于要求不高，使用上无特殊要求的建筑，其伸缩缝最大间距应符合规范要求，特别是住宅楼工程，一旦出现裂缝，无论裂缝对结构安全造不造成影响，都会引起住户的恐慌心理。因为许多商品住宅施工质量降低，其他一些措施在实际施工中并未得到真正落实，房屋质量投诉越来越多。

因此本着对住户负责的态度，各地相应出台了住宅质量通病防治措施，并将其列入审查内容，因此一般情况下应严格把握，没有十分可靠的措施不能随意放宽限制。对于公共建筑，则可以根据工程情况以及所采取的措施，适当加大伸缩缝间距。而设置后浇带无疑是减小混凝土收缩效应的重要措施之一，但决不应将后浇带等同于伸缩缝或用后浇带代替伸缩缝，因为两者的作用完全不同。

关于增大建筑物伸缩缝间距的措施，除了设置后浇带外，其他主要措施是：采用收缩小的水泥、减少水泥用量和水灰比、保湿养护、采用膨胀剂补偿混凝土收缩、局部加强配筋、施加预应力、加强保温隔热措施、设置滑移层解除约束、在建筑物顶部留局部伸缩缝。

**2. 后浇带平面布置不当**

施工后浇带是整个建筑物，包括基础及上部结构施工中的预留缝（“缝”很宽，故称为“带”），待主体结构完成，将后浇带混凝土补齐后，这种“缝”即不存在，既在整个结构施工中解决了高层主楼与低层裙房的差异沉降，又达到了不设永久变形缝的目的。这种后浇带一般具有多种变形缝的功能，设计时应考虑以一种功能为主，其他功能为辅。

后浇带的留设和其位置皆由设计确定。现行《高层建筑混凝土结构技术规程》（JGJ 3—2010）、《地下工程防水技术规范》（GB 50108—2008）、《高层建筑筏形与箱形基础技术规范》（JGJ 6—2011）、《混凝土结构设计规范》（GB 50010—2010）、《建筑地基基础设计规范》（GB 50007—2011）及不同版本的建筑结构构造图集中，对后浇带的构造要求都有详细的规定。由于规范由不同的专家组编写，其内容和要求有所不同，各有偏重，不可避免地存在一些差异。

后浇带的留置宽度一般为 700～1000mm，设计中常采用的有 800mm、1000mm、1200mm 三种。后浇带的接缝形式有平直缝、阶梯缝、槽口缝和 X 形缝四种形式。后浇带内的钢筋，有全断开再搭接，有不断开另设附加筋的处理方法。后浇带混凝土的补浇时间，有的规定不少于 14d，有的规定不少于 42d，有的规定不少于 60d，有的规定封顶后 28d。后浇带的混凝土配制及强度，有的要求原混凝土提高一级强度等级，也有的要求用同等级或提高一级的无收缩混凝土浇筑。养护时间规定不一致，有 7d、14d 或 28d 等几种时间要求。

上述差异的存在给施工带来诸多不便，有很大的可伸缩性，所以设计人员应认真理解各规范的要求，根据本工程的特点、性质，灵活地应用规范规定，才能有效地保证工程质量。

《高层建筑混凝土结构技术规程》(JGJ 3—2010) 第 3.4.13 条规定“每 30～40m 间距留出施工后浇带，带宽 800～1000mm，钢筋采用搭接接头，后浇带混凝土宜在 45d 后浇筑”。建议具体工程应结合建筑物长度、气候环境特点综合考虑，后浇带长度一般应控制在 30m 左右。

后浇带的位置要求如下。

① 小跨梁开间或受力较小的部位，一般可在梁跨三分之一处设置。

② 平面布置时要注意后浇带的布置宜平行于梁以免梁截断太多。

③ 视建筑具体情况可沿平面曲折通过。

④ 后浇带内梁板纵向钢筋处理做法如下。

a. 梁板钢筋均先断开后搭接（《高层建筑混凝土结构技术规程》(JGJ 3—2010) 要求），但由于梁钢筋搭、焊接处理困难，质量不易保证，易给结构造成隐患。

b. 板钢筋断开，梁钢筋直通不断。目前工程采用较多，但由于截断梁较多时，钢筋全部不断会约束混凝土收缩，达不到预期效果。

**3. 抗震框架结构不宜采用单跨框架**

①《建筑抗震设计规范》(GB 50011—2010) 第 6.1.5 条规定：甲、乙类建筑以及高度大于 24m 的丙类建筑，不应采用单跨框架结构；高度不大于 24m 的丙类建筑不宜采用单跨框架结构。

②《高层建筑混凝土结构技术规程》(JGJ 3—2010) 第 6.1.2 条规定：抗震设计的框架结构不应采用单跨框架。其主要原因是单跨框架结构系由 2 根柱子、1 根或若干根横梁组成，超静定次数较少，耗能能力较弱，一旦柱子出现塑性铰（在强震作用下不可避免），发生连续倒塌的可能性很大。

**4. 建筑平面不规则**

(1) 扭转不规则　单向偶然偏心地震作用下的位移比超过 1.2。扭转特别不规则的类型包括以下两种。

① A 类高层建筑：单向偶然偏心地震作用下的位移比超过 1.5，或者 $T_t/T_1>0.90$。

② B 类高层建筑、混合结构、复杂高层：单向偶然偏心地震作用下的位移比超过 1.4，或者 $T_t/T_1>0.85$。

(2) 楼板局部不连续　一般不规则：有效宽度 $B_e$ 小于典型宽度 $B$ 的 50%，即 $B_e<0.5B$；开洞面积 $A_t$ 大于楼面面积 $A$ 的 30%。特别不规则：有效净宽度 $B_e$ 小于 5m 或一侧楼板最小有效宽度小于 2m。

(3) 控制不规则性　《建筑抗震设计规范》(GB 50011—2010) 3.4.1 条规定：建筑设计应符合抗震概念设计的要求，不规则的建筑方案应按规定采取加强措施；特别不规则的建筑方案应进行专门研究和论证，采取特别的加强措施；不应采用严重不规则的设计方案。规范、规程对扭转不规则主要按以下两方面控制。

① 在考虑偶然偏心影响的地震力作用下，楼层竖向构件的最大弹性水平位移（或层间位移），A 级高度高层建筑不宜大于该楼层两端弹性水平位移（或层间位移）平均值的 1.2 倍，不应大于该楼层平均值的 1.5 倍；B 级高度高层建筑、混合结构高层建筑、复杂高层建筑，不宜大于该楼层两端弹性水平位移（或层间位移）平均值的 1.2 倍，不应大于该楼层平均值的 1.4 倍。

② 结构扭转为主的第一自振周期 $T_t$ 与平动为主的第一自振周期 $T_1$ 之比：A 级高度高层建筑不应大于 0.9，B 级高度的高层建筑、混合结构高层建筑、复杂高层建筑不应大于 0.85。

对多、高层建筑均要控制建筑平面布置的规则性；对多层建筑，《建筑抗震设计规范》（GB 50011—2010）并未提到结构周期比的控制问题，《高层建筑混凝土结构技术规程》（JGJ 3—2010）同时要求控制扭转周期与平动周期的比。

一些情况下可以有条件地适当放松扭转位移比的限制条件；当计算的最大水平位移、层间位移值很小时，扭转位移比的控制可略有放宽。

当楼层最大层间位移角之绝对值很小时，《高层建筑混凝土结构技术规程》（JGJ 3—2010）第 4.3.5 条的限制可以适当放松。

当层间位移角不大于位移角限值的 1/3，扭转位移比的控制可略有放宽。

对于带有较大裙房的高层建筑，当裙房高度不大于建筑总高度的 20%、裙房楼层的最大层间位移角不大于 1/3000 时，位移比限值可以适当放松。

如果通过计算不能满足要求时，应优先调整结构的布置，使其满足规范要求。

调整结构的平面扭转不规则需要设计者灵活运用“加减法”。

**5. 剪力墙的布置要求**

① 剪力墙结构应具有较好的空间工作性能，因此剪力墙结构中的剪力墙应双向布置，以便形成空间结构，抗震设计的剪力墙结构，应避免单向布置剪力墙，并宜使剪力墙结构两个方向的抗侧刚度相接近。剪力墙墙肢的截面宜简单、规则。由于剪力墙的抗侧刚度及承载力均较大，为了充分利用剪力墙的能力，减轻结构自重，增大剪力墙结构的可利用空间，剪力墙不宜布置得太密；剪力墙结构的抗侧刚度也不宜过大，具有适宜的抗侧刚度即可。

② 剪力墙的布置对结构的抗侧刚度有很大的影响，剪力墙沿高度宜连续布置，以避免造成结构沿高度发生刚度突变；但允许沿高度改变剪力墙的厚度和混凝土的强度等级，或减少部分剪力墙墙肢，使结构抗侧刚度沿高度逐渐减小。

③ 抗震设计的剪力墙结构应具有足够的延性，高宽比不小于 2 的细高剪力墙容易设计成弯曲破坏的延性剪力墙。因此，当剪力墙长度很大时，为了满足每个墙段高宽比大于 2 的要求，可以通过开设洞口将长墙分成长度较小、较均匀的独立墙段，每个墙段可以是整体墙或整体小开口墙，也可以是联肢墙。分隔墙段的洞口连梁宜采用约束弯矩较小的弱连梁（跨高比大于 6 的连梁一般称为弱连梁）。墙段长度较小时，受弯产生的裂缝较小，墙体的配筋能够充分发挥作用，因此，墙段的长度（即墙段截面高度）不宜大于 8m。当墙段的长度大于 8m 时，应通过开设结构洞的方法将墙段分成若干墙肢，每个墙肢的截面高度不宜大于 8m。

**6. 剪力墙洞口的布置要求**

① 剪力墙宜规则开洞，门窗洞口宜上下对齐成列、成排布置，能形成明确的墙肢和连梁，应力分布比较规则，与当前普遍应用的程序的计算简图较为符合，设计结果安全可靠。同时，洞口的布置宜避免使墙肢的刚度相差悬殊，也宜避免形成截面高度与厚度之比小于 5 的墙肢。

② 错洞剪力墙和叠合错洞剪力墙，二者都是不规则开洞的剪力墙，其应力分布复杂，容易造成剪力墙的薄弱部位，常规计算方法无法获得其实际内力，构造亦比较复杂。剪力墙

的底部加强部位，是塑性铰出现及保证结构安全的重要部位，抗震等级为一、二级和三级时，不宜采用错洞布置的剪力墙。当无法避免错洞墙时，则宜控制错洞墙洞口间水平距离不小于 2m，设计时应仔细计算分析，并在洞口周边采取有效的加强措施。对于叠合错洞墙，抗震等级为一、二、三级的剪力墙所有部位（底部加强部位和上部非加强部位）均不宜采用。当无法避免叠合错洞布置时，应按有限元方法仔细计算分析，并在洞口周边采取有效的加强措施；也可采用其他轻质材料填充将叠合洞口转化为规则洞口的剪力墙结构。

③ 具有不规则洞口的剪力墙的内力和位移计算应符合《高层建筑混凝土结构技术规程》(JGJ 3—2010) 第 5 章的有关规定。目前除了平面有限元方法外，尚没有更好的简化方法计算。具有不规则洞口的剪力墙结构，整体计算时，不宜采用杆系或薄壁杆系模型的软件，宜采用空间有限元分析与设计软件；当采用杆系、薄壁杆系模型或对洞口作了简化处理的其他有限元模型时，应对不规则开洞墙的计算结果进行分析判断，必要时应进行补充计算和校核。

**7. 框架-剪力墙结构的布置要求**

① 框架-剪力墙结构应设计成双向抗侧力体系。抗震设计时，结构两主轴方向均应布置剪力墙。在框架-剪力墙结构中，剪力墙是主要的抗侧力构件。如果仅在一个主轴方向布置剪力墙，将会造成两个主轴方向的抗侧力刚度悬殊，无剪力墙的一个方向刚度不足且带有纯框架的性质，与有剪力墙的另一方向不协调，地震时容易造成结构整体扭转破坏。

② 框架-剪力墙结构中，主体结构构件之间除个别节点外不应采用铰接；梁与柱或柱与剪力墙的中线宜重合；框架梁、柱中心线之间有偏离时，其偏心距不宜大于柱截面在该方向宽度的 1/4，如偏心距大于该方向柱宽的 1/4，可采取增设梁的水平加腋等措施。设置水平加腋后，仍须考虑梁柱偏心的不利影响，并采取加强措施。框架-剪力墙结构中，主体结构构件之间的连接应采用刚接，目的是要保证整体结构的几何不变和刚度的发挥；同时较多的赘余约束对结构在大震作用下的稳定性是有利的。当个别梁与柱或剪力墙需要采用铰接连接时，要注意保证结构的几何不变性，同时注意使结构的整体计算简图与之相符。

③ 框架-剪力墙结构中，由于剪力墙的刚度较大，其数量和布置不同时，对结构整体刚度和刚心位置的影响很大，因此，调整好剪力墙的布置和数量，是框架-剪力墙结构设计的重要问题。首先，剪力墙的墙量要适当，过少刚度不足，而过多则刚度过大，反而会引起更大的地震作用效应。其次，应通过剪力墙布置位置的改变，使整体结构的刚心尽量与其质心重合或接近，以免引起结构的过大扭转。框架-剪力墙结构中，剪力墙宜按照周边、均匀、分散、对称的原则布置并符合下列要求。

a. 剪力墙宜均匀布置在建筑物的周边附近、楼梯间、电梯间、平面形状变化及恒荷载较大的部位；考虑到施工支模困难，一般在伸缩缝、沉降缝和防震缝两侧不宜同时布置剪力墙；剪力墙的间距不宜过大，宜满足楼盖平面刚度的要求，否则应考虑楼盖平面变形的影响。

b. 平面形状凹凸较大时，宜在凸出部分的端部附近布置剪力墙。

c. 纵横剪力墙宜组成 L 形、T 形和 [形等形式，以增加抗侧刚度和抗扭能力。

d. 单片剪力墙底部承担的水平剪力不宜超过结构底部总水平剪力的 40%，以免受力过分集中；较长的剪力墙宜通过开设洞口而形成墙肢长度不大于 8m 的联肢墙。

e. 剪力墙宜贯通建筑物全高，不宜中断，以避免刚度突变；墙厚沿高度宜逐渐减薄，并与混凝土强度等级降低的楼层错开；当剪力墙不能全部贯通建筑物全高时，部分剪力墙中断后，相邻楼层刚度的减弱不宜大于30%，并应对墙中断处的楼层楼板采取加厚、双层双向配筋等加强措施；剪力墙开洞时，洞口宜上下对齐。

f. 楼电梯间、竖井等部位楼板开设大洞口，削弱严重，宜在洞边布置剪力墙，并尽量与靠近的框架或剪力墙的布置相结合，使之形成连续、完整的抗侧力结构，避免孤立地布置在单片的抗侧力结构或柱网以外的中间部位。

g. 纵向剪力墙宜布置在结构单元的中间区段内，当房屋纵向长度较长时，不宜集中在两尽端布置纵向剪力墙，如果纵向剪力墙布置在房屋的两尽端，中间部分的楼盖在混凝土收缩或温度变化时，会因房屋两端抗侧刚度较大的剪力墙的约束而容易出现裂缝。

h. 抗震设计时，剪力墙的布置宜使结构各主轴方向的侧向刚度相接近，并尽量减小、结构的扭转影响。剪力墙布置在建筑物的周边附近，目的是使它既发挥抗扭作用又减小位于周边而受室外温度变化的不利影响；布置在楼电梯间、平面形状变化和凸出较大处是为了弥补平面的薄弱部位；把纵、横剪力墙组成L形、T形等非一字形是为了发挥剪力墙自身的刚度；单片剪力墙承担的水平剪力不宜超过结构底部总水平剪力的40%，目的是要避免该片剪力墙对刚心位置影响过大且一旦破坏对整体结构不利，也是为了避免其基础承担过大的水平力等。当建筑平面为长矩形或平面有一部分为长条形（平面长宽比较大）时，在该部位布置的剪力墙除应有足够的总体刚度外，各片剪力墙之间的距离不宜过大。因为间距过大时，两墙之间的楼盖不能满足平面内刚性的要求，造成处于该区间的框架不能与邻近的剪力墙协同工作而增加负担。当两墙之间的楼盖开大洞时，该段楼盖的平面刚度更差，墙的间距应再适当缩小。

i. 在框架-剪力墙结构中，剪力墙布置时，如因建筑功能要求，纵向或横向有一个方向上无法设置剪力墙时，该方向可采用壁式框架或支撑框架等抗侧力结构，但是，结构在水平力作用下，两个方向的位移应接近。壁式框架的抗震等级应按剪力墙的抗震等级确定。

j. 非抗震设计时，框架-剪力墙结构中剪力墙的数量和布置，应使结构满足承载力和位移要求。

**8. 框架-核心筒结构的布置要求**

(1) 平面布置要求　建筑平面形状及核心筒布置与位置宜简单、规则、对称，单筒体的框架、核心筒结构一般采用方形、圆形、椭圆形、正多边形、三角形和矩形平面，当采用矩形平面布置时，平面的长宽比不宜大于1.5，不应大于2.0。

核心筒较小边尺寸与相应建筑平面宽度之比不宜小于0.4。

框架-核心筒结构的周边柱间必须设置框架梁；框架梁、柱中心线宜重合，当不能重合时，宜采取梁端水平加腋，使梁端加腋后的截面中心线与柱中心线重合或接近重合，框架柱的间距一般都大于4m，最大柱距可以达到8～9m。

核心筒与外框架间的中距，非抗震设计时大于12m，抗震设计时大于10m，宜采取另设内柱等措施，以减小框架梁高对结构层高的影响。

核心筒应具有良好的整体性，墙肢的布置宜均匀、对称；墙肢截面形状宜简单、规则，截面形状复杂的墙体可按应力进行配筋。

核心筒外墙不宜在水平方向连续开洞，洞间墙肢的截面高度不宜小于1.2m；当洞间墙肢的截面高度与厚度之比小于3时，其配筋宜按框架柱要求进行设计计算，底部加强部位纵向钢筋的配筋率不应小于1.2%，一般部位不应小于1.0%，箍筋宜沿墙肢全高加密；核心筒外墙角部附近不宜开洞，当不可避免时，筒角内壁至洞口边的距离不应小于500mm和开洞墙的截面厚度。

核心筒外墙的截面厚度不应小于层高的1/20及200mm，对按一、二级抗震等级设计的底部加强部位，核心筒外墙截面厚度不宜小于层高的1/16及200mm，不满足时，应按《高层建筑混凝土结构技术规程》(JGJ 3—2010) 附录D计算墙体的稳定性，必要时可增设扶壁柱；在满足承载力要求以及轴压比限值（仅对于抗震设计）时，核心筒内墙厚度可适当减薄，但不应小于160mm。

(2) 竖向布置要求　核心筒是框架-核心筒结构的主要抗侧力结构，应尽量贯通建筑物全高，并要求其具有较大的侧向刚度，侧向刚度沿竖向宜均匀变化；核心筒的宽度不宜小于筒体总高度的1/12；当筒体结构设置角筒、剪力墙或增强结构整体刚度的构件时，核心筒的宽度可适当减小。

核心筒底部加强部位及相邻上一层不应改变墙体厚度，其上部墙体的厚度及核心筒内部墙体的数量和厚度可根据内力变化情况及功能需要合理调整，但其侧向刚度应符合竖向规则性要求及结构层间位移角限值要求。

核心筒外墙上较大的门洞口沿竖向宜连续布置，以使其内力变化均匀且保持连续性，洞口上方的连梁宜设计成较强的连梁，不应设计成弱连梁。

框架沿竖向宜贯通建筑物全高，不应在中下部抽柱收进；柱截面尺寸沿竖向的改变应与核心筒墙厚的改变错开。

按9度抗震设防的框架-核心筒结构不应采用加强层；8度及8度以下采用加强层时，加强层的大梁或桁架应贯通核心筒或与核心筒的较长内墙肢相连，大梁或桁架上、下弦与外框架柱的连接宜采用铰接或半刚性连接；对于高度大于150m的建筑，设计和施工中应采用措施减小结构竖向温度变形及轴向压缩和徐变对加强层的影响。

**9. 筒中筒结构的布置要求**

(1) 平面布置要求　平面外形宜选用圆形、正多边形、椭圆形、三角形或矩形等，内筒宜对称居中布置。研究表明筒中筒结构在水平力作用下，其结构性能与外框筒的平面外形有关。对正多边形平面，边数越多，剪力滞后现象越不明显，结构的空间作用越大，反之，边数越少，结构空间作用越差。在各种外框筒平面形状中，以圆形平面的侧向刚度和受力性能最好，矩形最差。矩形平面的长宽比不宜大于2。内筒的较小边尺寸与相应建筑平面宽度之比宜为0.35～0.40。三角形平面的结构性能也较差，可通过切角使其成为六边形来改善外框筒的剪力滞后现象，提高结构的空间作用。外框筒的切角长度不宜小于相应边长的1/8，其角部可设置刚度较大的角柱或角筒；内筒的切角长度不宜小于相应边长的1/10，切角处的筒壁宜适当加厚。内筒的墙肢布置宜均匀、对称；内筒外围墙上洞口开设的位置亦宜均匀、对称，不应在内筒角部附近开设较大的洞口，当不可避免时，洞边至筒角内壁的距离不应小于 500mm 和开洞墙的截面厚度；内筒的外墙不宜在水平方向连续开洞，洞间墙肢的截面高度不应小于 1.2m。

内筒外墙的截面厚度要求与框架-核心筒结构的核心筒相同。外框筒柱的中心距不宜大于 4m，宜沿外框筒周边均匀布置（柱截面长边应沿筒壁方向布置）；框筒柱截面形状宜选用矩形（对圆形、椭圆形结构平面柱截面宜为长弧形），必要时可以采用 T 形截面，角柱还可以采用 L 形截面。外框筒角柱是保证筒中筒结构整体侧向刚度的重要构件，在水平力作用下，角柱的轴向变形通过与其相连的框筒梁在翼缘框架柱中产生轴向力并提供较大的抗倾覆力矩，因此，角柱的截面选择与筒中筒结构抗倾覆能力的发挥有直接关系；从筒中筒结构的内力分布规律来看，角柱在水平力作用下轴向力很大而平均剪力不大且小于中部柱，在楼面竖向荷载作用下轴向压力不大且也小于中部柱（楼盖结构设计时，应注意使楼面荷载向角柱传递，以避免在地震作用下角柱出现偏心受拉的不利情况），但从角柱所处的位置及其重要性来考虑，应使角柱比中部柱具有更强的承载力，但又不宜将角柱截面设计得过大，一般可取中部柱截面面积的1～2 倍。

（2）竖向布置要求　内筒是筒中筒结构抗侧力的主要结构，宜贯通建筑物全高，其刚度沿竖向宜均匀变化，以免结构的侧移和内力发生急剧变化；为了使筒中筒结构具有足够的侧向刚度，内筒的刚度不宜过小，其边长可取筒体结构高度的 1/15～1/12；当外框筒内设置刚度较大的角筒或剪力墙时，内筒的平面尺寸可适当减小。内筒底部加强部位及相邻上一层不应改变墙厚。内筒外墙上较大的门洞口沿竖向宜连续布置；洞口上方的连梁宜设计成较强的连梁，不应设计成弱连梁。外框筒立面的开洞率不宜大于 60%，宜控制在 50%～60%范围内；洞口高宽比宜与层高与柱距之比相近；外框筒的框筒梁截面高度可取柱净距的 1/4，且不小于 600mm。

**10. 底部带转换层的高层建筑结构的布置要求**

① 结构平面布置宜简单、规则、均匀、对称，宜使水平力合力的中心与结构刚度中心接近或重合（不包括裙房），尽量避免扭转的不利影响。

② 底部加强部位的落地剪力墙和筒体的墙体应加厚（底部带转换层的高层建筑结构，其剪力墙底部加强部位的高度可取转换层加上转换层以上两层的高度及墙肢总高度的 1/8 二者的较大值），落地剪力墙和筒体的洞口宜布置在墙体的中部。转换梁上相邻层墙体内不宜设边门洞也不宜在中柱上方设门洞。

③ 转换层上部结构与下部结构的侧向刚度比应符合以下规定。

a. 当转换层设置在地面以上第 1 层时，可近似采用转换层上、下结构等效剪切刚度 $\gamma$ 表示转换层上、下层结构刚度的变化，$\gamma$ 宜接近 1，非抗震设计时 $\gamma$ 不应大于 3，抗震设计时 $\gamma$ 不应大于 2。$\gamma$ 可按下列公式计算：

$$\gamma=\frac{G_2A_2}{G_1A_2}\cdot\frac{h_1}{h_2}$$

$$A_1 = A_{wi} + C_i A_{ci} \quad (i=1,\ 2)$$

$$C_i = 2.5\left(\frac{h_{ci}}{h_i}\right)^2 \quad (i=1,\ 2)$$

式中　$G_1$、$G_2$——底层和转换层上层的混凝土剪变模量；

$A_1$、$A_2$——底层和转换层上层的折算抗剪截面面积；

$A_{wi}$——第 $i$ 层全部剪力墙在计算方向的有效截面面积（不包括翼缘面积）；

$A_{ci}$——第 $i$ 层全部柱的截面面积；

$h_i$——第 $i$ 层的层高；

$h_{ci}$——第 $i$ 层柱沿计算方向的截面高度。

注：当第 $i$ 层各柱沿计算方向的截面高度不相等时，可分别计算各柱的折算抗剪截面面积。

b. 当转换层设置在地面以上第 2 层及第 2 层以上时，其转换层上部与下部结构的等效侧向刚度比 $\gamma_e$ 可按下式计算：

$$\gamma_e = \frac{\Delta_1 H_2}{\Delta_2 H_1}$$

式中　$\gamma_e$——转换层上、下结构的等效侧向刚度比；

$H_1$——转换层及其下部结构（计算模型 1）的高度；

$\Delta_1$——转换层及其下部结构（计算模型 1）的顶部在单位水平力作用下的位移；

$H_2$——转换层上部若干层剪力墙结构（计算模型 2）的高度，其值应等于或接近计算模型 1 的高度 $H_1$，且不大于 $H_1$；

$\Delta_2$——转换层上部若干层剪力墙结构（计算模型 2）的顶部在单位水平力作用下的位移。

注：$\gamma_e$ 宜接近 1，非抗震设计时 $\gamma_e$ 不应大于 2，抗震设计时 $\gamma_e$ 不应大于 1.3。

c. 当转换层设置在地面以上 3 层及 3 层以上时，结构工程师还应根据“层剪力与层间位移之比”的方法计算出的结构层侧向刚度，进行转换层本层侧向刚度不应小于相邻上一层楼层侧向刚度的 60%的验算。

④ 矩形平面建筑中落地剪力墙的间距 $l$ 宜符合以下规定。

非抗震设计：$l \leqslant 3B$（楼盖宽度）且 $l \leqslant 36\text{m}$；

抗震设计：

底部为 1～2 层框支层时：$l \leqslant 2B$ 且 $l \leqslant 24\text{m}$；

底部为 3 层及 3 层以上框支层时：$l \leqslant 1.5B$ 且 $l \leqslant 20\text{m}$。

⑤ 落地剪力墙与相邻框支柱的距离，1～2 层框支层时不宜大于 12m，3 层及 3 层以上框支层时不宜大于 10m，以满足底部大空间楼层楼板的刚度要求，使转换层上部的剪力能有效地传递给落地剪力墙，从而使框支柱只承受较小的剪力。

⑥ 底部大空间部分框支剪力墙结构的转换层楼板刚度直接决定其变形，并影响框支，柱与落地剪力墙的内力分配与位移，因此必须加强转换层楼板的刚度及承载力。转换层楼板必须采用现浇楼板，楼板厚度不宜小于 180mm，转换层楼板混凝土强度等级不宜低于 C30，并应采用双层双向配筋，每层每方向的配筋率不宜小于 0.25%，楼板中的钢筋应锚固在边梁或墙体内 $l_{aE}$（抗震设计时）或 $l_a$（非抗震设计时）；落地剪力墙和筒体外围的楼板不宜开

洞。楼板边缘和较大洞口周边应设置边梁，其宽度不宜小于板厚的 2 倍，纵向钢筋的配筋率不应小于 1.0%，钢筋接头宜采用机械连接或等强焊接。与转换层相邻的楼层的楼板也应适当加强。转换层周围的楼板不应错层布置。

⑦ 抗震设计的矩形平面建筑的框支层楼板，其截面剪力设计值应符合下列要求：

$$V_f \leqslant \frac{1}{\gamma_{RE}}(0.1\beta_c f_c b_f t_f)$$

$$V_f \leqslant \frac{1}{\gamma_{RE}}(f_y A_s)$$

式中 $b_f$、$t_f$——分别为框支层楼板的验算截面的宽度和厚度；

$V_f$——框支剪力墙结构由不落地剪力墙传到落地剪力墙处按刚性楼板计算的框支层楼板组合的剪力设计值，8 度抗震设计时应乘以增大系数 2.0，7 度抗震设计时应乘以增大系数 1.5；验算落地剪力墙时可不考虑此增大系数；$V_f=V_{f1}+V_{f2}$；

$A_s$——穿过落地剪力墙的框支层楼盖（包括梁和板）的全部钢筋的截面面积；

$\gamma_{RE}$——承载力抗震调整系数，可取 0.85。

⑧ 抗震设计的矩形平面建筑的框支层楼板，当平面较长或不规则以及各剪力墙内力相差较大时，可采用简化方法验算楼板平面内的受弯承载力。

⑨ 转换层上部的竖向抗侧力构件（墙、柱）宜直接落在转换层的主结构上。当结构竖向布置复杂，框支主梁承托剪力墙并承托转换次梁及其上剪力墙时，在结构整体计算分析后，应对转换构件采用有限元等方法补充进行应力分析，按应力校核配筋，并加强配筋构造措施；当有必要时，可采用箱形结构转换构件。B 级高度的框支剪力墙高层建筑结构的结构转换层，不宜采用框支主、次梁方案。

⑩ 部分框支剪力墙结构的转换层及其下部结构的高度 $H_1$ 通常取地下室顶板至转换层结构顶板的高度，这就要求结构工程师在设计部分框支剪力墙结构时，宜通过调整底部（包括地下室）结构的布置，尽量使地下室顶板符合作为上部结构嵌固条件的要求，以利于转换层上、下部结构的侧向刚度比计算和判断。否则，将会使部分框支剪力墙结构转换层上部与下部结构的等效侧向刚度比的计算变得复杂，如果处理不好还有可能影响结构的安全。

**11. 混合结构的布置要求**

① 混合结构房屋的结构布置应符合符合《高层建筑混凝土结构技术规程》（JGJ 3—2010）第 4.3 节和第 4.4 节的有关规定。

② 建筑平面的外形宜简单规则，宜采用方形、矩形等规则对称的平面，并尽量使结构的抗侧力中心与水平合力的中心重合。建筑的开间、进深宜统一，以减少构件的种类和规格，有利于制作和施工安装。

③ 混合结构的竖向布置宜符合下列要求。

a. 结构的侧向刚度和承载力沿竖向宜均匀变化，构件截面宜由下至上逐渐减小，无突变。

b. 混合结构中，当框架柱的上部与下部的类型和材料不同时，应设置过渡层。当结构下部采用型钢混凝土柱，上部采用钢结构柱时，在这两种结构类型间应设置结构过渡层，过渡层应满足下列要求。

Ⅰ. 从设计计算上确定某层柱可由型钢混凝土柱改为钢柱时，下部型钢混凝土柱应向上延伸一层作为过渡层，过渡层中的型钢应按上部钢结构设计要求的截面配置，且向下一层延伸至该层梁下部为 2 倍柱型钢截面高度为止。

Ⅱ. 结构过渡层至过渡层底部梁以下 2 倍柱型钢截面高度范围内，应设置栓钉，栓钉的水平及竖向间距不宜大于 200mm；栓钉至型钢钢板边缘的距离宜大于 50mm，箍筋沿柱应全高加密。

Ⅲ. 十字形柱与箱形柱相连接处，十字形柱腹板宜伸入箱形柱内，其伸入长度不宜小于柱型钢截面的高度。

c. 对于刚度突变的楼层，如转换层、加强层、空旷的顶层、顶部突出部分、型钢混凝土框架与钢框架的交接层及其邻近楼层，应采取可靠的过渡加强措施。国内外的震害经验表明，结构的侧向刚度或承载力沿竖向变化过大，会导致薄弱层（或软弱层）的变形和构件的应力过于集中，造成严重的震害。结构竖向刚度变化时，不但刚度变化的楼层受力增大，而且上下邻近楼层的内力也增大，所以加强薄弱层（或软弱层）时，应包括加强相邻楼层。

d. 混合结构中，钢框架部分采用支撑时，宜采用偏心支撑和耗能支撑，支撑宜连续布置，且在相互垂直的两个方向均宜布置，并互相交接；支撑框架在地下的部分，应延伸至基础。所谓偏心支撑，是指钢框架结构的支撑至少有一端偏离梁柱连接节点，直接与梁连接，在支撑连接点与梁柱连接点之间或支撑与支撑之间形成耗能梁段。偏心支撑钢框架结构是一种新的结构体系，在大震发生时，耗能梁段在地震剪力作用下，首先产生剪切屈服，从而保证支撑的稳定，使结构具有良好的延性和耗能能力。偏心支撑的耗能梁段应采用延性好的 Q235 或 Q345 级钢材。

④ 混合结构体系的高层建筑，7 度抗震设防且房屋高度不大于 130m 时，宜在楼面钢梁或型钢混凝土梁与钢筋混凝土筒体交接处及筒体四角设置型钢柱；7 度抗震设防且房屋高度大于 130m 及 8、9 度抗震设防时，应在楼面钢梁或型钢混凝土梁与钢筋混凝土筒体交接处及筒体四角设置型钢柱。试验表明，钢梁与钢筋混凝土筒体交接处，由于存在弯矩和轴力，而筒体的剪力墙平面外的刚度又较小，很容易出现裂缝，因而在钢梁与筒体交接处的剪力墙内设置型钢柱既有利于控制墙体的裂缝，同时也方便钢结构的施工安装；钢筋混凝土筒体四角因受力较大，设置型钢柱后加强了约束作用，能使墙体延迟开裂，也能使墙体开裂后的承载力下降不致太多，防止结构严重破坏。因为钢筋混凝土筒体的塑性铰一般出现在筒体高度的 1/8 及其以下范围内，所以在此范围内，筒体四角的型钢柱宜设置栓钉。

⑤ 混合结构中，外围钢框架平面内梁与柱应采用刚接连接；楼面梁与钢筋混凝土筒体的连接，当筒体中在该处设置型钢柱时，宜采用刚接连接；不设置型钢柱时，可采用铰接。加强层楼面梁与钢筋混凝土筒体的连接宜采用刚接。外围钢框架平面内梁与柱采用刚接连接，能提高外框架的刚度及抵抗水平作用和扭转作用的能力。

⑥ 钢框架-钢筋混凝土筒体结构中，当采用 H 形截面柱时，宜将柱截面强轴方向布置在外框架平面内，角柱宜采用方形、十字形或圆形截面，并宜采用高强度钢材。

⑦ 混合结构中，可采用外伸桁架加强层来减少结构的侧移，必要时可同时布置周边桁

架。外伸桁架平面宜与抗侧力墙体的中线重合。外伸桁架应与抗侧力墙体刚接且宜伸入并贯通抗侧力墙体，外伸桁架与外周围框架柱的连接宜采用铰接或半刚接。

⑧ 当布置有外伸桁架加强层时，应采取有效措施，减少由于外框架柱与钢筋混凝土筒体竖向变形差异引起的桁架杆件内力的变化。外伸桁架在平面内的刚度很大。采用外伸桁架将钢框架-钢筋混凝土筒体结构的内筒与外框架柱连接起来，结构在水平力作用下侧移时，外伸桁架使外框架柱拉伸或压缩，从而使外框架柱承受较大的轴力，增加了外框架柱抵抗倾覆力矩的能力；同时，外伸桁架使内筒产生反向的约束弯矩，内筒的弯矩图发生改变，内筒弯矩减小；内筒反弯因此也同时减小了结构的侧移。采用外伸桁架的钢框架-钢筋混凝土筒体结构，由于外框架柱与钢筋混凝土内筒存在竖向变形差异，会使外伸桁架产生很大的附加内力，因而外伸桁架宜分段安装，在主体结构施工完成后，再进行封闭安装，形成整体。

⑨ 钢框架-钢筋混凝土筒体结构的楼面宜采用压型钢板现浇混凝土楼板、现浇混凝土楼板或预应力叠合楼板，楼板与钢梁应有可靠的连接。出于经济性和安全性的考虑，国内工程通常不考虑混凝土楼板的组合作用。

⑩ 对于建筑物楼面有较大开口或为转换层楼层时，应采用现浇混凝土楼板。对楼板开口较大部位宜采取考虑楼板变形的程序进行内力和位移计算，或采取设置刚性水平支撑等加强措施。

## 二、结构计算问题

### 1. 结构计算模型与施工图不符

结构计算简图与施工图不完全相符，有的剪力墙平面位置及洞口尺寸不符，有的剪力墙洞口数量不符，有的构件断面尺寸或混凝土强度等级不符，有的个别部位梁、柱布置不一致，有的轴线尺寸与标高不一致，有的楼板留洞不一致，有的墙体位置不统一。

结构计算模型与实际工程出入较大的原因包括：

① 计算简图的简化不当。

② 施工图设计中各专业配合不够。

③ 建筑图调整后，只修改图纸而模型未调整。

④ 计算结果通不过时采取提高材料强度，增加剪力墙，减少洞口等手段满足要求，而施工图并未作相应修改。

结构计算模型与实际工程出入较大时，设计院应修改模型后重新提供计算书，同时校对结构构件的配筋。在施工图设计过程中，因建筑或设备专业的要求，结构布置做些微调，但一定要通过补充计算复核加以妥善处理。

### 2. 荷载未正确输入

结构整体计算时，除漏输填土荷载、建筑装修荷载等外，未正确输入的荷载主要有：风载、填充墙荷载、隔墙荷载、楼电梯荷载和阳台荷载。

地震区多层建筑，虽然风载不参与包括地震作用效应在内的荷载效应基本组合，但不计入风载将会使地基和基础的设计不安全，在低烈度区，当风载较大时，上部结构的设计常常是由风载控制，不计入风载将会影响上部结构的安全。对风荷载比较敏感的高层建筑，承载力设计时应按基本风压的 1.1 倍采用。填充墙作用在梁上（特别是框架梁）应按线荷载输入，不应折算或等效成均布荷载按楼面荷载输入，以免梁的设计偏于不安全。

**3. 框架柱计算长度系数的确定**

① 不规则框架、高烈度地震区的框架或高风压地区的框架，结构整体计算时，框架柱的计算长度系数采用《混凝土结构设计规范》(GB 50010—2010) 第 7.3.11 条第 3 款的公式计算。因为《混凝土结构设计规范》(GB 50010—2010) 第 7.3.11 第 3 款提供的计算公式表明，框架柱的计算长度系数与框架柱、梁的线刚度比相关，物理概念明确，能更真实地反映框架柱失稳时的临界状态，有助于消除或减小采用较小的经验系数给结构带来的不安全性。

② 对于不规则框架，采用《混凝土结构设计规范》(GB 50010—2010) 表 7.3.11－2 中的经验系数来计算框架柱的计算长度对结构偏于不安全的情况包括：

a. 框架的柱、梁线刚度比过大时；

b. 框架各跨跨度相差较大，或各跨荷载相差较大时；

c. 复式框架等复杂框架结构；

d. 框架-剪力墙结构中的框架，框架-核心筒结构中的框架等。

③《混凝土结构设计规范》(GB 50010—2010) 第 7.3.11 条条文说明指出，由于我国钢筋混凝土多、高层房屋结构在设计中通常均按有侧移进行结构分析，因此结构工程师们在框架结构计算时，应当在总信息输入的“柱计算长度原则”一栏内，确认框架为有侧移框架，这样做概念上符合规范的规定。

④ 因为计算程序可能存在的疏漏，当某些框架柱在楼层处并不总是两个方向均有框架梁相连时，程序有时会输出不符合工程实际情况的框架柱计算长度系数。

⑤ 在审查某复杂框架结构的施工图设计文件时，若原设计文件未提供框架柱的计算长度系数简图，在提出建议后，设计者按《混凝土结构设计规范》(GB 50010—2010) 第 7.3.11 条第 3 款的公式补充计算的框架柱计算长度系数简图。

**4. 底部带转换层的高层建筑结构的设计计算**

① 通过等效剪切刚度比或等效侧向刚度比计算，控制转换层上、下层或转换层上、下部结构的刚度比（包括转换层设置在地面以上 3 层及 3 层以上时，转换层侧向刚度尚不应小于相邻上部楼层侧向刚度的 60%）符合《高层建筑混凝土结构技术规程》(JGJ 3—2010) 的要求。

② 带转换层的高层建筑结构，当设置地下室时（一般均应设置地下室），应将上部结构与地下室作为一个整体进行设计计算。

③ 在采用 SATWE 软件进行结构整体计算时，在总信息中的“结构类别”参数栏内，应将结构填写为“复杂高层建筑结构”；在“转换层所在层号”参数栏内，应填入转换层所在的结构自然层号，若有地下室则应包括地下室层号在内。

④ 正确填写“框架的抗震等级”和“剪力墙的抗震等级”。对于底部带转换层的高层建筑结构，剪力墙的抗震等级可按“底部加强部位剪力墙”的抗震等级填写（带转换层的框支剪力墙结构的底部加强部位，至少应包括转换层及转换层以上两层；当底部加强部位的高度由墙肢总高度的 1/8 控制时，底部加强部位在地面以上的层数，按计算确定），非底部加强部位剪力墙的抗震等级可通过程序的“独立定义构件抗震等级”的菜单来完成。

⑤ 在“框架的抗震等级”栏内正确填写框支剪力墙结构框支框架的抗震等级后，结构

工程师还应在程序的“特殊构件定义”菜单中，将托墙梁定义为“框支梁”，将与框支梁相连的柱子定义为“框支柱”，否则，程序不会按框支柱、框支梁进行设计和构造控制。

⑥ 对于带转换层的筒体结构，将结构定义为“复杂高层建筑结构”并正确填写了“转换层所在层号”后，也应在程序的“特殊构件定义”菜单中，将托柱梁定义为“转换梁”，将与托柱梁相连的柱子定义为“框支柱”。这样定义后，程序会自动把转换梁及框架柱按框支梁、框支柱设计及构造控制，当转换层在地面以上 3 层及 3 层以上时，框支柱的抗震等级会自动提高一级。

⑦ 底部带转换层的高层建筑结构，转换层上部楼层的部分竖向抗侧力构件不能连续贯通至下部楼层，因此，转换层是薄弱层。无论转换层上、下结构的侧向刚度比是否满足《高层建筑混凝土结构技术规程》（JGJ 3—2010）附录 E 第 E.0.1 条或 E.0.2 条的要求，在结构整体计算时，均应将转换层强制指定为薄弱层，并在总信息中的“强制指定的薄弱层个数”栏内，填入薄弱层个数为 1（如果结构不再有别的薄弱层要强制指定的话）和相应的转换层所在层号。这样，程序会自动将转换层（薄弱层）的地震剪力乘以 1.15 的增大系数。

⑧ 按 8 度抗震设计的带转换层的高层建筑结构，除了考虑竖向荷载、风荷载和水平地震作用等的影响外，还应考虑竖向地震作用的影响。转换构件的竖向地震作用，可采用振型分解反应谱法或时程分析法进行计算；作为近似考虑，也可将转换构件在重力荷载标准值作用下的内力乘以增大系数 1.1。

⑨ 带转换层的高层建筑结构，除应采用至少两个不同力学模型的三维空间分析软件进行整体内力和位移计算外，还应采用弹性时程分析方法进行补充计算，也宜采用弹塑性静力或动力分析法验算结构的薄弱层的弹塑性变形。

⑩ 底部大空间部分框支剪力墙高层建筑结构整体计算后，除应输出一般高层建筑结构必须输出的计算结果及转换层上、下结构侧向刚度比外，还应输出框支框架部分承受的地震倾覆力矩百分率；框支框架部分承受的地震倾覆力矩不应大于结构总地震倾覆力矩的 50%；当转换层在地面以上 3 层及 3 层以上时，还应特别注意每根框支柱所受的剪力是否达到基底剪力的 3%（每层框支柱的数目不多于 10 根时）或每层框支柱承受剪力之和是否达到基底剪力的 30%（每层框支柱的数目多于 10 根时）。

**5. 剪力墙、柱的轴压比计算**

① 钢筋混凝土剪力墙与钢筋混凝土柱的轴压比定义和计算方法有着本质的区别。钢筋混凝土柱的轴压比是指柱考虑地震作用效应组合的轴向压力设计值与柱全截面面积和混凝土轴心抗压强度设计值乘积的比值，按下式计算：

$$\mu_N = N/(bhf_c)$$

式中　$\mu_N$——柱轴压比；

$N$——柱轴向压力设计值；

$b$、$h$——分别为柱截面的高度、宽度。

② 钢筋混凝土剪力墙的轴压比是指剪力墙墙肢在重力荷载代表值作用下的轴向压力设计值与剪力墙墙肢截面面积和混凝土轴心抗压强度设计值乘积的比值，按下式计算（这里墙肢轴压力设计值计算时，不计入地震作用组合，但应取分项系数 1.2）：

$$\mu_n^w = N_w / (A_w f_c)$$

式中 $\mu_n^w$——钢筋混凝土剪力墙墙肢的轴压比；

$N_w$——剪力墙墙肢在重力荷载代表值作用下的轴向压力设计值，$N_w=\gamma_G S_{GE}$，其中 $\gamma_G$ 为重力荷载分项系数，$S_{GE}$ 为重力荷载代表值的效应；

$A_w$——剪力墙墙肢的截面面积。

③ 抗震设计时，一、二级抗震等级的剪力墙底部加强部位，其重力荷载代表值作用下墙肢的轴压比不宜超过表 5-2 的限值。

④ 短肢剪力墙墙肢的轴压比限值见表 5-3。

**表 5-2 一般剪力墙的轴压比限值**

| 抗震等级（设防烈度） | 一级（9 度） | 一级（7 度、8 度） | 二、三级 |
|---|---|---|---|
| 轴压比 | 0.4 | 0.5 | 0.6 |

**表 5-3 短肢剪力墙墙肢的轴压比限值**

| 墙肢所在部位 | | 抗震等级 | | |
|---|---|---|---|---|
| | | 一级 | 二级 | 三级 |
| 底部加强部位 | 一字墙 | 0.35 | 0.45 | 0.50 |
| | 其他墙 | 0.45 | 0.55 | 0.55 |
| 非加强部位 | 一字墙 | 0.40 | 0.50 | 0.55 |
| | 其他墙 | 0.50 | 0.60 | 0.60 |

**6. 合理确定框架柱的截面尺寸**

① 在地震区：当框架柱的抗震等级为一级时，柱的混凝土强度不宜低于 C30；抗震等级为二～四级，柱的混凝土强度不宜低于 C25；当抗震设防烈度为 8 度时，柱的混凝土强度等级不宜超过 C70；当抗震设防烈度为 9 度时，柱的混凝土强度等级不宜超过 C60。

② 在初步设计阶段，多、高层建筑框架柱的断面尺寸 $h \times b$，可以依据柱所承担的楼层面积计算由竖向荷载（包括静载和活载）产生的轴向力设计值 $N_v$（荷载的综合分项系数可以取 1.25）来估算。

③ 各种结构体系单位面积上荷载选取时主要考虑填充墙多少、墙体的材料等，具体如下。

a. 框架结构的单位面积的重量标准值在：11～14kN/m²。

b. 框架-剪力墙结构的单位面积的重量标准值在：12～16kN/m²。

④ 地震区有地震作用参与组合时，柱的轴向压力设计值 $N$ 可以取为：

$$N = \eta_E N_V$$

式中 $\eta_E$——水平地震作用下柱轴向压力增大系数；可以依据抗震设防烈度大小分别按表 5-4选取。

**表 5-4　水平地震作用下柱轴向压力增大系数**

| 抗震设防烈度 | 6 度（0.05g） | 7 度（0.10g） | 7 度（0.15g） | 8 度（0.20g） | 8 度（0.30g） | 9 度（0.40g） |
|---|---|---|---|---|---|---|
| $\eta_E$ | 1.02 | 1.05 | 1.10 | 1.15 | 1.20 | 1.25 |

注：对边柱可以适当取大值，对中柱取小值。

⑤ 地震区有地震作用参与组合时，柱断面尺寸有如下要求。

a. 柱断面尺寸计算公式为：

$$A \geqslant N/f_c = \eta_E N_v/(\mu_N f_c)$$

式中　$\mu_N$——抗震设计时，柱轴压比的限值，见表 5-5。

**表 5-5　柱轴压比限值 $\mu_N$**

| 结构类型 | 抗震等级 | | | | |
|---|---|---|---|---|---|
| | 特一 | 一 | 二 | 三 | 四 |
| 框架结构 | 0.60 | 0.65 | 0.75 | 0.85 | 0.90 |
| 框架-剪力墙结构<br>板柱-剪力墙结构<br>框架-核心筒结构<br>筒中筒结构<br>叠合柱结构<br>矩形钢管柱结构 | 0.65 | 0.75 | 0.85 | 0.95 | 0.95 |
| 框支柱 | 0.55 | 0.60 | 0.70 | 0.80 | — |
| 地下结构的框架柱 | 0.70 | 0.75 | 0.85 | 0.95 | 1.05 |

注：1. 轴压比是指考虑地震作用组合的柱轴压力设计值与柱全截面面积和混凝土轴心抗压强度设计值乘积的比值［$\mu_N = N/(hbf_c)$］。

2. 表中数值适用于混凝土强度等级不大于 C60 的柱。当柱混凝土强度等级为 C65～C70 时，轴压比的限值应比表中数值减小 0.05；当柱混凝土强度等级为 C75～C80 时，轴压比的限值应比表中数值减小 0.1。

3. 表内数值适用于剪跨比大于 2 的柱。对剪跨比大于 1.5 但小于 2 的柱，其轴压比限值应比表中的数值减小 0.05；对于剪跨比小于 1.5 的柱（超短柱），其轴压比的限值因专门研究并采取特殊构造措施。

4. 建造于Ⅳ类场地且较高的高层建筑，柱轴压比限值应适当减小。

5. 剪跨比大于 2 的框架柱，纵筋配筋率比计算值增加不小于 0.8%且纵向总配筋率不小于 3%，箍筋采用 HRB400 级热轧钢筋且体积配箍率不小于 1.8%，其轴压比限值可增加 0.05；纵筋配筋率比计算值增加不小于 1.6%且纵向总配筋率不小于 4%，箍筋采用 HRB400 级热轧钢筋且体积配箍率不小于 2%，其轴压比限值可增加 0.1。

6. 沿柱全高采用井字复合箍，且箍筋肢距不大于 200mm、间距不大于 100mm、直径不小于 12mm，或沿柱全高采用复合螺旋箍，且螺距不大于 100mm、肢距不大于 200mm、直径不小于 12mm，或沿柱全高采用连续复合矩形螺旋箍，且螺距不大于 80mm、肢距不大于 200mm、直径不小于 10mm 时，轴压比限值均可按表中数值增加 0.10；上述三种箍筋的体积配箍率均应按增大的轴压比相应加大。

7. 当柱的截面中部设置附加芯柱，且附加纵向钢筋的总面积不少于柱截面面积的 0.8%时，其轴压比限值可按表中数值增加 0.05。此项措施与注 6 的措施同时采用时，轴压比限值可按表中数值增加 0.15，但箍筋的体积配箍率仍可按轴压比增加 0.10 的要求采用。

8. 柱轴压比限值不应大于 1.05。

b. 柱截面的宽度和高度，抗震等级为四级或层数不超过 2 层时，不宜小于 300mm；抗震等级一、二、三级且层数超过 2 层时不宜小于 400mm；圆柱的直径，抗震等级四级或层数不超过 2 层时不宜小于 350mm，抗震等级一、二、三级且层数超过 2 层时不宜小于 450mm。

c. 剪跨比宜大于 2。

d. 柱截面长边与短边的比值不宜大于 3，框架柱的剪跨比可按下式计算：

$$\lambda=M/(Vh_0)$$

式中 $\lambda$——框架柱的剪跨比，反弯点位于柱高度中部的框架柱，可取柱净高与计算方向 2 倍柱截面有效高度的比值；

$M$——柱端截面未经调整的组合弯矩计算值，可取柱上、下端的较大值；

$V$——柱端截面与组合弯矩计算值对应的组合剪力计算值；

$h_0$——计算方向上柱截面的有效高度。

e. 框架柱的受剪截面还应符合下列要求（截面基本尺寸要求）。

Ⅰ. 无地震作用组合时：

$$V_c \leqslant 0.25\beta_c f_c bh_0$$

Ⅱ. 有地震作用组合时（剪跨比＞2）：

$$V_c \leqslant 0.235\beta_c f_c bh_0$$

Ⅲ. 有地震作用组合时（剪跨比≤2）：

$$V_c \leqslant 0.17\beta_c f_c bh_0$$

式中 $V_c$——框架柱的剪力设计值；

$\beta_c$——混凝土强度影响系数，当混凝土强度等级≤C50 时取 1.0；当混凝土强度等级为 C80 时取 9.8；当混凝土强度等级在 C50～C80 之间时可以按线性内插取用；

$bh_0$——柱截面宽度、有效高度。

f. 依据工程经验统计可知：多、高层框架-剪力墙结构，框架-核心筒结构中的柱截面一般情况下均由柱轴压比计算控制；而对纯框架结构，在高烈度地区或高风压区柱截面往往由层间位移角限值控制；框架结构中剪跨比不大于 2 的柱，其截面有时会由受剪截面条件（剪压比）控制。

## 三、配筋构造问题

### 1. 框架梁钢筋配置要求

（1）纵向钢筋　对于非抗震设计，当框架梁支座负弯矩钢筋按框架梁的弯矩包络图配置时，框架梁跨中的上部钢筋，通常仅仅是架力钢筋不是受力钢筋。

对于抗震设计，由于在发生地震时，框架梁支座上部负弯矩区有可能延伸至跨中，因此《建筑抗震设计规范》（GB 50011—2010）第 6.3.4 条规定如下。

① 梁端纵向受拉钢筋的配筋率不宜大于 2.5%。梁纵向受拉钢筋计算，需计入受压钢

筋，而且一级不少于受拉钢筋的50%，二、三级不少于30%；因此，如果因为计算时未计入受压钢筋导致受拉钢筋超过2.5%，则受压钢筋相应加大，对于“强柱弱梁”的实现十分不利。

② 沿梁全长顶面和底面的配筋，一、二级抗震等级不应少于2ϕ14，且分别不应小于梁两端顶面和底面纵向配筋中较大截面面积的1/4；三、四级抗震等级时不应小于2ϕ12。

③ 沿梁全长顶面的钢筋截面面积，除满足最小构造配筋要求外，尚应满足框架梁负弯矩包络图的要求。

④ 一、二、三级框架梁内贯通中柱的每根纵向钢筋直径，对框架结构不应大于矩形截面柱在该方向柱截面尺寸的1/20；或纵向钢筋所在位置圆形截面柱弦长的1/20；对其他结构类型的框架不宜大于矩形截面柱在该方向截面尺寸的1/20，或纵向钢筋所在位置圆形截面柱弦长的1/20。沿梁全长顶面的钢筋，不一定是“贯通梁全长”的钢筋，它可以是梁端截面角部纵向受力钢筋的延伸，也可以是另外配置的钢筋。当为另外配置的钢筋时，应与梁端支座负弯矩钢筋机械连接、焊接或受拉绑扎搭接，当为受拉绑扎搭接时，在搭接长度范围内，梁的箍筋间距不应大于搭接钢筋较小直径的5倍，且不应大于100mm；当为梁端截面角部纵向受力钢筋的延伸时，被延伸的钢筋可以没有接头，也可以有接头，当有接头时，其接头的构造要求与另外配置的钢筋相同。当采用机械连接时，连接接头的性能等级不应低于Ⅱ级。当为焊接连接时，应采用等强焊接接头，并注意焊接质量的检查和验收。

(2) 箍筋 梁的箍筋除了承受剪力满足梁斜截面受剪承载力外，还起着约束混凝土，改善其受压性能、提高混凝土对受力钢筋的黏结锚固强度及防止受压钢筋压屈等作用。非抗震设计的梁（包括框架梁）箍筋的设置，除应满足梁斜截面受剪承载力计算要求外，还应符合下列规定。

① 按计算不需要设置箍筋的梁，当截面高度梁＞300mm时，应沿梁全长设置箍筋；当截面高度$h=150\sim300$mm时，可仅在构件端部各1/4跨度范围内设置箍筋；但当在构件中部1/2跨度范围内有集中荷载作用时，则应沿梁全长设置箍筋；当截面高度$h<150$mm时，可不设置箍筋。

② 梁中箍筋的间距应符合下列规定。

a. 梁中箍筋的最大间距宜符合表5-6的规定。当$V>0.7f_tbh_0+0.05N_{po}$时，为了防止斜拉破坏，箍筋的配筋率$\rho_{sv}$（$\rho_{sv}=A_{sv}/b_s$）尚不应小于$0.24f_t/f_{yv}$。式中$A_{sv}$为梁截面宽度$b$范围内各肢箍筋截面面积之和；$s$为箍筋间距。

**表5-6 梁中箍筋的最大间距** 单位：mm

| 梁高 $h$ | $V>0.7f_tbh_0+0.05N_{po}$ | $V\leqslant0.7f_tbh_0+0.05N_{po}$ |
|---|---|---|
| $150<h\leqslant300$ | 150 | 200 |
| $300<h\leqslant500$ | 200 | 300 |
| $500<h\leqslant800$ | 250 | 350 |
| $h>800$ | 300 | 400 |

b. 当梁中配有按计算需要的纵向受压钢筋时，箍筋应做成封闭式；此时，箍筋的间距不应大于 15$d$（$d$ 为纵向受压钢筋的最小直径），同时不应大于 400mm；当一层内的纵向受压钢筋多于 5 根且直径＞18mm 时，箍筋间距不应大于 10$d$；当梁的宽度＞400mm 且一层内的纵向受压钢筋多于 3 根时，或当梁的宽度不大于 400mm 但一层内的纵向受压钢筋多于 4 根时，应设复合箍筋。

c. 梁中纵向受力钢筋搭接长度范围内应配置箍筋，其直径不应小于搭接钢筋较大直径的 1/4。当钢筋受拉时，钢筋间距不应大于搭接钢筋较小直径的 5 倍，且不大于 100mm；当钢筋受压时，箍筋间距不应大于搭接钢筋较小直径的 10 倍，且不大于 200mm。当受压钢筋直径＞25mm 时，尚应在搭接接头两个端面外 100mm 范围内各设置两个箍筋。

d. 对截面高度＞800mm 的梁，其箍筋直径不宜小于 8mm；对截面高度≤800mm 的梁，其箍筋直径不宜小于 6mm。梁中配有计算需要的纵向受压钢筋时，箍筋直径尚不应小于纵向受压钢筋最大直径的 1/4 倍。

e. 在弯剪扭构件中，箍筋的配筋率 $\rho_{sv}$ 不应小于 $0.28f_t/f_{yv}$。箍筋间距应符合表 5-6 的规定，其中受扭所需的箍筋应做成封闭式，且应沿截面周边布置；当采用复合箍筋时，位于截面内部的箍筋不应计入受扭所需的箍筋面积；受扭箍筋的末端应做成 135°弯钩，弯钩端头平直段长度不应小于 10$d$（$d$ 为箍筋直径）。

f. 在超静定结构中，考虑协调扭转而配置的箍筋，其间距不宜大于 $0.75b$（$b$：对矩形截面构件为矩形截面构件的宽度 $b_b$；对工字形和 T 形截面构件为腹板的宽度 $b$；对箱形截面构件为箱形截面侧壁总宽度 $b_h$）。

③ 抗震设计的框架梁，其箍筋的设置与非抗震设计的框架梁的主要区别在于，抗震设计的框架梁梁端应设置箍筋加密区，梁端箍筋加密区的长度、箍筋最大间距和箍筋最小直径应符合表 5-7 的规定。

**表 5-7 梁端箍筋加密区的长度、箍筋最大间距和最小直径**

| 抗震等级 | 加密区长度/mm（取较大值） | 箍筋最大间距/mm（取最小值） | 箍筋最小直径/mm |
|---|---|---|---|
| 一 | $2.0h_b$，500 | $h_b/4$，$6d$，100 | 10 |
| 二 | $1.5h_b$，500 | $h_b/4$，$8d$，100 | 8 |
| 三 | $1.5h_b$，500 | $h_b/4$，$8d$，100 | 8 |
| 四 | $1.5h_b$，500 | $h_b/4$，$8d$，100 | 6 |

注：1. $d$ 为纵向钢筋直径，$h_b$ 为梁截面高度。

2. 箍筋直径大于 12mm，数量不少于 4 肢且肢距不大于 150mm 时，一、二级的最大间距应允许适当放宽，但不得大于 150mm。

④ 抗震设计的框架梁梁端设置箍筋加密区的目的是：保证在地震作用下框架梁梁端的塑性铰区有足够的延性，以提高框架结构耗散地震能量的能力，防止大震倒塌破坏。抗震设计的框架梁除梁端设置箍筋加密区外，其箍筋的设置尚应符合下列规定。

a. 当梁端纵向受拉钢筋的配筋率大于2%时，表中箍筋最小直径应增大2mm。

b. 有抗震设计要求的梁的梁端纵向受拉钢筋的控制配筋率不宜大于2.5%，配筋率应按梁截面的有效高度$h_0$计算，即$h_0$不应按梁截面的全高$h$计算。

c. 梁箍筋加密区长度内的箍筋肢距：一级抗震等级，不宜大于200mm和20倍箍筋直径的较大值；二、三级抗震等级，不宜大于250mm和20倍箍筋直径的较大值；四级抗震等级，不宜大于300mm。

d. 梁端设置的第一个箍筋应距框架节点边缘不大于50mm。非加密区的箍筋间距不宜大于加密区箍筋间距的2倍。沿梁全长箍筋的配筋率$\rho_{sv}$应符合下列规定。

一级抗震等级：

$$\rho_{sv}\geqslant 0.30f_t/f_{yv}$$

二级抗震等级：

$$\rho_{sv}\geqslant 0.28f_t/f_{yv}$$

三、四抗震等级：

$$\rho_{sv}\geqslant 0.26f_t/f_{yv}$$

注：《高层建筑混凝土结构技术规程》（JGJ 3—2010）和《混凝土结构设计规范》（GB 50010—2010）均有此规定，但《建筑抗震设计规范》（GB 50011—2010）并没有这条规定。在审图中发现，这条规定常常被设计人员忽视，特别是对梁宽大于300mm时，如果跨中箍筋间距取加密区箍筋间距的2倍，往往均不能满足要求。工程中可采取加密跨中箍筋间距或采用多肢箍解决这个问题。

e. 梁的箍筋末端应做成135°弯钩，弯钩端头平直段长不应小于箍筋直径的10倍，且不小于75mm；在纵向受力钢筋搭接长度范围内的箍筋，其直径不应小于搭接钢筋较大直径的1/4，其间距不应大于搭接钢筋较小直径的5倍，且不应大于100mm。

不同配筋率要求的梁箍筋最小面积配筋率见表5-8。

**表5-8　梁箍筋最小面积配筋率**

| 箍筋种类 | 配筋率 | 混凝土强度等级 | | | | |
|---|---|---|---|---|---|---|
| | | C20 | C25 | C30 | C35 | C40 |
| HPB300 | $0.26f_t/f_{yv}$ | 0.106 | 0.123 | 0.139 | 0.152 | 0.166 |
| | $0.28f_t/f_{yv}$ | 0.115 | 0.132 | 0.150 | 0.164 | 0.179 |
| | $0.30f_t/f_{yv}$ | 0.123 | 0.142 | 0.160 | 0.175 | 0.191 |
| HRB335、HRBF335 | $0.26f_t/f_{yv}$ | 0.095 | 0.110 | 0.124 | 0.136 | 0.148 |
| | $0.28f_t/f_{yv}$ | 0.103 | 0.118 | 0.133 | 0.147 | 0.160 |
| | $0.30f_t/f_{yv}$ | 0.110 | 0.127 | 0.143 | 0.157 | 0.171 |
| HRB400、HRBF400 | $0.26f_t/f_{yv}$ | 0.079 | 0.092 | 0.103 | 0.113 | 0.123 |
| | $0.28f_t/f_{yv}$ | 0.086 | 0.099 | 0.111 | 0.122 | 0.133 |
| | $0.30f_t/f_{yv}$ | 0.092 | 0.106 | 0.119 | 0.131 | 0.143 |

续表

| 箍筋种类 | 配筋率 | 混凝土强度等级 | | | | |
|---|---|---|---|---|---|---|
| | | C20 | C25 | C30 | C35 | C40 |
| HRB500、HRBF500 | $0.26f_t/f_{yv}$ | 0.065 | 0.076 | 0.085 | 0.094 | 0.102 |
| | $0.28f_t/f_{yv}$ | 0.071 | 0.082 | 0.092 | 0.101 | 0.110 |
| | $0.30f_t/f_{yv}$ | 0.076 | 0.088 | 0.099 | 0.109 | 0.118 |

**2. 框架柱钢筋配置要求**

(1) 纵向钢筋　柱全部纵向钢筋的配筋率，不应小于表5-9的规定，且柱截面每一侧纵向钢筋的配筋率不应小于0.2%；抗震设计时，对Ⅳ类场地上较高的高层建，表中的数值应增加0.01。

**表5-9　柱纵向钢筋最小配筋百分率**　　单位：%

| 柱类型 | 抗震等级 | | | | 非抗震 |
|---|---|---|---|---|---|
| | 一级 | 二级 | 三级 | 四级 | |
| 中柱、边柱 | 1.0 | 0.8 | 0.7 | 0.6 | 0.6 |
| 角柱 | 1.2 | 1.0 | 0.9 | 0.8 | 0.6 |
| 框支柱 | 1.2 | 1.0 | — | — | 0.8 |

注：1. 当混凝土强度等级大于C60时，表中的数值应增加0.1。

2. 当采用HRB400钢筋时，表中数值允许减小0.1。

柱全部纵向钢筋的配筋率，非抗震设计时不宜大于5%，不应大于6%，抗震设计时不应大于5%。

抗震设计时，柱宜采用对称配筋；截面尺寸大于400mm的柱，其纵向钢筋的间距不宜大于200mm；非抗震设计时，柱纵向钢筋的间距不宜大于350mm；柱纵向钢筋的净距均不应小于50mm。

抗震等级为一级且剪跨比不大于2的柱，其单侧纵向受拉钢筋的配筋率不应大于1.2%。

边柱、角柱及剪力墙端柱考虑地震作用组合产生小偏心受拉时，柱内纵向钢筋总截面面积应比计算值增加25%。

柱的纵向钢筋不应与箍筋、拉筋及预埋件等焊接。

(2) 箍筋　抗震设计时，柱箍筋在规定的范围内应加密，加密区的箍筋最大间距和最小直径，应满足下列要求。

① 一般情况下，箍筋的最大间距和最小直径，应按表5-10采用。

**表5-10　柱箍筋加密区的箍筋最大间距和最小直径**

| 抗震等级 | 箍筋最大间距（采用较小值）/mm | 箍筋最小直径/mm |
|---|---|---|
| 一级 | 6$d$，100 | 10 |

续表

| 抗震等级 | 箍筋最大间距（采用较小值）/mm | 箍筋最小直径/mm |
|---|---|---|
| 二级 | 8*d*，100 | 8 |
| 三级 | 8*d*，150（柱根 100） | 8 |
| 四级 | 8*d*，150（柱根 100） | 6（柱根 8） |

注：*d* 为柱纵筋最小直径；柱根指框架底层柱的嵌固部位。

② 二级框架柱箍筋直径不小于 10mm、肢距不大于 200mm 时，除柱根外最大间距允许采用 150mm。三级框架柱截面尺寸不大于 400mm 时，箍筋最小直径允许采用 6mm。四级框架柱的剪跨比不大于 2 或柱中全部纵向钢筋的配筋率大于 3%时，箍筋直径不应小于 8mm。

③ 剪跨比不大于 2 的柱，箍筋间距不应大于 100mm，一级时尚不应大于 6 倍的纵向钢筋直径。

抗震设计时，柱箍筋加密区的范围应符合下列规定。

① 底层柱的上端和其他各层柱的两端，应取矩形截面柱之长边尺寸（或圆形截面柱之直径）、柱净高之 1/6 和 500mm 三者之最大值范围。

② 底层柱刚性地面上、下各 500mm 的范围。

③ 底层柱柱根以上 1/3 柱净高的范围。

④ 剪跨比不大于 2 的柱和因填充墙等形成的柱净高与截面高度之比不大于 4 的柱全高范围。

⑤ 一级及二级框架的角柱的全高范围，抗震设计的框支柱的全高范围。

⑥ 需要提高变形能力的柱的全高范围。

柱箍筋加密区范围内箍筋的体积配箍率，应符合下列规定。

① 柱箍筋加密区箍筋的体积配箍率，应满足下列要求：

$$\rho_v \geqslant \lambda_v f_c / f_{yv}$$

② 柱的最小配箍特征值 $\lambda_v$，宜按表 5-11 采用。

**表 5-11　柱箍筋加密区的箍筋最小配箍特征值 $\lambda_v$**

| 抗震等级 | 箍筋形式 | 轴压比 | | | | | | | | |
|---|---|---|---|---|---|---|---|---|---|---|
| | | ≤0.3 | 0.4 | 0.5 | 0.6 | 0.7 | 0.8 | 0.9 | 1.0 | 1.05 |
| 一级 | 普通箍、复合箍 | 0.10 | 0.11 | 0.13 | 0.15 | 0.17 | 0.20 | 0.23 | — | — |
| 一级 | 螺旋箍、复合或连续复合螺旋箍 | 0.08 | 0.09 | 0.11 | 0.13 | 0.15 | 0.18 | 0.21 | — | — |
| 二级 | 普通箍、复合箍 | 0.08 | 0.09 | 0.11 | 0.13 | 0.15 | 0.17 | 0.19 | 0.22 | 0.24 |
| 二级 | 螺旋箍、复合或连续复合螺旋箍 | 0.06 | 0.07 | 0.09 | 0.11 | 0.13 | 0.15 | 0.17 | 0.20 | 0.22 |

续表

| 抗震等级 | 箍筋形式 | 轴压比 | | | | | | | | |
|---|---|---|---|---|---|---|---|---|---|---|
| | | ≤0.3 | 0.4 | 0.5 | 0.6 | 0.7 | 0.8 | 0.9 | 1.0 | 1.05 |
| 三级 | 普通箍、复合箍 | 0.06 | 0.07 | 0.09 | 0.11 | 0.13 | 0.15 | 0.17 | 0.20 | 0.22 |
| | 螺旋箍、复合或连续复合螺旋箍 | 0.05 | 0.06 | 0.07 | 0.09 | 0.11 | 0.13 | 0.15 | 0.18 | 0.20 |

注：1. 普通箍指单个矩形箍筋或单个圆形箍筋；螺旋箍指单个螺旋箍筋；复合箍指由矩形、多边形圆形箍筋或拉筋组成的箍筋；复合螺旋箍指由螺旋箍与矩形、多边形、圆形箍筋或拉筋组成的箍筋；连续复合螺旋箍指全部螺旋箍为同一根钢筋加工成的箍筋。

2. 框支柱宜采用复合螺旋箍或井字复合箍，一、二级抗震等级时，其最小配箍特征值应比表内数值增加 0.02，且体积配箍率不应小于 1.5%。

③ 对一、二、三、四级抗震等级的框架柱，其箍筋加密区范围内箍筋的体积配筋率尚且分别不应小于 0.8%、0.6%、0.4%和 0.4%。

④ 剪跨比不大于 2 的柱宜采用复合螺旋箍或井字复合箍，其加密区体积配箍率不应小于 1.2%；设防烈度为 9 度时，不应小于 1.5%。

⑤ 计算复合箍筋的体积配箍率时，应扣除重叠部分的箍筋体积；计算复合螺旋箍的体积配箍率时，其中非螺旋箍筋的体积应乘以换算系数 0.8。

抗震设计时，柱箍筋设置尚应符合下列要求。

① 箍筋应为封闭式，其末端应有 135°弯钩，弯钩端部直段长度不应小于 10 倍的箍筋直径，且不小于 75mm。

② 箍筋加密区的箍筋肢距，一级抗震等级不宜大于 200mm；二、三级抗震等级不宜大于 250mm 和 20 倍箍筋直径的较大值；四级抗震等级不宜大于 300mm。每隔一根纵向钢筋宜在两个方向有箍筋约束；采用拉筋组合箍时，拉筋宜紧靠纵向钢筋并勾住封闭箍。

③ 柱非加密区的箍筋，其体积配箍率不宜小于加密区的一半；其箍筋间距，不应大于加密区箍筋间距的 2 倍，且一、二级抗震等级不应大于 10 倍纵向钢筋直径，三、四级抗震等级不应大于 15 倍纵向钢筋直径。

非抗震设计时，柱中箍筋应符合以下规定。

① 箍筋应为封闭式。

② 箍筋间距不应大于 400mm，且不应大于构件截面的短边尺寸和最小纵向钢筋直径的 15 倍。

③ 箍筋直径不应小于最大纵向钢筋直径的 1/4，且不应小于 6mm。

④ 当柱中全部纵向受力钢筋的配筋率超过 3%时，箍筋直径不应小于 8mm，箍筋间距不应大于最小纵向钢筋直径的 10 倍，且不应大于 200mm。箍筋末端应做成 135°弯钩，弯钩末端直段长度不应小于 10 倍箍筋直径。

⑤ 当柱每边纵筋多于 3 根时，应设置复合箍筋（可采用拉条）。

⑥ 柱内纵向钢筋采用搭接做法时，搭接长度范围内箍筋直径不应小于搭接钢筋较大直径的 0.25 倍；在纵向受拉钢筋的搭接长度范围内的箍筋间距不应大于搭接钢筋较小直径的 5 倍，且不应大于 100mm；在纵向受压钢筋的搭接长度范围内的箍筋间距不应大于搭接钢筋较小直径的 10 倍，且不应大于 200mm。当受压钢筋直径大于 25mm 时，尚应在搭接接头端面外 100mm 的范围内各设置两道箍筋。

柱箍筋体积配箍率可按下式计算：

$$\rho_v=\frac{\sum l_i a_{svi}}{l_1 l_2 s}$$

式中　$l_i$——柱的同一截面内每一肢箍筋的长度；复合箍筋的重叠部分按一肢计算；

$a_{svi}$——与 $l_i$ 相对应的一肢箍筋的截面面积；

$l_1$、$l_2$——柱截面核心区的宽度和高度，如图 5-1 所示，按周边箍筋的内边缘计算；

$s$——箍筋的间距。

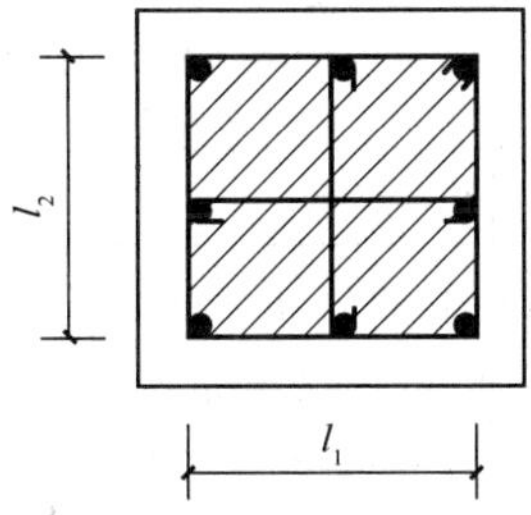


**图 5-1　柱截面核心区**

**3. 楼板钢筋配置要求**

(1) 构造钢筋　构造钢筋包括：板简支边的上部构造负筋，单向板的受力钢筋与梁平行时，沿梁方向布置的与梁垂直的上部构造负筋，控制板温度、收缩裂缝的构造钢筋。

合理布置构造钢筋，就是要按《混凝土结构设计规范》(GB 50010—2010) 的要求限制构造钢筋的最小直径、最大间距，保证构造钢筋有必要的长度和配筋面积。

控制板温度、收缩裂缝的构造钢筋，按规范要求其间距为 150～200mm，纵横两个方向的最少配筋面积不宜小于板截面面积的 0.1%，主要是在板的未配筋表面配置。已配置钢筋的部位，只要板的上、下表面纵横两个方向配筋率均不小于 0.1%，可不配置温度、收缩钢筋。在板的未配筋表面另配的温度、收缩钢筋应与已配的钢筋按受拉要求搭接。

(2) 分布钢筋　单向板（两对边支承板，长短边之比≥3 的四边支承板）底面处垂直于受力钢筋的分布钢筋。

垂直于板支座上部负筋的分布钢筋。2＜长短边之比＜3 的四边支承板，宜按双向板计算配筋；当按单向板计算配筋时垂直于板底受力钢筋的分布钢筋。长短边之比≤2 的板应按双向板计算配筋。钢筋混凝土板当按单向板设计时，除沿受力方向布置受力钢筋外，尚应在垂直受力方向布置分布钢筋。单位长度上分布钢筋的截面面积不宜小于单位宽度上受力钢筋截面面积的 15%，且不宜小于该方向板截面面积的 0.15%；分布钢筋的间距不宜大于

250mm，直径不宜小于6mm；对集中荷载较大的情况，分布钢筋的截面面积应适当增加，其间距不宜大于200mm。当地下室外墙按单向板（以楼板和基础底板为支承点的单跨、双跨或多跨板）计算墙的竖向受力钢筋配筋时，除墙的竖向受力钢筋应满足计算和最小配筋率要求外，墙的水平分布筋的截面面积除不宜少于相应受力钢筋截面面积的1/3外，也应满足受弯构件最小配筋率要求，而且墙的水平分布筋的强度等级应与墙的竖向受力钢筋相同。

**4. 剪力墙钢筋配置要求**

① 约束边缘构件沿墙肢方向的长度 $l_c$ 和配箍特征值 $\lambda_v$ 与剪力墙抗震等级和墙肢在重力荷载代表值作用下的轴压比有关，见表5-12。

**表5-12 约束边缘构件沿墙肢的长度 $l_c$ 及其配箍特征值 $\lambda_v$**

| 抗震等级（设防烈度） | | 一级（9度） | | 二级（6度、7度、8度） | | 二、三级 | |
|---|---|---|---|---|---|---|---|
| 重力荷载代表值用下的轴压比 | | $\mu_N \leqslant 0.2$ | $\mu_N > 0.2$ | $\mu_N \leqslant 0.3$ | $\mu_N > 0.3$ | $\mu_N \leqslant 0.4$ | $\mu_N > 0.4$ |
| $\lambda_v$ | | 0.12 | 0.20 | 0.12 | 0.20 | 0.12 | 0.20 |
| $l_c$/mm | 暗柱 | $0.20h_w$ | $0.25h_w$ | $0.15h_w$ | $0.20h_w$ | $0.15h_w$ | $0.20h_w$ |
| | 端柱、翼墙或转角墙 | $0.15h_w$ | $0.20h_w$ | $0.10h_w$ | $0.15h_w$ | $0.10h_w$ | $0.15h_w$ |

注：1. 翼墙长度小于其厚度3倍时或端柱截面边长小于墙厚2倍时，按无翼墙、无端柱查表。
2. 约束边缘构件沿墙肢长度 $l_c$ 对暗柱不应小于墙厚和400mm两者中的较大值；有端柱或翼墙时，不应小于翼墙厚度或端柱沿墙肢方向截面高度加300mm。
3. $h_w$ 为墙肢的长度。

②《高层建筑混凝土结构技术规程》（JGJ 3—2010）第7.2.15条规定，约束边缘构件体积配箍率 $\rho_v$ 应按下式计算：

$$\rho_v \geqslant \lambda_v \frac{f_c}{f_{yv}}$$

式中 $\lambda_v$——配箍特征值，计算时可计入拉筋。计算体积配箍率时，可适当计入满足构造要求且在墙端有可靠锚固的水平分布钢筋的截面面积。约束边缘构件最小体积配箍率见表5-13、表5-14。

**表5-13 约束边缘构件体积配箍率 $\rho_{vmin}$（$\lambda_v$＝0.2）**

| 钢筋级别 | 混凝土强度等级 | | | | | | | | | | | | |
|---|---|---|---|---|---|---|---|---|---|---|---|---|---|
| | C20 (9.6) | C25 (11.9) | C30 (14.3) | C35 (16.7) | C40 (19.1) | C45 (21.1) | C50 (23.1) | C55 (25.3) | C60 (27.5) | C65 (29.7) | C70 (31.8) | C75 (33.8) | C80 (35.9) |
| HPB300 | 1.24 | 1.24 | 1.24 | 1.24 | 1.41 | 1.56 | 1.71 | 1.87 | 2.04 | 2.20 | 2.36 | 2.50 | 2.66 |
| HRB335 | 1.11 | 1.11 | 1.11 | 1.11 | 1.27 | 1.41 | 1.54 | 1.69 | 1.83 | 1.98 | 2.12 | 2.25 | 2.39 |
| HRB400 | — | 0.93 | 0.93 | 0.93 | 1.06 | 1.17 | 1.28 | 1.41 | 1.53 | 1.65 | 1.77 | 1.88 | 1.99 |
| HRB500 | — | 0.77 | 0.77 | 0.77 | 0.88 | 0.97 | 1.06 | 1.16 | 1.26 | 1.36 | 1.46 | 1.55 | 1.65 |

**表 5-14　约束边缘构件体积配箍率 $\rho_{vmin}$**（$\lambda_v=0.12$）

| 钢筋级别 | 混凝土强度等级 | | | | | | | | | | | | |
|---|---|---|---|---|---|---|---|---|---|---|---|---|---|
| | C20 (9.6) | C25 (11.9) | C30 (14.3) | C35 (16.7) | C40 (19.1) | C45 (21.1) | C50 (23.1) | C55 (25.3) | C60 (27.5) | C65 (29.7) | C70 (31.8) | C75 (33.8) | C80 (35.9) |
| HPB300 | 0.74 | 0.74 | 0.74 | 0.74 | 0.85 | 0.94 | 1.03 | 1.12 | 1.22 | 1.32 | 1.42 | 1.50 | 1.60 |
| HRB335 | 0.67 | 0.67 | 0.67 | 0.67 | 0.76 | 0.85 | 0.92 | 1.01 | 1.10 | 1.19 | 1.27 | 1.35 | 1.43 |
| HRB400 | — | 0.56 | 0.56 | 0.56 | 0.64 | 0.70 | 0.77 | 0.85 | 0.92 | 0.99 | 1.06 | 1.13 | 1.19 |
| HRB500 | — | 0.46 | 0.46 | 0.46 | 0.53 | 0.58 | 0.64 | 0.70 | 0.76 | 0.82 | 0.88 | 0.93 | 0.99 |

③ 施工图中剪力墙约束边缘构件未按计算结果配筋，配筋结果无法保证安全。

④ 剪力墙水平分布筋在边缘构件中的锚固问题。

⑤ 将水平分布筋伸至墙肢端部，并垂直弯折 15$d$（对端柱当锚入长度不小于 $l_a$ 或 $l_{ae}$ 时可不弯折），如图 5-2 所示。

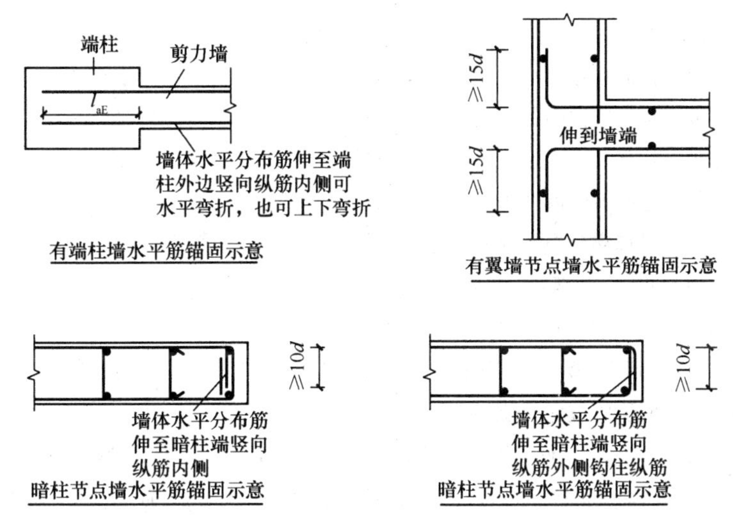


**图 5-2　剪力墙水平分布筋锚固构造**

**5. 剪力墙连梁不满足抗剪要求**

① 减小连梁截面高度或设水平缝形成双连梁。

a. 当连梁剪力设计值超过限值时，加大截面高度会引起更多的剪力，因而更为不利，而减小连梁截面高度或加大连梁截面厚度则比较有效，但加大连梁截面厚度很难实现（除非同时加大剪力墙的截面厚度）。

b. 在连梁截面高度的中间部位设水平缝将一根连梁等分成两根小连梁；在进行结构整体计算时，连梁截面高度按设缝后小连梁的高度输入，连梁截面宽度为原有连梁截面宽度的2倍；两根小连梁的配筋相同，纵向钢筋和箍筋均不宜小于整体计算结果输出的配筋（配箍）截面面积的1/2。

c. 当连梁设水平缝时，连梁的剪力宜分别乘以1.6（特一级抗震等级），1.4（一级抗震等级）、1.2（二级抗震等级）和1.1（三、四级抗震等级）的增大系数，以考虑连梁刚度改变和剪力分配不均的影响。

② 抗震设计剪力墙连梁的弯矩可塑性调幅；内力计算时已经按《高层建筑混凝土结构技术规程》(JGJ 3—2010) 5.2.1条的规定降低了刚度的连梁，其弯矩值不宜再调幅，或限制再调幅范围。此时，应取弯矩调幅后相应的剪力设计值校核其是否满足《高层建筑混凝土结构技术规程》(JGJ 3—2010) 7.2.22条的规定。

③ 对抗震设计的剪力墙连梁的弯矩和剪力进行塑性调幅，以降低其剪力设计值。具体方法如下。

a. 在结构整体设计时，将连梁刚度进行折减，抗震设防烈度为6度、7度时，折减系数可取0.7；抗震设防烈度为8度、9度时，折减系数可取0.5。折减系数不宜小于0.5，以保证连梁有足够的承受竖向荷载的能力和正常使用极限状态的性能；非抗震设计的剪力墙连梁一般不进行刚度折减。

b. 在结构整体计算之后，将连梁的弯矩和剪力组合设计值乘以折减系数。

注：上述两种方法的目的都是减少连梁的内力和配筋。因此，在整体设计时若已降低了刚度的连梁，其调幅范围应当限值或不再继续调幅。当部分连梁降低弯矩设计值后，其余部分的连梁和墙肢的弯矩设计值应相应提高。无论采用什么方法，连梁调幅后的弯矩和剪力设计值均不应低于正常使用状态下的值，也不宜低于比设防烈度降低一度的地震作用组合所得的弯矩设计值，其目的是为了避免在正常使用条件下或较小的地震作用下连梁上出现规范不允许的裂缝。因此建议在一般情况下，可控制连梁调幅后的弯矩不应小于调幅前弹性弯矩的0.8倍（6度、7度抗震设计时）和0.5倍（8度、9度抗震设计时）。

④ 当连梁破坏对承受竖向荷载无明显影响时，可考虑在大震作用下连梁不参加工作，按独立墙肢的计算简图进行第二次多遇地震作用下的内力分析，墙肢截面按两次计算的较大值计算配筋，第二次计算时位移不限制。具体做法如下。

a. 将超限连梁两端铰接，使超限连梁作为两端铰接梁进入结构整体内力分析计算。

b. 有资料指出，在结构整体计算时，如果在计算简图中将剪力墙的开洞连梁的截面高度按小于300mm输入，SATWE软件在计算内力时会忽略该梁的存在，也不计算其配筋。

注：工程设计时当遇到连梁超限时，应首先采取上述①、②措施，若仍不能解决问题时，可采用上述③、④措施，即假定超限连梁在大震作用下破坏，不能再约束墙肢。因此，可考虑超限连梁不参与工作，而按独立墙肢进行多遇地震作用下的第二次内力分析。在这种情况下，剪力墙的刚度降低，侧移增大，墙肢的内力和配筋也增大，以保证墙肢的安全。

连梁的最小及最大纵向配筋率宜符合表5-15及表5-16的规定。

**表 5-15　连梁纵筋最小配筋率**

| 连梁跨高比 | 最小配筋率（采用较大值） |
|---|---|
| $l/h_0 \leqslant 0.5$ | 0.20；$25f_t/f_y$ |
| $0.5 < l/h_0 \leqslant 1.0$ | 0.20；$35f_t/f_y$ |

续表

| 连梁跨高比 | 最小配筋率（采用较大值） |
|---|---|
| $1.0<l/h_0\leqslant1.5$ | 0.20；$45f_t/f_y$ |

**表 5-16　连梁纵筋最大配筋率**

| 连梁跨高比 | 最大配筋率（采用较大值） |
|---|---|
| $l/h_0\leqslant1.0$ | 0.50；$80f_t/f_y$ |
| $1.0<l/h_0\leqslant2.0$ | 1.00；$160f_t/f_y$ |
| $2.0<l/h_0\leqslant2.5$ | 1.40；$220f_t/f_y$ |
| $2.5<l/h_0$ | 2.50；$300f_t/f_y$ |

**6. 梁的下部设置附加钢筋要求**

①《混凝土结构设计规范》（GB 50010—2010）第 9.2.11 条条文说明：位于梁下部或梁截面高度范围内的集中荷载，应全部由附加横向钢筋承担，以防止集中荷载影响区下部混凝土的撕裂与裂缝，并弥补间接加载导致的梁斜截面受剪承载力的降低，在集中荷载影响区范围内配置附加横向钢筋；不允许用集中荷载区的受剪箍筋代替附加横向钢筋，附加横向钢筋宜采用箍筋，当采用附加吊筋时，弯起段应伸到梁的上边缘，其尾部应按规定设置水平锚固段，承担均布荷载的剪力，如图 5-3 所示。

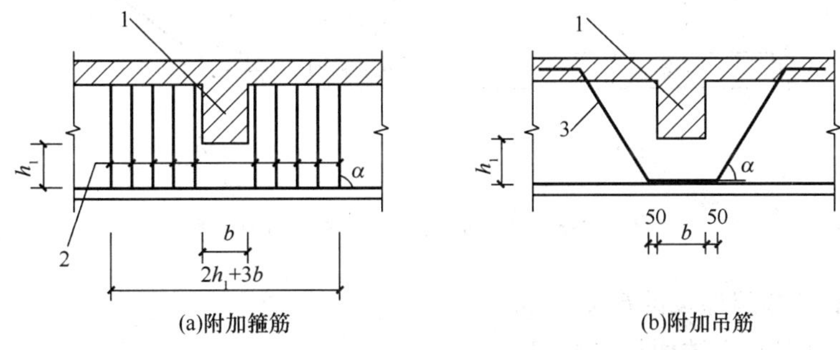


**图 5-3　梁截面高度范围内有集中荷载作用时附加横向钢筋的布置**

1—传递集中荷载的位置；2—附加箍筋；3—附加吊筋

② 由于悬臂梁剪力较大且全长承受负弯矩，“斜弯作用”及“沿筋劈裂”及引起的受力状态更为不利，悬臂梁的负弯矩纵向受力钢筋不宜切断，且必须有不少于 2 根上部钢筋（不少于第一排纵筋的 1/2）伸到梁端，并向下弯折锚固不小于 $12d$；其余梁的钢筋不应在上部截断，按规定的弯起点（$0.75l$）向下弯折，弯折后的水平段不小于 $10d$。在悬臂梁伸出尽端与梁交叉处增加附加箍筋，如图 5-4 所示。

③ 当梁下部有悬挑跨度较大的悬挑板，有抗震设防要求时，悬挑板下部设置构造钢筋，通常在施工图设计文件中会有明确要求。梁中箍筋仅考虑承担扭矩和剪力，不作为横向附加抗剪钢筋考虑，需要增设附加竖向钢筋来承担剪力。

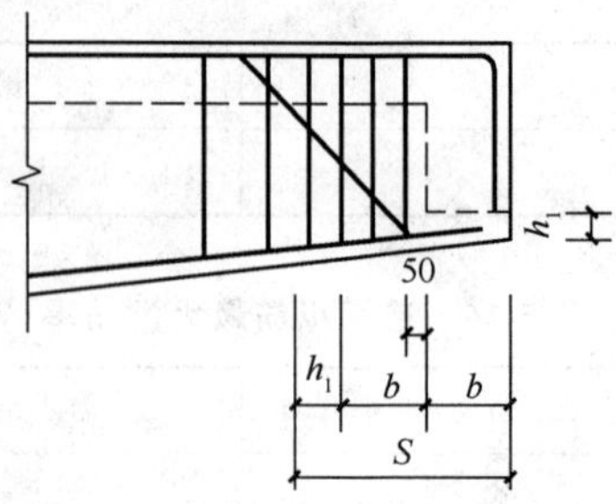


图 5-4　悬挑梁端附加箍筋范围

④ 7 度设防，2m 长的悬挑构件；8 度设防，1m 长的悬挑构件，要进行竖向地震力的验算。当悬臂板的跨度不小于 1000mm 时应设置附加悬吊钢筋；当有抗震设防要求时，较大悬挑板（长度不小于 1000mm）的下部应设置构造钢筋，这种构造不能按连续板、简支板进行设计，因为连续板、简支板支座处锚固要求是 $5d$、至少过中心线，对悬臂板是不可以这样要求的；长悬挑结构的下部钢筋为受力钢筋，其构造应满足锚固长度的要求（$l_a+12d$）；楼（屋）面板与梁下皮平时，应设置附加悬吊钢筋承担均布荷载的剪力，由计算确定数量，必要时可加腋。如图 5-5 所示，吊筋伸入梁和板内的锚固长度弯折段，不宜小于 $20d$，$d$ 为吊筋的直径。

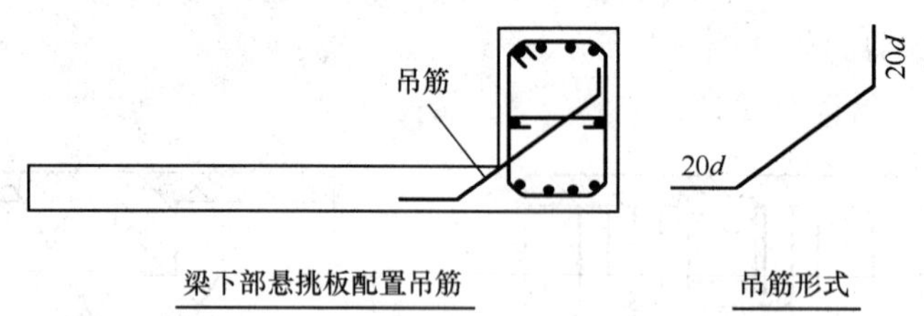


图 5-5　吊筋伸入梁和板内的锚固

**7. 剪力墙底部加强部位的高度要求**

①《高层建筑混凝土结构技术规程》（JGJ 3—2010）7.1.4 条，抗震设计时，剪力墙底部加强部位的范围，应符合下列规定。

a. 底部加强部位的高度，应从地下室顶板算起。

b. 部分框支剪力墙结构的剪力墙，其底部加强部位的高度，可取框支层加框支层以上两层的高度及落地剪力墙总高度的 1/10 二者的较大值；其他结构的剪力墙，底部加强部位的高度可取底部两层和墙体总高度的 1/10 二者的较大值。

c. 当结构计算嵌固端位于地下一层的底板或以下时，底部加强部位尚宜向下延伸到计算嵌固端。

②《建筑抗震设计规范》（GB 50011—2010）第 6.1.10 条，抗震墙底部加强部位的范围，应符合下列规定。

a. 底部加强部位的高度，从地下室顶板算起。

b. 部分框支抗震墙结构的抗震墙，其底部加强部位的高度，可取框支层加框支层以上二层的高度及落地抗震墙总高度的1/10二者的较大值；其他结构的抗震墙，房屋高度大于24m时，底部加强部位的高度可取底部二层和墙体总高度的1/10二者的较大值；房屋高度不大于24m时，底部加强部位可取底部一层。

c. 当结构计算嵌固端位于地下一层的底板或以下时，底部加强部位尚宜向下延伸到计算嵌固端。

## 四、结构抗震问题

**1. 钢筋混凝土抗震墙底部加强部位设置要求**

① 抗震墙的底部加强部位是指在抗震墙底部，包括的一定高度内，适当提高承载力和加强抗震构造措施。弯曲型和弯剪型结构的抗震墙，塑性铰一般在墙肢的底部，将塑性铰及其以上的一定高度范围作为加强部位，其目的是在此范围内采取增加边缘构件箍筋和墙体横向钢筋等必要的抗震加强措施，避免墙肢剪切破坏，改善整个结构的抗震性能。

②《建筑抗震设计规范》(GB 50011—2010) 第6.1.10条规定了抗震墙底部加强部位的高度范围，有地下室的房屋，在设置钢筋混凝土抗震墙底部加强部位时，根据地下室顶板是否作为上部结构的嵌固部位，分成以下两种情况。

a. 地下室顶板作为上部结构的嵌固部位。抗震墙底部加强部位的高度从首层向上算，按6.1.10条的规定取值，同时将加强部位向地下室延伸一层（具有一层以上地下室的可仅延伸至地下一层，地下二层以下可不按加强部位对待）。

b. 地下室顶板不能作为上部结构的嵌固部位。根据震害调查发现，地震的震害在地表附近较严重，地下室震害较少，通常±0.00处可以采取相应措施满足嵌固要求。若地下室无法满足嵌固要求，通常地下一层底板处可基本满足要求。此时抗震墙底部加强部位的高度按该处向上算1/8的总高度及地下一层加首层高度的较大值，且按不大于15m取值。此时若有一层以上地下室不必再向下延伸至地下二层以下。

**2. 抗震设计时钢筋的连接要求**

① 受力钢筋的连接接头宜设置在构件受力较小部位；抗震设计时，宜避开梁端、柱端箍筋加密区范围。钢筋连接可采用机械连接、绑扎搭接或焊接。

② 受拉钢筋直径大于28mm、受压钢筋直径大于32mm时，不宜采用绑扎搭接接头；对直径小于20mm的纵向受力钢筋，可以采用搭接接头。

③ 现浇钢筋混凝土框架梁、柱纵向受力钢筋的连接方法，应符合下列规定。

a. 框架柱：一、二级抗震等级及三级抗震等级的底层，宜采用机械连接接头，也可采用绑扎搭接或焊接接头；三级抗震等级的其他部位和四级抗震等级，可采用绑扎搭接或焊接接头。

b. 框支梁、框支柱：宜采用机械连接接头。

c. 框架梁：一级宜采用机械连接接头，二、三、四级可采用绑扎搭接或焊接接头。

④ 剪力墙的端柱及约束边缘构件的纵筋，也应优先采用机械连接接头。

⑤ 位于同一连接区段内的受拉钢筋接头面积百分率不宜超过50%。

⑥ 当接头位置无法避开梁端、柱端箍筋加密区时，应采用满足等强度要求的机械连接接头，且钢筋接头面积百分率不宜超过50%。

⑦ 采用搭接接头应满足以下要求：

a. 选择受力较小的位置；

b. 足够的搭接长度；

c. 搭接部位的箍筋间距加密至满足规范要求；

d. 有足够的混凝土强度及保护层厚度。

注：如果满足以上4款基本要求，则搭接接头的质量可以得到保证，即使在抗震构件上也是可以应用的。而且，它一般不会像焊接或机械连接那样，出现人为失误。因此，搭接接头也是一种较好的钢筋连接方式，而且往往是最省工的方法，其缺点包括：在抗震构件的内力较大部位，当构件承受反复荷载时，有滑动的可能；在钢筋较密集时，采用搭接方法将使浇灌混凝土困难；钢筋用量稍多等。

**3. 底部框架-抗震墙房屋设计抗震构造要求**

① 底部框架-抗震墙砌体房屋的上部墙体应设置钢筋混凝土构造柱或芯柱，并应符合下列要求。

a. 钢筋混凝土构造柱、芯柱的设置部位，应根据房屋的总层数分别按《建筑抗震设计规范》(GB 50011—2010) 第7.3.1条、第7.4.1条的规定设置。

b. 构造柱、芯柱的构造，除应符合下列要求外，尚应符合《建筑抗震设计规范》(GB 50011—2010) 第7.3.2、7.4.2、7.4.3条的规定。

Ⅰ. 砖砌体墙中构造柱截面不宜小于240mm×240mm (墙厚190mm时为240mm×190mm)。

Ⅱ. 构造柱的纵向钢筋不宜少于4$\phi$14，箍筋间距不宜大于200mm；芯柱每孔插筋不应小于1$\phi$14，芯柱之间沿墙高应每隔400mm设$\phi$4焊接钢筋网片。

Ⅲ. 构造柱、芯柱应与每层圈梁连接，或与现浇楼板可靠拉接。

② 过渡层墙体的构造，应符合下列要求。

a. 上部砌体墙的中心线宜与底部的框架梁、抗震墙的中心线相重合，构造柱或芯柱宜与框架柱上下贯通。

b. 过渡层应在底部框架柱、混凝土墙或约束砌体墙的构造柱所对应处设置构造柱或芯柱；墙体内的构造柱间距不宜大于层高；芯柱最大间距不宜大于1m。

c. 过渡层构造柱的纵向钢筋，6度、7度时不宜少于4$\phi$16，8度时不宜少于4$\phi$18。过渡层芯柱的纵向钢筋，6度、7度时不宜少于每孔1$\phi$16，8度时不宜少于每孔1$\phi$18。一般情况下，纵向钢筋应锚入下部的框架柱或混凝土墙内；当纵向钢筋锚固在托墙梁内时，托墙梁的相应位置应加强。

d. 过渡层的砌体墙在窗台标高处，应设置沿纵横墙通长的水平现浇钢筋混凝土带；其截面高度不小于60mm，宽度不小于墙厚，纵向钢筋不少于2$\phi$10，横向分布筋的直径不小于6mm且其间距不大于200mm。此外，砖砌体墙在相邻构造柱间的墙体，应沿墙高每隔

360mm 设置 2$\phi$6 通长水平钢筋和 $\phi$4 分布短筋平面内点焊组成的拉结网片或 $\phi$4 点焊钢筋网片，并锚入构造柱内；小砌块砌体墙芯柱之间沿墙高应每隔 400mm 设置 $\phi$4 通长水平点焊钢筋网片。

e. 过渡层的砌体墙，凡宽度不小于 1.2m 的门洞和 2.1m 的窗洞，洞口两侧宜增设截面不小于 120mm×240mm（墙厚 190mm 时为 120mm×190mm）的构造柱或单孔芯柱。

f. 当过渡层的砌体抗震墙与底部框架梁、墙体不对齐时，应在底部框架内设置托墙转换梁，并且过渡层砖墙或砌块墙应采取比 d 项更高的加强措施。

③ 底部框架-抗震墙砌体房屋的底部采用钢筋混凝土墙时，其截面和构造应符合下列要求。

a. 墙体周边应设置梁（或暗梁）和边框柱（或框架柱）组成的边框；边框梁的截面宽度不宜小于墙板厚度的 1.5 倍，截面高度不宜小于墙板厚度的 2.5 倍；边框柱的截面高度不宜小于墙板厚度的 2 倍。

b. 墙板的厚度不宜小于 160mm，且不应小于墙板净高的 1/20；墙体宜开设洞口形成若干墙段，各墙段的高宽比不宜小于 2。

c. 墙体的竖向和横向分布钢筋配筋率均不应小于 0.30%，并应采用双排布置；双排分布钢筋间拉筋的间距不应大于 600mm，直径不应小于 6mm。

d. 墙体的边缘构件可按《建筑抗震设计规范》(GB 50011—2010) 第 6.4 节关于一般部位的规定设置。

④ 当 6 度设防的底层框架-抗震墙砖房的底层采用约束砖砌体墙时，其构造应符合下列要求。

a. 砖墙厚不应小于 240mm，砌筑砂浆强度等级不应低于 M10，应先砌墙后浇框架。

b. 沿框架柱每隔 300mm 配置 2$\phi$8 水平钢筋和 $\phi$4 分布短筋平面内点焊组成的拉结网片，并沿砖墙水平通长设置；在墙体半高处尚应设置与框架柱相连的钢筋混凝土水平系梁。

c. 墙长大于 4m 时和洞口两侧，应在墙内增设钢筋混凝土构造柱。

⑤ 当 6 度设防的底层框架-抗震墙砌块房屋的底层采用约束小砌块砌体墙时，其构造应符合下列要求。

a. 墙厚不应小于 190mm，砌筑砂浆强度等级不应低于 Mb10，应先砌墙后浇框架。

b. 沿框架柱每隔 400mm 配置 2$\phi$8 水平钢筋和 $\phi$4 分布短筋平面内点焊组成的拉结网片，并沿砌块墙水平通长设置；在墙体半高处尚应设置与框架柱相连的钢筋混凝土水平系梁，系梁截面不应小于 190mm×190mm，纵筋不应小于 4$\phi$12，箍筋直径不应小于 6mm，间距不应大于 200mm。

c. 墙体在门、窗洞口两侧应设置芯柱，墙长大于 4m 时，应在墙内增设芯柱，芯柱应符合《建筑抗震设计规范》(GB 50011—2010) 第 7.4.2 条的有关规定；其余位置，宜采用钢筋混凝土构造柱替代芯柱，钢筋混凝土构造柱应符合《建筑抗震设计规范》(GB 50011—2010) 第 7.4.3 条的有关规定。

⑥ 底部框架-抗震墙砌体房屋的框架柱应符合下列要求：

a. 柱的截面不应小于400mm×400mm，圆柱直径不应小于450mm；

b. 柱的轴压比，6度时不宜大于0.85，7度时不宜大于0.75，8度时不宜大于0.65；

c. 柱的纵向钢筋最小总配筋率，当钢筋的强度标准值低于400MPa时，中柱在6度、7度时不应小于0.90%，8度时不应小于1.10%；边柱、角柱和混凝土抗震墙端柱在6度、7度时不应小于1.00%，8度时不应小于1.20%；

d. 柱的箍筋直径，6度、7度时不应小于8mm，8度时不应小于10mm，并应全高加密箍筋，间距不大于100mm；

e. 柱的最上端和最下端组合的弯矩设计值应乘以增大系数，一、二、三级的增大系数应分别按1.50、1.25和1.15采用。

⑦ 底部框架-抗震墙砌体房屋的楼盖应符合下列要求。

a. 过渡层的底板应采用现浇钢筋混凝土板，板厚不应小于120mm；并应少开洞、开小洞，当洞口尺寸大于800mm时，洞口周边应设置边梁。

b. 其他楼层，采用装配式钢筋混凝土楼板时均应设现浇圈梁；采用现浇钢筋混凝土楼板时应允许不另设圈梁，但楼板沿抗震墙体周边均应加强配筋并应与相应的构造柱可靠连接。

⑧ 底部框架-抗震墙砌体房屋的钢筋混凝土托墙梁，其截面和构造应符合下列要求。

a. 梁的截面宽度不应小于300mm，梁的截面高度不应小于跨度的1/10。

b. 箍筋的直径不应小于8mm，间距不应大于200mm；梁端在1.5倍梁高且不小于1/5梁净跨范围内，以及上部墙体的洞口处和洞口两侧各500mm且不小于梁高的范围内，箍筋间距不应大于100mm。

c. 沿梁高应设腰筋，数量不应少于2$\phi$14，间距不应大于200mm。

d. 梁的纵向受力钢筋和腰筋应按受拉钢筋的要求锚固在柱内，且支座上部的纵向钢筋在柱内的锚固长度应符合钢筋混凝土框支梁的有关要求。

⑨ 底部框架-抗震墙砌体房屋的材料强度等级，应符合下列要求：

a. 框架柱、混凝土墙和托墙梁的混凝土强度等级，不应低于C30；

b. 过渡层砌体块材的强度等级不应低于MU10，砖砌体砌筑砂浆强度的等级不应低于M10，砌块砌体砌筑砂浆强度的等级不应低于Mb10。

⑩ 底部框架-抗震墙砌体房屋的其他抗震构造措施，应符合《建筑抗震设计规范》(GB 50011—2010) 第7.3节、第7.4节和第6章的有关要求。

# 第六章
# 砌体结构审查要领及常见问题

## 第一节 审查要领

### 一、文件内容

**1. 结构布置**

（1）多层砌体结构　建筑结构设计应符合抗震概念设计的要求，不应采用严重不规则的建筑方案。建筑结构体系应符合《建筑抗震设计规范》（GB 50011—2010）第 3.5.2 条的要求。墙体材料（包括±0.000 以下的墙体材料）、房屋总高度、层数、层高、高宽比和横墙最大间距应符合《建筑抗震设计规范》（GB 50011—2010）第 3.9.2 条、第 7.1.2 条、第 7.1.3 条、第 7.1.4 条、第 7.1.5 条的要求，墙体材料还应符合工程所在地墙改政策的规定。平面布置宜简单对称，应优先采用横墙承重或纵横墙共同承重方案，墙体构造应满足《建筑抗震设计规范》（GB 50011—2010）第 7.1.7 条及《砌体结构设计规范》（GB 50003—2011）第 4.2 节的规定。

纵横墙上下应连续，传力路线应清晰。横墙较少的多层普通砖、多孔砖住宅楼的总高度和层数接近或达到《建筑抗震设计规范》（GB 50011—2010）表 7.1.2 规定限值时，加强措施应符合《建筑抗震设计规范》（GB 50011—2010）第 7.3.14 的要求。楼、屋盖与墙体的连接、楼梯间墙体的拉结连接（包括出屋顶部分）、楼、屋盖圈梁和构造柱（芯柱）的布置应符合《建筑抗震设计规范》（GB 50011—2010）第 7.3.1 条～7.3.8 条的要求。

在抗震设防地区，楼板面有高差时，其高差不应超过一个梁高（一般不超过 500mm），超过时，应将错层当两个楼层计入房屋的总层数中。

抗震设计中规定不宜采用砌体墙增加局部少量钢筋混凝土墙的结构体系。如必须采用，则应按《建筑工程勘察设计条例》第 29 条的规定进行设计审定。在抗震设防地区，多层砌体房屋墙上不应设转角窗。房屋转角处的门窗间墙承受双向侧向应力，其局部尺寸不宜小于 1m。楼梯间的布置应满足《建筑抗震设计规范》（GB 50011—2010）第 7.1.7 条的要求。多层砌块结构的芯柱、圈梁布置应满足《建筑抗震设计规范》(GB 50011—2010)第7.4.1条、第7.4.4条的要求。墙梁的布置应符合规范《砌体结构设计规范》(GB 50003—2011)第7.3.2条的规定。

(2)底部框架-抗震墙砌体结构　房屋总高度、层数、层高、高宽比、材料强度等级(墙体材料及混凝土)应符合《底部框架-抗震墙砌体房屋抗震技术规程》(JGJ 248—2012)第3.0.2条、第3.0.3条、第3.0.4条的规定。结构布置应符合《建筑抗震设计规范》(GB 50011—2010)第7.1.8条要求。对于上部砌体抗震墙布置要求，每单元与下部底框梁不对齐的墙体不宜超过两道且应为次要墙体。上部砌体房屋部分的结构体系应符合《底部框架-抗震墙砌体房屋抗震技术规程》(JGJ 248—2012)第3.0.7条的规定。底部框架-抗震墙房屋抗震构造措施应满足《建筑抗震设计规范》(GB 50011—2010)第7.5节的有关要求。

**2. 结构计算**

(1)多层砌体结构　多层砌体房屋的抗震验算和静力计算，应按规范规定进行。抗震设防地区的砌体结构除审查砌体抗剪强度是否满足规范要求外，还要注意审查门窗洞边形成的小墙垛承压强度是否满足规范要求。悬挑结构构件，除进行承载力计算外，还应进行抗倾覆和砌体局部受压承载力验算。梁端支承处砌体的局部受压承载力验算应满足《砌体结构设计规范》(GB 50003—2011)第5.2.4条、5.2.5条的要求。在墙体中留洞、留槽、预埋管道等使墙体削弱，必要时应验算削弱后的墙体的承载力。对屋面上较高女儿墙应进行抗风与抗震验算。

(2)底部框架-抗震墙砌体结构　房屋的抗震计算应按《底部框架-抗震墙砌体房屋抗震技术规程》(JGJ 248—2012)规定的方法进行。底部框架砌体房屋的地震作用效应应满足《建筑抗震设计规范》(GB 50011—2010)第7.2.4条、第7.2.5条的要求。对于特殊结构或构件除了采用软件分析外，还需补充手算资料。

**3. 结构构造**

(1)多层砌体结构　墙、柱材料应分别满足《建筑抗震设计规范》(GB 50011—2010)和《砌体结构设计规范》(GB 50003—2011)的要求。填充墙、隔墙、砌块砌体应分别满足《砌体结构设计规范》(GB 50003—2011)第6.2.3条、第6.2.10条及第6.2.11条的要求。墙、柱的高厚比应满足《砌体结构设计规范》(GB 50003—2011)第6.1.1条的要求。圈梁、构造柱(芯柱)截面尺寸和配筋构造(包括构造柱箍筋加密、纵筋的搭接和锚固等)应满足《建筑抗震设计规范》(GB 50011—2010)第7.3.2条、7.3.4条和第7.4节的要求，并在图纸上表示清楚。圈梁兼作过梁时，过梁部分的钢筋(包括箍筋)应按计算用量单独配置。

楼梯间的抗震构造措施应满足《建筑抗震设计规范》(GB 50011—2010)第7.3.8条的要求。悬挑构件应采取可靠的锚固措施：现浇栏板、檐口等构件及现浇坡屋面，受力应明确，配筋应合理，锚固要可靠；女儿墙等构件选型要合理，构造措施要可靠。挑梁设计应符合《砌体规范》第7.4.6条规定。在较长阳台挑梁根部、较大门窗洞口两侧、集中力较大处宜设置构造柱。按规定在梁支承处砌体中设置混凝土或钢筋混凝土垫块，当墙中设圈梁时，垫块与圈梁宜浇成整体。

对混凝土砌块墙体，如未设圈梁或混凝土垫块，在钢筋混凝土梁、板的支承面下，应按

《砌体结构设计规范》(GB 50003—2011) 第 6.2.13 条的规定用不低于 Cb20 的灌孔混凝土，将一定高度和一定长度范围内的孔灌实。应正确选用预制构件标准图，预制构件支承部分应满足计算和构造要求。墙梁材料、构造要求应符合规范《砌体结构设计规范》(GB 50003—2011) 第 7.3.12 条的规定。

砌体房屋伸缩缝的最大间距应符合《砌体结构设计规范》(GB 50003—2011) 第 6.5.1 条的要求，抗震设计时伸缩缝的宽度应同时满足抗震缝宽度的要求。砌体结构应根据《砌体结构设计规范》(GB 50003—2011) 第 6.5.2～6.5.5 条的规定采取防止或减轻墙体开裂的措施。工程经验表明，砌体结构长度未超过规范规定的伸缩缝最大间距时，也应注意适当采取防止或减轻墙体开裂的措施。在墙体中留设槽、洞及埋设管道等使墙体削弱时，应严格遵守规范的规定，并采取相应的加强措施。组合砖墙的材料和构造应符合《砌体结构设计规范》(GB 50003—2011) 第 8.2.6 条的要求。

(2) 底部框架-抗震墙砌体结构　砌体部分应按砌体房屋结构设计，混凝土结构部分应按混凝土房屋结构设计。底部框架砌体房屋的钢筋混凝土部分，框架和抗震墙的抗震等级，以及相应的抗震措施应符合《建筑抗震设计规范》(GB 50011—2010) 第 6 章、第 7 章的有关要求。房屋的楼盖、屋盖、托墙梁和抗震墙，其材料、截面尺寸和配筋构造要求应分别符合《建筑抗震设计规范》(GB 50011—2010) 第 7.5.3 条、第 7.5.4 条、第 7.5.5 条、第 7.5.6 条及第 7.5.7 条的规定。底部框架-抗震墙中框架和抗震墙抗震构造措施应符合《底部框架-抗震墙砌体房屋抗震技术规程》(JGJ 248—2012) 第 5.5 节规定，上部砖砌体抗震构造措施应符合《底部框架-抗震墙砌体房屋抗震技术规程》(JGJ 248—2012) 第 6.2 节规定。伸缩缝间距、防止或减轻墙体开裂措施等要求同多层砖砌体结构。

## 二、审查内容

### 1. 结构布置

(1) 多层砌体结构　结构设计应符合抗震概念设计的要求。结构体系应符合《建筑抗震设计规范》(GB 50011—2010) 第 7.1.7 强制性条文的要求。墙体材料（包括±0.000 以下的墙体材料)、房屋总高度、层数、层高、高宽比和横墙最大间距应符合《建筑抗震设计规范》(GB 50011—2010) 第 3.9.2 强制性条文、7.1.2～7.1.5 强制性条文的要求。平面布置应优先采用横墙承重或纵横墙共同承重。纵横墙上下应连续，传力路线应清楚。抗震设计时，多层砌体房屋墙上不应设转角窗。楼梯间布置应满足《建筑抗震设计规范》(GB 50011—2010) 第 7.3.8 条的要求。墙梁的布置应符合《砌体结构设计规范》(GB 50003—2011) 第 7.3.2 强制性条文的要求。

(2) 底部框架-抗震墙砌体结构　房屋的总高度和层数及层高是否在规范限值以内。底部抗震墙的布置及抗震横墙最大间距是否符合规范规定。

### 2. 结构计算

(1) 多层砌体结构　多层砌体房屋的抗震验算和静力计算，应按相应规范规定进行。抗震设防地区的砌体结构除审查砌体抗剪强度是否满足规范要求外，还要注意审查门窗洞边形成的小墙垛承压强度是否满足规范要求。悬挑结构构件应进行抗倾覆和砌体局部受压承载力验算。梁端支承处砌体的局部受压承载力验算应满足《砌体结构设计规范》（GB 50003—2011）第 5.2.4、5.2.5 强制性条文的要求。对削弱墙体的承载力验算。屋面较高女儿墙应进行抗风与抗震验算。

（2）底部框架-抗震墙砌体结构　框剪层与其相邻的砌体层侧向刚度的比值是否在规定限值以内。底部框架、底部混凝土抗震墙抗震等级的确定是否正确。

**3. 结构构造**

（1）多层砌体结构　圈梁、构造柱（芯柱）截面尺寸和配筋构造。墙柱高厚比应满足《砌体结构设计规范》（GB 50003—2011）第 6.1.1 条的要求。按规范要求在梁支承处砌体中设置混凝土或钢筋混凝土垫块。填充墙、隔墙、砌块砌体应分别满足《砌体结构设计规范》（GB 50003—2011）第 6.2.3、6.2.10、6.2.11 条的要求。在较长阳台挑梁根部、较大窗洞口两侧、集中力较大处设置构造柱。墙梁材料、构造应符合《砌体结构设计规范》（GB 50003—2011）第 7.3.12 条的要求。

（2）底部框架-抗震墙砌体结构　不应采用底部大开间框架-抗震墙、上部横墙很少的结构。底部钢筋混凝土托墙梁构造是否符合规范规定。不应采用所谓“框混”结构，即：局部框架局部砖砌体，局部框架局部底框，部分底框部分砖砌体，纵向或外纵向为底框、而横向为砖砌体等。框架-抗震墙与砌体部分的构造是否符合框架-抗震墙结构与砌体结构的有关规定。过渡层墙体的构造应符合规范要求。

# 第二节　常见问题

## 一、结构布置问题

**1. 砌体结构平立面布置要求**

① 在平面布置时，尽可能地选择矩形、圆形、方形等有利于抗震的体形，简单的房屋体形的各部位受力比较均匀，薄弱环节较少，抗震性能较好，同时控制外凸和内凹的尺寸。

② 建筑立面应均匀布置，避免头重脚轻，结构重心尽可能地降低，出屋面部分如屋顶的女儿墙、水箱间等，由于根部与下部结构连接薄弱，刚度突变，受鞭梢效应影响严重，在地震时容易率先破坏倾倒。

③ 其地震作用通过周边的屋面结构传至下部结构，如屋面结构刚度不够时，在突出屋面结构的下部一定范围内破坏相对集中。

④ 设计中要求出屋面建筑部分的高度不应过高，以减小地震时产生的鞭梢效应影响。

**2. 砌体结构设置转角窗要求**

①《建筑抗震设计规范》（GB 50011—2010）第 7.1.7 条明确规定：不应在房屋转角处

设置转角窗。

② 设置转角窗破坏了砌体墙的连续性和整体性，使地震作用无法传递，给结构抗震安全造成隐患。

**3. 砌体结构高度和层数要求**

① 砌体结构房屋的震害随着楼层数的增加而加剧，《建筑抗震设计规范》（GB 50011—2010）制定出了我国在不同设防烈度下的砌体结构房屋总高度和层数限值。设计中房屋总高度和层数采用双控原则，楼盖重量占到房屋总重的一半左右，房屋总高度相同，多一层楼盖就意味着增加半层楼的地震作用。

②《建筑抗震设计规范》（GB 50011—2010）第 7.1.2 条规定了砌体结构房屋的层数和总高度限值，对于带阁楼坡屋顶的房屋的高度算至山墙的 1/2 高度处，而阁楼是否作为一层计入总层数的问题，意见不一，建议视阁楼所满足的功能状况确定。

③ 对于阁楼只作为屋面（屋架）结构，不预留上人洞口（检修口除外）（闷顶），可不作为一个楼层考虑，否则应按一层考虑。作为结构计算，不论是否预留上人洞口，阁楼层均应作为一质点考虑，施工图审查时应从严把关。

**4. 砌体结构楼梯间设置要求**

① 在布局上要求楼梯间不宜设置在房屋的尽端和转角处。

② 从抗震设防烈度 6 度区开始，所有抗震设防的多层砌体房屋楼梯间应在楼电梯间四角、楼梯斜梯段上下端对应的墙体处设置构造柱。

③ 针对楼梯间墙体缺少各层楼板的侧向支承，有时还因为楼梯踏步削弱楼板间墙体的情况，《建筑抗震设计规范》（GB 50011—2010）要求在 7～9 度区时楼梯间休息平台或半层高处墙体中设置 60mm 厚、纵向钢筋不应少于 2$\phi$10 的钢筋混凝土带或配筋砖带，配筋砖带不少于 3 皮，每皮的配筋不少于 2$\phi$6，砂浆强度等级不应低于 M7.5 且不低于同层墙体的砂浆强度等级。

④ 针对楼梯间顶层较高墙体而震害加重的情况，《建筑抗震设计规范》（GB 50011—2010）要求顶层楼梯间墙体应沿墙高每隔 500mm 设 2$\phi$6 通长钢筋和 $\phi$4 分布短钢筋平面内点焊组成的拉结网片或 $\phi$4 点焊网片，出屋面的楼梯间要求构造柱伸到顶部并与圈梁连接。

## 二、结构计算问题

**1. 砌体地下室外墙设计要求**

① 地下室外墙的内侧为使用房间，外侧是回填土。地下室外墙通常承受土压力的作用，当地下水位较高时，还承受静水压力的作用；由于房屋室外地面难免会有堆载，甚至有道路，故地下室外墙还应考虑室外地面荷载的影响。

② 在一般情况下，地下室的顶板通常是现浇或预制的钢筋混凝土板楼盖；地下室的地面则往往是现浇混凝土地面（有时会配构造钢筋）；地下室的外墙由于承受侧压力，通常比地上一层的墙体要厚；此外，为了保证地下室和上部结构有较好的空间刚度，往往要求地下室横墙的间距密一些，纵横墙之间也应很好地砌合和拉结。因此，地下室外墙计算时可按刚

性方案进行静力计算。

③ 地下室外墙的计算简图，如图 6-1 所示。当按刚性方案计算地下室外墙时，其上端可视为简支于地下室顶板底面处，下端简支于基础底面处。如果地下室地面混凝土板较厚且在地下室外墙承受土压力等荷载前已具有足够强度时，地下室外墙下端也可简支于混凝土地面的顶面处。当墙的基础宽度远大于墙厚且具有足够的抵抗墙体转动的刚度时，也可取下端嵌固于基础顶面。

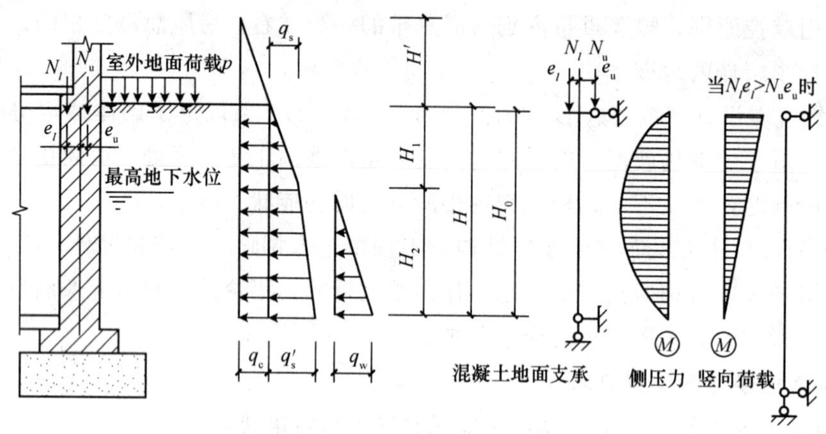


**图 6-1 地下室外墙的荷载及计算简图**

④ 地下室外墙的荷载计算。

a. 土的侧压力 $q_s$按下式计算：

$$q_s = K_0 \gamma_s H_1$$

$$q_s' = K_0 (\gamma_s H - \gamma_w H_2)$$

式中 $\gamma_s$——土的天然重力密度，kN/m³；地下水位以下取浮重度 11kN/m³；

$H$——室外地面以下土的深度，m；

$K_0$——静止土压力系数，对一般固结土可取 $K_0 = 1 - \sin\varphi$（$\varphi$ 为土的有效内摩擦角），一般情况下可取 $K_0 = 0.5$；

$\gamma_w$——地下水的自重，一般取 10kN/m³；

$H_2$——地下水位水面至室外地面以下深度为 $H$ 处的深度，m。

注：土对挡土结构的侧压力有三种，即主动土压力、被动土压力和静止土压力。具体工程究竟属于哪一种，要视在土的侧压力作用下，挡土结构的侧移情况而定。当在土的侧压力作用下，挡土结构向前发生侧向移动，使土的侧压力减少，使挡土结构后面填土的抗剪强度得到完全发挥。这时，使用于挡土结构上的土的侧压力为主动土压力。当挡土结构受到某种约束，在土的侧压力推动下，不能发生侧向移动。这时，作用于挡土结构上的土的侧压力为静止土压力。当挡土结构受到某种力的推动，向填土一边挤压，填土则阻止挡土结构的移动。这时，作用于挡土结构上的土的侧压力为被动土压力。房屋地下室的外墙，虽然也受到向前推动的土压力的作用，但因有楼板和内横墙的约束，墙体基本上不能发生侧向移动，填土没有侧向变形。因此，作用于地下室外墙上的土的侧压力，一般可按静止土压力计算。

b. 静止水压力 $q_w$按下式计算：

$$q_w = \gamma_w H_2$$

c. 室外地面活荷载 $p$ 按下式折算成当量土层的侧压力 $q_e$：

$$q_e = K_0 \gamma_s H'$$

注：室外地面均布活荷载 $p$（$kN/m^2$）在计算时可换算成当量土层，其高度 $H' = p/\gamma_s$，并近似地认为这部分当量土层的土对墙体产生的侧压力从室外地面到基础底面均匀分布，室外地面活荷载标准值一般取不小于 $10kN/m^2$。

**2. 砌体结构的墙、柱高厚比验算要求**

（1）矩形截面墙、柱高厚比的验算　矩形截面墙、柱高厚比 $\beta$ 的验算：

$$\beta = \frac{H_0}{h} \leqslant \mu_1 \mu_2 [\beta]$$

式中　$H_0$——墙、柱的计算高度，应根据房屋类别和构件支承条件按表 6-1 采用；

$h$——墙厚或矩形截面柱与 $H_0$ 相对应的边长；

$\mu_1$——自承重墙允许高厚比的修正系数；

$\mu_2$——有门窗洞口的墙允许高厚比的修正系数；

$[\beta]$——墙、柱的允许高厚比，应按表 6-2 采用，当与墙连接的相邻两横墙的间距 $s \leqslant \mu_1 \mu_2 [\beta] h$ 时，墙体的高厚比可不受表中数值的限制。

**表 6-1　受压构件的计算高度 $H_0$**

| 房屋类别 | | | 柱 | | 带壁柱墙或周边拉结的墙 | | |
|---|---|---|---|---|---|---|---|
| | | | 排架方向 | 垂直排架方向 | $s>2H$ | $2H \geqslant s > H$ | $s \leqslant H$ |
| 有吊车的单层房屋 | 变截面柱上段 | 弹性方案 | $2.5H_u$ | $1.25H_u$ | $2.5H_u$ | | |
| | | 刚性、刚弹性方案 | $2.0H_u$ | $1.25H_u$ | $2.0H_u$ | | |
| | 变截面柱下段 | | $1.0H_l$ | $0.8H_l$ | $1.0H_l$ | | |
| 无吊车的单层和多层房屋 | 单跨 | 弹性方案 | $1.5H$ | $1.0H$ | $1.5H$ | | |
| | | 刚弹性方案 | $1.2H$ | $1.0H$ | $1.2H$ | | |
| | 多跨 | 弹性方案 | $1.25H$ | $1.0H$ | $1.25H$ | | |
| | | 刚弹性方案 | $1.0H$ | $1.0H$ | $1.1H$ | | |
| | 刚性方案 | | $1.0H$ | $1.0H$ | $1.0H$ | $0.4s+0.2H$ | $0.6s$ |

注：1. 表中 $H_u$ 为变截面柱的上段高度；$H_l$ 为变截面柱的下段高度。

2. 对于上端为自由端的构件，$H_0 = 2H$。

3. 独立砖柱，当无柱间支撑时，柱在垂直排架方向的 $H_0$ 应按表中数值乘以 1.25 后采用。

4. $s$ 为房屋横墙间距。

5. 自承重墙的计算高度应根据周边支承或拉结条件确定。

**表 6-2　墙、柱的允许高厚比 $[\beta]$ 值**

| 砂浆强度等级 | 墙 | 柱 |
|---|---|---|
| M2.5 | 22 | 15 |

续表

| 砂浆强度等级 | 墙 | 柱 |
| --- | --- | --- |
| M5.0 | 24 | 16 |
| ≥M7.5 | 26 | 17 |

注：1. 毛石墙、柱允许高厚比应按表中数值降低20%。

2. 组合砖砌体构件的允许高厚比，可按表中数值提高20%，但不得大于28。

3. 验算施工阶段砂浆尚未硬化的新砌砌体高厚比时，允许高厚比对墙取14，对柱取11。

（2）带壁柱墙的高厚比验算　带壁柱墙的整片墙的高厚比按下式进行验算：

$$\beta=\frac{H_0}{h_T}\leqslant\mu_1\mu_2\ [\beta]$$

式中　$h_T$——带壁柱墙截面的折算厚度，视带壁柱墙的截面为T形，按惯性矩和面积都相等的原则换算成矩形截面，其折算厚度为$h_T=3.5\sqrt{\frac{I}{A}}$；$I$和$A$分别为带壁柱墙截面的惯性矩和截面面积；

$H_0$——墙、柱构件的计算高度。

注：在确定整片墙两侧的支承条件时，取支承横墙之间的距离，即墙的长度$s_w$取相邻横墙之间的距离。在求带壁柱墙的回转半径（回转半径$i=\sqrt{\frac{I}{A}}$）时，T形截面的翼缘宽度，对于无窗洞口的墙面取壁柱宽加2/3壁柱高度，同时不得大于壁柱间距；有窗洞口时，取窗间墙宽度。

壁柱之间墙的局部高厚比验算：

$$\beta=\frac{H_0}{h}\leqslant\mu_1\mu_2\ [\beta]$$

式中　$H_0$——墙、柱的计算高度，应根据房屋类别和构件支承条件按表6-1采用；

$h$——墙厚或矩形截面柱与$H_0$相对应的边长；

$\mu_1$——自承重墙允许高厚比的修正系数；

$\mu_2$——有门窗洞口的墙允许高厚比的修正系数；

$[\beta]$——墙、柱的允许高厚比，应按表1-2采用，当与墙连接的相邻两横墙的间距$s\leqslant\mu_1\mu_2\ [\beta]\ h$时，墙体的高厚比可不受表中数值的限制。

注：在验算壁柱之间墙的局部高厚比时，壁柱可视为墙的侧向不动铰支点。计算$H_0$时，$s$取壁柱之间的距离。而且，不管房屋静力计算采用刚性方案、刚弹性方案还是弹性方案，确定壁柱间墙的计算高度$H_0$时，均按刚性方案考虑。当壁柱之间墙的厚度较薄、较高以致超过高厚比限值时，可在墙高范围内设置钢筋混凝土圈梁。当$\frac{b}{s}\geqslant\frac{1}{30}$（$b$为圈梁宽度）且圈梁高度不小于120mm时，该圈梁可以作为墙的不动支点（因为圈梁水平方向刚度大，能够限制壁柱间墙体的侧向变形）。如果不允许增加圈梁宽度，可按墙体平面外等刚度原则增加圈梁高度，以满足壁柱间墙或构造柱间墙的不动支点的要求。

（3）带构造柱墙的高厚比验算　整片墙的高厚比验算：

$$\beta=\frac{H_0}{h}\leqslant\mu_1\mu_2\mu_c\ [\beta]$$

式中　$\mu_c$——带构造柱的墙的允许高厚比提高系数，$\mu_c=1+\gamma\frac{b_c}{l}$（$b_c$为构造柱沿墙长度方向的宽度；$l$为构造柱之间的距离；$\gamma$为系数，对细石料、半细石料砌体，$\gamma=0$；对混凝土砌块、粗料石、毛料石及毛石砌体，$\gamma=1.0$；其他砌体，$\gamma=1.5$）。

注：当$b_c/l>0.25$时，取$b_c/l=0.25$；当$b_c/l<0.05$时，取$b_c/l=0$。进行施工阶段墙体的高厚比验算时，不应考虑构造柱的有利作用。

构造柱间墙的高厚比验算：

$$\beta=\frac{H_0}{h}\leqslant\mu_1\mu_2[\beta]$$

式中　$H_0$——墙、柱的计算高度，应根据房屋类别和构件支承条件按表 6-1 采用；

$h$——墙厚或矩形截面柱与$H_0$相对应的边长；

$\mu_1$——自承重墙允许高厚比的修正系数；

$\mu_2$——有门窗洞口的墙允许高厚比的修正系数；

$[\beta]$——墙、柱的允许高厚比，应按表 6-2 采用，当与墙连接的相邻两横墙的间距$s\leqslant\mu_1\mu_2[\beta]h$时，墙体的高厚比可不受表中数值的限制。

注：验算时可将构造柱视为构造柱间墙的不动铰支点。在计算$H_0$时，$s$取构造柱之间的距离，而且，不论带构造柱的墙体的静力计算方案属于何种方案，均按刚性方案考虑。

**3. 梁端支承处砌体的局部受压承载力要求**

砌体结构房屋楼、屋面梁梁端底面砌体局部受压面上承受的荷载一般由两部分组成：一部分为梁端上部墙体传下来的局部压力$N_0$；另一部分为由梁传来的局部压力$N_l$。

① 梁端不设刚性垫块时砌体的局部受压承载力可按下式计算：

$$\psi N_0+N_l\leqslant\eta\gamma fA_l$$

$$\psi=1.5-0.5\frac{A_0}{A_l}$$

$$N_0=\sigma_0A_l$$

$$A_l=a_0b$$

$$a_0=10\sqrt{\frac{h_c}{f}}$$

式中　$\psi$——上部荷载的折减系数，当$A_0/A_l$大于等于 3 时，应取$\psi$等于 0；

$N_0$——局部受压面积内上部轴向力设计值，N；

$N_l$——梁端支承压力设计值，N；

$\eta$——梁端底面压应力图形的完整系数，可取 0.7，对于过梁和墙梁可取 1.0；

$\gamma$——砌体局部抗压强度提高系数；

$f$——砌体的抗压强度设计值，MPa；

$A_l$——局部受压面积，$mm^2$；

$A_0$——影响砌体局部抗压强度的计算面积，$mm^2$；

$\sigma_0$——上部平均压力设计值，$N/mm^2$；

$a_0$——梁的有效支承长度，mm，当$a_0$大于$a$时，应取$a_0$等于$a$（梁的实际支承长度）；

$b$——一梁的截面宽度，mm；

$h_c$——梁的截面高度，mm。

② 梁端设置刚性垫块时砌体的局部受压应符合下列规定：

$$N_0+N_l\leqslant\varphi\gamma_1 fA_b$$

$$N_0=\sigma_0 A$$

$$A_b=a_b b_b$$

式中　$N_0$——垫块面积$A_b$内上部轴向力设计值，N；

$\varphi$——挚块上$N_0$及$N_l$合力的影响系数，$\varphi=\dfrac{1}{1+12\left(\dfrac{e}{h}\right)^2}$（$e$为轴向力的偏心距，$h$为矩形截面的轴向力偏心方向的边长）。

$\gamma_1$——垫块外砌体面积的有利影响系数，$\gamma_1$应为$0.8\gamma$，但不小于1.0；$\gamma$为砌体局部抗压强度提高系数；

$A_b$——垫块面积，$mm^2$；

$a_b$——垫块伸入墙内的长度，mm；

$b_b$——垫块的宽度，mm。

## 三、配筋构造问题

### 1. 墙梁设计特殊构造要求

（1）材料　托梁的混凝土强度等级不应低于C30；纵向钢筋宜采用HRB335或HRB400级钢筋；承重墙梁的块体强度等级不应低于MU10，计算高度范围内墙体的砂浆强度等级不应低于M10。

（2）墙体　框支墙梁的上部砌体房屋，以及设有承重的简支墙梁或连续墙梁的房屋，应满足刚性方案房屋的要求。墙梁的计算高度范围内的墙体厚度，对砖砌体不应小于240mm；对混凝土小型砌块砌体不应小于190mm。墙梁洞口上方应设钢筋混凝土过梁，其支承长度不应小于240mm；洞口范围内不应施加集中荷载。承重墙梁的支座处应设置落地翼墙，翼墙厚度，对砖砌体不应小于240mm，对混凝土砌块砌体不应小于190mm，翼缘宽度不应小于墙梁墙体厚度的3倍，并与墙梁墙体同时砌筑。当不能设置翼墙时，应设置落地且上、下贯通的构造柱。当墙梁的墙体的受剪或局部受压承载力不满足时，可采用网状配筋砌体或加设构造柱等措施；网状配筋砌体的范围，从支座中心线起每边$0.4h_w$，从托梁顶面起高$0.6h_w$。当墙梁的墙体在靠近支座1/3跨度范围内开洞时，支座处应设置落地且上、下贯通的构造柱，并应与每层圈梁连接。墙梁计算高度范围内的墙体，每天可砌高度不应超过1.5m，否则，应加设临时支撑。承重墙梁的托梁如现浇，应在混凝土达到设计强度等级的75%，梁上砌体达到比设计强度等级低一级的强度时，方可拆除模板和支撑。通过墙梁墙体的施工临时通道的洞口宜开在跨中$l_0/3$范围内，其高度不应大于层高的5/6，并预留水平拉结筋。冬季施工时，托梁下应设置临时支撑，在墙梁计算高度范围内的墙体强度达到设计强度的75%以前，不得拆除。

（3）托梁　有墙梁的房屋的托梁两边各一个开间及相邻开间处应采用现浇钢筋混凝土楼

盖，楼板厚度不应小于120mm，当楼板厚度大于150mm时，宜采用双层双向钢筋网，楼板上应少开洞，洞口尺寸大于800mm时应设洞边梁。托梁每跨底部的纵向受力钢筋应通长设置，不得在跨中段弯起或截断。钢筋接长应采用机械连接或焊接。墙梁的托梁跨中截面纵向受力钢筋总配筋率不应小于0.6%。托梁距边支座边 $l_0/4$ 范围内，上部纵向钢筋面积不应小于跨中下部纵向钢筋面积的1/3。连续墙梁或多跨框支墙梁的托梁中支座上部附加纵向钢筋从支座边算起每边延伸不少于 $l_0/4$。承重墙梁的托梁在砌体墙、柱上的支承长度不应小于350mm。纵向受力钢筋伸入支座应符合受拉钢筋的锚固要求。当托梁高度 $h_b \geqslant 500$mm时，应沿梁高设通长水平腰筋，直径不应小于12mm，间距不应大于200mm。墙梁偏开洞口的宽度及两侧各一个梁高 $h_b$ 范围内直至靠近洞口的支座边的托梁箍筋直径不宜小于8mm，间距不应大于100mm。

**2. 墙体拉结筋及竖向配筋要求**

① 7度时长度大于7.2m的大房间，及8度和9度时，外墙转角处及内外墙交接处，当未设置构造柱时，应沿墙高每隔500mm配置2$\phi$6拉结筋，并每边伸入墙内不宜小于1m。

② 后砌非承重隔墙应沿墙高每隔500mm配置2$\phi$6钢筋与承重墙或柱拉结，并每边伸入墙内不应小于500mm；8度和9度时长度大于5.0m的后砌隔墙的墙顶尚应与楼板或梁拉结。

## 四、结构抗震问题

**1. 砌体结构抗震设计时房屋的总高度和总层数要求**

① 根据《建筑抗震设计规范》(GB 50011—2010)第7.1.2条的规定，一般情况下，多层砌体结构房屋的总层数和总高度不应超过表6-3的要求。

**表6-3　多层砌体房屋和底部框架、内框架房屋层数和总高度限值**

| 房屋类别 | | 最小墙厚度/mm | 抗震设防烈度 | | | | | | | |
|---|---|---|---|---|---|---|---|---|---|---|
| | | | 6度 | | 7度 | | 8度 | | 9度 | |
| | | | 高度/m | 层数 | 高度/m | 层数 | 高度/m | 层数 | 高度/m | 层数 |
| 多层砌体 | 普通砖 | 240 | 24 | 8 | 21 | 7 | 18 | 6 | 12 | 4 |
| | 多孔砖 | 240 | 21 | 7 | 21 | 7 | 18 | 6 | 12 | 4 |
| | 多孔砖 | 190 | 21 | 7 | 18 | 6 | 15 | 5 | — | — |
| | 小砌块 | 190 | 21 | 7 | 21 | 7 | 18 | 6 | — | — |
| 底部框架-抗震墙 | | 240 | 22 | 7 | 22 | 7 | 19 | 6 | — | — |
| 多排柱内框架 | | 240 | 16 | 5 | 16 | 5 | 13 | 4 | — | — |

注：1. 房屋的总高度指室外地面到主要屋面板板顶或檐口的高度，半地下室从地下室室内地面算起，全地下室和嵌固条件好的半地下室应允许从室外地面算起；对带阁楼的坡屋面应算到山尖墙的1/2高度处。

2. 室内外高差大于0.6m时，房屋总高度应允许比表中数据适当增加，但不应多于1m。

3. 乙类的多层砌体房屋应允许按本地区设防烈度查表，但层数应减少一层且总高度应降低3m。

4. 本表小砌块砌体房屋不包括配筋混凝土小型空心砌块砌体房屋。

② 地下室与房屋的总层数和总高度的关系如下。

a. 全地下室：全部结构埋置在室外地面以下，或有部分外墙露出室外地面而外墙上无窗洞口的地下室，可视为全地下室。全地下室可不作为一层计入多层砌体结构房屋的总层数和总高度，但应保证地下室结构的整体性和与上部结构的连续性。

b. 半地下室分以下三种情况考虑。

Ⅰ. 半地下室层高较大，作为一层使用，外墙上开有较大门窗洞口采光和通风，外墙的大部分或部分埋置于室外地面以下。这类半地下室应算作一层，并计入多层砌体结构房屋的总层数中，房屋的总高度则从地下室室内地面算起。

Ⅱ. 半地下室层高较小，一般在 2.2m 左右，外墙上无窗洞口或仅有较小的通气洞口，对外墙截面削弱很少；半地下室层高的大部分埋置于室外地面以下，或高出室外地面部分不超过 1.0m。这类半地下室可不作为一层计入多层砌体结构房屋的总层数中，房屋的总高度仍从室外地面算起。

Ⅲ. 半地下室层高较大且作为一层使用，外墙上开有门窗洞口采光和通风，但门窗洞孔处均设有窗井纵墙和横墙，且窗井横墙又为半地下室内横墙的延伸，使窗井周边墙体形成封闭墙体，由此使外窗井墙成为扩大的半地下室底盘结构。这类具有扩大底盘的半地下室结构对上部结构的嵌固有利，因此，抗震设计时，这类半地下室结构可不作为一层计入多层砌体结构房屋的总层数中，房屋的总高度仍从室外地面算起。

c. 不论是全地下室还是半地下室，结构整体计算时均应作为一层输入，抗震强度验算时地下一层墙体均应满足承载力的要求。

③ 阁楼坡屋顶层与房屋的总层数和总高度的关系如下。

a. 坡屋顶有吊顶，吊顶以上的空间不利用，吊顶用轻质材料，水平刚度小。这类坡屋顶层可不作为一层计入房屋的总层数中，但房屋的总高度应算到山尖墙的 1/2 高度处。

b. 坡屋顶有阁楼层，阁楼层楼板为钢筋混凝土板或木楼盖，可用作储物或居住，最低处的高度在 2.0m 以上。这类阁楼坡屋顶层应作为一层计入房屋的总层数中，房屋的总高度应算到山尖墙的 1/2 高度处。

c. 阁楼坡屋顶层的楼层面积小于等于房屋顶层楼面面积的 1/2，且阁楼楼层最低处的高度不超过 1.8m 时，阁楼坡屋顶层可不作为一层计入房屋的总层数中，高度亦不计入房屋的总高度中。但此种局部的阁楼坡屋顶层，在采用振型分解反应谱法进行结构整体计算时，应作为一层输入进行设计计算。

④ 横墙较少或横墙很少与房屋总层数和总高度的关系如下。

a. 横墙较少的多层砌体结构房屋，是指同一楼层内横墙间距大于 4.20m 的房间总面积占该楼层总面积的 40%以上的房屋。对医院、教学楼等横墙较少的多层砌体结构房屋，其总高度应比表 6-3 的规定降低 3m，层数相应减少一层；各层横墙很少的多层砌体房屋，还应再减少一层。

b. 横墙很少的多层砌体结构房屋，是指同一楼层内横墙间距大于 4.20m 的房间总面积占该楼层总面积的 80%以上的房屋。对于这类多层砌体结构房屋，其总高度应比表 6-3 的规定降低 6m，层数相应降低两层。对于横墙很少的多层砌体结构房屋，除高度降低 6m、层数降低两层外，尚应采取在有关部位增设构造柱并加强构造柱的截面和配筋等加强措施。

c. 横墙较少的普通砖、多孔砖多层砌体结构住宅楼，当按下列规定采取抗震加强措施并满足抗震承载力要求时，其总高度和总层数仍可按表 6-3 的规定采用。

Ⅰ. 房屋的最大开间尺寸不宜大于 6.6m。

Ⅱ. 同一结构单元内横墙错位数量不宜超过横墙总数的 1/3，且连续错位不宜多于两道；错位的墙体交接处均应增设构造柱，且楼、屋面板应采用现浇钢筋混凝土板。

Ⅲ. 横墙和内纵墙上洞口宽度不宜大于 1.5m；外纵墙上洞口的宽度不宜大于 2.1m 或开间尺寸的一半；且内外墙上洞口位置不应影响内外纵墙与横墙的整体连接。

Ⅳ. 所有纵横墙均应在楼、屋盖标高处设置加强的现浇钢筋混凝土圈梁；圈梁的截面高度不宜小于 150mm，上、下纵筋各不应少于 3$\phi$10，箍筋直径不小于 6mm，间距不大于 200mm。

Ⅴ. 所有纵横墙交接处及横墙中部，均应增设满足下列要求的构造柱：在横墙内的柱距不宜大于层高，在纵墙内的柱距不宜大于 4.2m，最小截面尺寸不宜小于 240mm×240mm，配筋宜符合表 6-4 的要求。

**表 6-4　增设构造柱的纵筋和箍筋设置要求**

| 位置 | 纵向钢筋 | | | 箍筋 | | |
|---|---|---|---|---|---|---|
| | 最大配筋率/% | 最小配筋率/% | 最小直径/mm | 加密区范围/mm | 加密区间距/mm | 最小直径/mm |
| 角柱 | 1.8 | 0.8 | 14 | 全高 | 100 | 6 |
| 边柱 | | | 14 | 上端 700<br>下端 500 | | |
| 中柱 | 1.4 | 0.6 | 12 | | | |

Ⅵ. 同一结构单元的楼屋面板应设置在同一标高处。

Ⅶ. 房屋底层和顶层的窗台标高处，宜设置沿纵横墙通长的水平现浇钢筋混凝土带，其截面高度不小于 60mm，宽度不小于 240mm，纵向钢筋不少于 3$\phi$6。

**2. 砌体结构抗震设计时房屋的结构体系要求**

① 应优先采用横墙承重或纵横墙共同承重的结构体系，不宜采用纵墙承重的结构体系。因为纵墙承重的结构体系墙体易受弯曲破坏而引起房屋倒塌。

② 纵横墙的布置宜均匀对称，在平面内宜对齐，沿竖向应上下连续；同一轴线上的、窗间墙宽度宜均匀。这样的布置，使结构受力均匀且明确，传力也简捷，各墙段或墙垛之间，不容易因刚度和承载力相差悬殊，在地震发生时产生各个击破的连锁效应，从而避免较大的震害。

③ 房屋有下列情况之一时宜设置防震缝，缝两侧均应设置墙体，缝宽应根据抗震设防烈度和房屋高度确定，一般可采用 50～100mm：

a. 房屋立面高差在 6m 以上；

b. 房屋有错层，且楼板高差较大；

c. 各部分结构的刚度、质量截然不同。

④ 抗震设计时，不应在多层砌体结构房屋的角部设置转角门窗。因为在砌体结构的转角部位设置转角门窗，将严重削弱结构的整体性，极易造成地震破坏。

⑤ 抗震设计时，不宜采用错层结构（一般指楼板高差在 500mm 以上者）；当采用错层结构时，应将错层按两个楼层计入房屋的总层数中，并对错层处的墙体采取特别的加强措施。因为具有错层的砌体结构，在错层部位受力十分复杂，极易造成震害。

⑥ 抗震设计时，不应采用砌体墙与钢筋混凝土墙组成的混合结构体系。因为，砌体和钢筋混凝土在刚度、承载力和延性等方面的差别很大，其协同工作性能缺乏必要的试验和理论分析研究，所以，在目前不应用于有抗震设防要求的多层砌体结构房屋中。

⑦ 楼梯间不宜设置在房屋的尽端和转角处。因为房屋的尽端和转角处是应力比较集中且对扭转较为敏感的部位，地震时容易产生震害。当必须在房屋尽端或转角处设置楼梯间时，宜采取在必要部位增设构造柱、增设圈梁和加强墙体配筋等加强措施。

⑧ 烟道、风道、垃圾道等的设置不应削弱墙体；当墙体被削弱时，应对墙体采取加强措施；不宜采用无竖向配筋的附墙烟囱及出屋面的烟囱。

⑨ 不应采用无锚固的钢筋混凝土预制挑檐。

⑩ 楼、屋盖的钢筋混凝土梁或屋架应与墙、柱（包括构造柱）或圈梁可靠连接；6 度时，梁与砖柱的连接不应削弱柱截面，独立砖柱顶部应在两个方向均有可靠连接；7～9 度时，不得采用独立砖柱。跨度不小于 6m 大梁的支承构件应采用组合砌体等加强措施，并满足承载力要求。

⑪ 教学楼、医院等横墙较少、跨度较大的房屋，宜采用现浇钢筋混凝土楼、屋盖，以加强楼、屋盖及整个结构的整体性。

**3. 砌体结构抗震设计时局部尺寸要求**

①《建筑抗震设计规范》（GB 50011—2010）第 7.1.6 条规定，多层砌体结构房屋中砌体墙段的局部尺寸限值，宜符合表 6-5 的要求。

**表 6-5　房屋的局部尺寸限值**　　单位：m

| 抗震设防烈度<br>部位 | 6 度 | 7 度 | 8 度 | 9 度 |
|---|---|---|---|---|
| 承重窗间墙最小宽度 | 1.0 | 1.0 | 1.2 | 1.5 |
| 承重外墙尽端至门窗洞边的最小距离 | 1.0 | 1.0 | 1.2 | 1.5 |
| 非承重外墙尽端至门窗洞边的最小距离 | 1.0 | 1.0 | 1.0 | 1.0 |
| 内墙阳角至门窗洞边的最小距离 | 1.0 | 1.0 | 1.5 | 2.0 |
| 无锚固女儿墙（非出入口）的最大高度 | 0.5 | 0.5 | 0.5 | 0.0 |

注：1. 局部尺寸不足时应采取局部加强措施弥补。

2. 出入口处的女儿墙应有锚固。

3. 多层多排柱内框架房屋的纵向窗间墙宽度，不应小于 1.5m。

② 当房屋的局部尺寸不满足规范要求时，应采取局部加强措施，如设置构造柱等。在设置构造柱时，应当注意以下问题。

a. 窗间墙的最小宽度不满足规范要求时，如窗间墙未设置构造柱则应设置构造柱，如窗间墙按规定设置构造柱，则应加大构造柱截面和配筋。为了保证窗间墙的抗震能力，其最小宽度不应小于800mm，构造柱沿窗间墙宽度方向的尺寸不宜大于300mm。当窗间墙的构造柱支承较大跨度的楼（屋）面梁时，应考虑梁对窗间墙的不利影响，以及构造柱对梁端的约束作用。对横墙较少及横墙很少的多层砌体结构房屋，当楼（屋）盖支承在窗间端或内纵墙上时，梁支撑处应设加强型的构造柱，并考虑梁和柱的相互影响。

b. 承重外墙尽端或非承重外墙尽端至门窗洞边的最小距离不满足规范要求时，墙尽端至门窗洞边的最小距离也不应小于房屋层高的1/4，且不应小于800mm。同时，应将墙角的构造柱截面加大，但构造柱任一方向的截面尺寸不宜大于300mm。

c. 房屋的出入口处不应采用无锚固措施的女儿墙。当砌体女儿墙的高度超过500mm时，应根据抗震设防烈度和女儿墙的高度设置不同间距的女儿墙构造柱，并在女儿墙内配置水平钢筋，在女儿墙顶部设置现浇钢筋混凝土压顶圈梁，必要时，应对女儿墙进行非结构构件的抗震验算。

d. 多层砌体结构房屋墙段的最小宽度不应小于层高的1/4；当内墙的局部较小墙段宽度不大于800mm时，应采取设置构造柱等措施加强。

**4. 砌体结构抗震设计时房屋的墙体截面加强措施**

（1）增加砌体墙的厚度　多层砌体结构住宅建筑等房屋，由于节能的要求，大多数采用内保温或外保温做法，从而使外墙厚度减小到240mm或190mm。同时由于外纵墙的窗洞口所占比例较大，内纵墙数量较少或洞口较多，使墙体（特别是纵墙）的抗震受剪承载力不满足规范要求。最简单的办法是增大砌体墙厚，特别是外纵墙厚度。但是，增大墙厚会使结构重量增加，相应地会加大地震作用，因而不是最好的办法，不得已时方可采用。

（2）提高砌体的强度等级　提高砌体强度等级可以通过提高砌体块材的强度等级和砂浆的强度等级来实现，这是在目前技术条件下较为有效而经济的办法。由于砂浆强度等级一般不应超过砌体块材的强度等级，当提高砂浆强度等级时应相应提高砌体块材的强度等级。

（3）在砌体墙的水平灰缝内配置适当数量的水平钢筋　在砌体水平灰缝内配置水平钢筋来提高砌体墙的抗震受剪承载力也会受到一定的限制。因为利用砌体水平灰缝配置水平钢筋的直径不可能太大，数量也不可能过多，一般情况下，在240mm厚墙体中配3$\phi$6～2$\phi$8通长水平钢筋较为合适。

（4）墙体内增设构造柱　在墙体内增设构造柱，可以提高构造柱混凝土强度等级，提高构造柱纵向钢筋强度等级或（及）截面面积。

（5）调整结构方案　当建筑使用功能许可时，宜调整砌体结构方案。调整结构方案的原则是：调整各墙段长度，调整墙段上洞口的位置和高度，使各墙段的刚度和剪力分配较均匀。

**5. 砌体结构抗震设防时房屋楼梯间的设计要求**

① 在楼梯间四角及楼梯段上下端对应的墙体处应设置现浇钢筋混凝土构造柱；在楼层

标高处和屋盖标高处应设置与房屋其他部分交圈的现浇钢筋混凝土圈梁。

② 顶层楼梯间横墙和外墙应沿墙高每隔 500mm 设 2$\phi$6 通长钢筋；7～9 度时，其他各层楼梯间墙体应在休息平台或楼层半高处设置 60mm 厚的钢筋混凝土带或配筋砖带，其砂浆强度等级不应低于 M7.5，纵向钢筋不少于 2$\phi$10。

③ 楼梯间及门厅内墙阳角处的大梁支承长度不应小于 500mm，并应与圈梁连接。

④ 装配式楼梯段应与平台板的梁可靠连接；不应采用墙中悬挑式踏步或踏步竖肋插入墙体的楼梯，不应采用无筋砖砌栏板。

⑤ 突出屋顶的楼、电梯间，构造柱应伸到顶部，并与顶部圈梁可靠连接，内外墙交接处应沿墙高每隔 500mm 设 2$\phi$6 通长拉结钢筋。

⑥ 当楼梯间不得不设置在房屋的尽端或转角处时，宜采取增设构造柱和增设钢筋混凝土圈梁并加强连接构造等抗震措施，以避免或减轻房屋端部或转角处楼梯间的震害。

⑦ 为了避免地震（特别是大震）时楼梯梯段板折断，其支座负筋应沿梯段板斜向拉通配置，且宜满足最小配筋率的要求；楼梯梁亦宜适当加强纵向钢筋和箍筋，且箍筋间距不宜大于 150mm。

**6. 底部框架-抗震墙房屋设计抗震构造措施**

① 底部框架-抗震墙房屋的上部抗震墙应设置构造柱，并应符合下列要求。

a. 上部砌体抗震墙钢筋混凝土构造柱的设置部位，应根据房屋的总层数按规定设置。过渡层尚应在底部框架柱对应位置设置构造柱。

b. 构造柱的截面不宜小于 240mm×240mm；构造柱的纵向钢筋不宜少于 4$\phi$14，箍筋直径不宜小于 6mm，间距不宜大于 200mm，且宜在柱上下两端适当加密。

c. 过渡层构造柱的纵向钢筋，7 度时不宜少于 4$\phi$16，8 度时不宜少于 6$\phi$16，一般情况下，纵向钢筋应锚入下部框架柱内，锚固长度应大于等于 $l_{aE}$；当纵向钢筋锚固在框架梁内时，框架梁的相应部位应采取加强措施。

d. 构造柱应与每层圈梁连接，或与现浇板可靠拉结。

② 上部抗震墙的中心线宜同底部的框架梁、抗震墙轴线相重合；构造柱宜与框架柱上下贯通。

③ 底部框架-抗震墙房屋的楼盖应符合下列要求。

a. 过渡层的底板应采用现浇钢筋混凝土板，板厚不应小于 120mm，并应少开洞、开小洞，当洞口尺寸大于 800mm 时，周边应设边梁。

b. 其他楼层宜采用现浇钢筋混凝土楼板。

④ 底部框架-抗震墙房屋的钢筋混凝土托墙梁，其截面和构造应符合下列要求。

a. 梁的截面宽度不应小于 300mm，梁的截面高度不应小于跨度的 1/10，也不宜大于跨度的 1/6。

b. 箍筋的直径不应小于 8mm，间距不应大于 200mm；梁端在 1.5 倍梁高且不小于 1/5 梁净跨范围内，以及上部墙体的洞口处和洞口两侧各 500mm 且不小于梁高的范围内，箍筋间距不应大于 100mm。

c. 沿梁高应设腰筋，数量不应少于 2ϕ14，间距不应大于 200mm。

d. 梁的主筋和腰筋应按受拉要求锚固在柱内，且支座上部的纵向钢筋在柱内的锚固长度应符合钢筋混凝土框支梁的有关要求。

⑤ 底部的钢筋混凝土抗震墙，其截面和构造应符合下列要求。

a. 抗震墙周边应设置边框梁（或暗梁）和边框柱（或框架柱）组成的边框；边框梁的截面宽度不宜小于墙板厚度的 1.5 倍，截面高度不宜小于墙板厚度的 2.5 倍；边框柱的截面高度不宜小于墙板厚度的 2 倍。

b. 抗震墙墙板的厚度不宜小于 160mm，且不应小于墙板净高的 1/20；抗震墙宜开设洞口形成若干墙段，各墙段的高宽比不宜小于 2。

c. 抗震墙的竖向和横向分布钢筋的配筋率均不应小于 0.25%，并应采用双排配筋，双排分布钢筋间拉筋的间距不应大于 600mm，直径不应小于 6mm。

d. 抗震墙的边缘构件可按《建筑抗震设计规范》(GB 50011—2010) 第 6.4 节关于一般部位的规定设置。

⑥ 底部的普通砖抗震墙，其截面和构造应符合下列要求。

a. 墙厚不应小于 240mm，砌筑砂浆强度等级不应低于 M10，应先砌墙后浇框架。

b. 沿框架柱每隔 500mm 配置 2ϕ6 拉结钢筋，并沿砖墙全长设置；在墙体半高处尚应设置与框架柱相连的钢筋混凝土水平系梁；系梁截面宽度同墙厚，截面高度不宜小于 120mm，纵向钢筋不宜少于 4ϕ10，箍筋直径不宜小于 6mm，箍筋间距不宜大于 200mm。

c. 墙长大于 5m 时，应在墙内增设钢筋混凝土构造柱。

d. 普通砖抗震墙底部框架房屋，在使用过程中应避免对底部普通砖抗震墙随意开洞、拆除和更换，否则不应采用。

⑦ 底部框架-抗震墙房屋的材料强度等级，应符合下列要求：

a. 框架柱、托墙梁和抗震墙的混凝土强度等级，不应低于 C30；

b. 过渡层墙体的砌筑砂浆强度等级，不应低于 M7.5。

⑧ 底部框架-抗震墙房屋的其他抗震构造措施，应符合《建筑抗震设计规范》(GB 50011—2010) 第 7 章第 7.3.5 条至第 7.3.14 条的有关要求。

# 第七章 钢结构审查要领及常见问题

## 第一节 审查要领

### 一、文件内容

**1. 普通钢结构**

① 在钢结构设计文件中，应注明建筑结构的设计使用年限、钢材牌号、连接结构材料的型号（或钢号）和对钢材所要求的力学性能、化学成分及其他的附加保证项目。此外，还应注明所要求的焊缝形式、焊缝质量等级［《钢结构设计规范》（GB 50017—2003）第 7.1.1 条］、端面刨平顶紧部位及对施工的要求，螺栓的规格型号和强度等级，当为摩擦型高强螺栓时，需注明摩擦面的处理方式和摩擦系数。

② 钢材的强度设计值，应根据钢材厚度或直径按《钢结构设计规范》（GB 50017—2003）表 3.4.1-1 采用。钢铸件的强度设计值应按表 3.4.1-2 采用。连接的强度设计值应按表 3.4.1-3～表 3.4.1-5 采用。

③ 结构构件或连接计算时，在《钢结构设计规范》（GB 50017—2003）第 3.4.2 条所列举的四种情况下，是否按规范要求对强度设计值乘了相应的折减系数。

④ 钢结构除必须采取防锈措施（除锈后涂以油漆或金属镀层等）外，尚应在构造上尽量避免出现难于检查、清刷和油漆之处以及能积留湿气和大量灰尘的死角或凹槽。闭口截面构件应沿全长和端部焊接封闭。钢结构防锈和防腐蚀采用的涂料、钢材表面的除锈等级以及防腐蚀对钢结构的构造要求等，应符合现行国家标准《工业建筑防腐蚀规范》（GB 50046—2008）和《涂覆涂料前钢材表面处理 表面清洁度的目视评定 第 1～4 部分》（GB/T 8923.1～4—2012）的规定。在设计文件中应注明所要求的钢材除锈等级和所要用的涂料（或镀层）及涂（镀）层厚度。除有特殊需要外，设计中一般不应考虑锈蚀而再加大钢材截面的厚度。

⑤ 钢结构的防火应符合现行国家标准《建筑设计防火规范》（GB 50016—2014）的要求，结构构件的防火保护层应根据建筑物的耐火等级对各不同的构件所要求的耐火极限进行

设计。防火涂料的性能、涂层厚度及质量要求应符合《钢结构防火涂料》（GB 14907—2002）和《钢结构防火涂料应用技术规范》（CECS 24—1990）的规定。

⑥ 为了不影响结构或构件的正常使用和观感，设计时应对结构或构件的变形（挠度或侧移）规定相应的限值。一般情况下，结构或构件变形的容许值见《钢结构设计规范》（GB 50017—2003）附录 A 的规定。当有实践经验或有特殊要求时，可根据不影响正常使用和观感的原则对附录 A 的规定进行适当地调整。

⑦ 结构应根据其形式、组成和荷载的不同情况，设置可靠的支撑系统。在建筑物每一个温度区段或分期建设的区段中，应分别设置独立的空间稳定的支撑系统。

⑧ 受弯、受压构件设计时，应进行强度、整体稳定、局部稳定及变形计算，并应满足《钢结构设计规范》（GB 50017—2003）的相关要求。

⑨ 焊缝连接、紧固件（螺栓、铆钉等）连接、组合工字梁翼缘连接、梁与柱的刚性连接、连接节点处板件的计算及支座，应符合第 7 章相应条文并应满足相应的构造要求。

⑩ 焊缝金属应与主体金属相适应。在设计中避免焊缝立体交叉和在一处集中大量焊缝，同时焊缝的布置应尽可能对称于构件形心轴。不同宽度或不同厚度焊件采用对接焊缝连接时，应执行《钢结构设计规范》（GB 50017—2003）第 8.2.3 条～8.2.5 条的规定。角焊缝连接设计时，应注意角焊缝的焊脚尺寸和焊件厚度的关系、角焊缝的计算长度及杆件与节点板的焊缝连接是否符合《钢结构设计规范》（GB 50017—2003）第 8.2.6 条～8.2.13 条规定。螺栓连接或铆钉连接设计时，应注意螺栓或铆钉的中心间距、中心至构件边缘的距离是否符合《钢结构设计规范》（GB 50017—2003）第 8.3.4 条要求。

⑪ 柱脚锚栓不应用以承受柱脚底部的水平反力，此水平反力由底板与混凝土基础间的摩擦力（摩擦系数可取 0.4）或设置抗剪键承受。

⑫ 当屋盖体系采用钢管桁架结构时，应设置完善的支撑体系，杆件及节点设计应符合《钢结构设计规范》（GB 50017—2003）第 10 章的规定。

⑬ 钢管外径与壁厚之比应符合《钢结构设计规范》（GB 50017—2003）第 10.1.2 条要求。钢管节点的构造、钢管结构主管与支管的连接焊缝计算和构造要求应符合第 10.2 节至第 10.3 节的规定。

⑭ 对吊车梁和吊车桁架（或类似结构），应满足《钢结构设计规范》（GB 50017—2003）第 8.5 节的要求。直接承受动力荷载重复作用的钢结构构件及其连接，当应力变化的循环次数$n \geqslant 5 \times 10^4$次时，应进行疲劳计算。

⑮ 大跨度屋盖结构系指跨度等于或大于 60m 的屋盖结构。大跨度屋盖结构的安全等级宜取为一级。

⑯ 大跨度屋盖结构应考虑构件变形、支承结构位移、边界约束条件和温度变化等对其内力产生的影响，同时可根据结构的具体情况采用能适应变形的支座以释放附加内力。

⑰ 对（大跨度屋盖结构）有悬挂吊车的屋架，按永久和可变荷载标准值计算的挠度容许值取跨度的 1/500，按可变荷载标准值计算时可取 1/600。对无悬挂吊车的屋架，按永久和可变荷载标准值计算的挠度容许值可取跨度的 1/250；当有吊天棚时，按可变荷载标准值

计算的挠度容许值可取跨度的1/500。

⑱ 对大跨度屋盖结构应进行吊装阶段的验算，吊装方案的选定和吊点位置都应通过计算确定，保证每个安装阶段屋盖结构的强度和整体稳定。

⑲ 由混凝土翼板与钢梁通过抗剪连接件组成的组合梁，一般不直接承受动力荷载。组合梁的抗剪连接件宜采用栓钉，也可采用槽钢、弯筋或有可靠依据的其他类型连接件。

⑳ 钢结构［包括薄壁型钢结构、网架（壳）结构和高层建筑钢结构等］施工详图是否满足钢结构设计制图深度的要求；如为设计图，则其深度应达到编制施工详图的条件，除设计总说明、布置图、构件截面、节点及构造做法等图外，还应提供必要的受力构件的内力设计值。

**2. 门式刚架**

① 设计原则应符合《冷弯薄壁型钢结构技术规范》（GB 50018—2002）第4.1节的要求。

② 设计指标应符合《冷弯薄壁型钢结构技术规范》（GB 50018—2002）第4.2节的要求。

③ 应注意《冷弯薄壁型钢结构技术规范》（GB 50018—2002）未考虑直接承受动力荷载的承重结构和受有强烈侵蚀作用的特殊要求。

④ 在冷弯薄壁型钢结构设计图纸和材料订货文件中，应注明所采用的钢材的牌号和质量等级、供货条件等以及连接材料的型号（或钢材的牌号）。必要时尚应注明对钢材所要求的力学性能和化学成分的附加保证项目。

⑤ 采用钢材和连接材料的强度设计值是否符合《冷弯薄壁型钢结构技术规范》（GB 50018—2002）第4.2.1条～4.2.6条的规定。经退火焊接和热镀锌等热处理的冷弯薄壁型钢构件不得采用考虑冷弯效应的强度设计值，见《冷弯薄壁型钢结构技术规范》（GB 50018—2002）第4.2.3条。

⑥ 结构构件或连接计算时，在《冷弯薄壁型钢结构技术规范》（GB 50018—2002）第4.2.7条所列举的五种情况下，是否按规范要求对强度设计值乘了相应的折减系数。

⑦ 冷弯薄壁型钢结构必须采取有效的防腐蚀措施，应符合《冷弯薄壁型钢结构技术规范》（GB 50018—2002）第11.2节要求。构造上应考虑便于检查、清理，闭口截面构件沿全长和端部均应焊接封闭。

⑧ 冷弯薄壁型钢结构应按设计要求进行表面处理，除锈方法和除锈等级应符合《涂装前钢材表面锈蚀等级和除锈等级》的规定。在设计文件中应注明所要求的钢材除锈等级和所要用的涂料（或镀层）及涂（镀）层厚度。

⑨ 冷弯薄壁型钢结构的防火应符合《建筑设计防火规范》（GB 50016—2014）的要求，结构构件的防火保护层应根据建筑物的防火等级对各不同的构件所要求的耐火极限进行设计。防火涂料的性能、涂层厚度及质量要求应符合现行国家标准《钢结构防火涂料》（GB 14907—2002）和国家现行标准《钢结构防火涂料应用技术规范》（CECS 24—1990）的规定。

⑩ 设计刚架、屋架、檩条和墙梁时，是否考虑了由于风吸力作用引起构件内力变化的不利影响，此时永久荷载分项系数应取1.0。天沟及跨度较大、坡度较小的轻钢结构屋面是

否考虑了积水荷载或积灰荷载的作用。

⑪ 受弯、受压构件设计时，应进行强度、稳定性及变形计算，并应满足相应的构造要求。

⑫ 冷弯薄壁型钢结构构件的一般构造规定（如受压板件的宽厚比、构件的长细比）是否满足《冷弯薄壁型钢结构技术规范》（GB 50018—2002）第 4.3 节的要求。受压板件和压弯板件是否考虑了有效宽度。

⑬ 连接的计算与构造，应按《冷弯薄壁型钢结构技术规范》（GB 50018—2002）第 6 章的相应条文执行。

⑭ 压型钢板的计算与构造，应按《冷弯薄壁型钢结构技术规范》（GB 50018—2002）第 7 章相应条文执行。

⑮ 门式刚架房屋应设置完善的支撑体系。在每个温度区段或分期建设的区段，应设置横梁上弦横向水平支撑及柱间支撑；刚架转折处应沿房屋全长设置刚性系杆。屋盖应设置支撑体系形成支撑桁架。当支撑采用圆钢时，必须具有拉紧装置。

⑯ 实腹式檩条跨度大于 4m 时，在受压翼缘处应设置拉条或撑杆，拉条和撑杆的截面应按计算确定。圆钢拉条直径不宜小于 10mm，撑杆的长细比不得大于 200。

⑰ 当墙梁跨度大于 4m 时，宜在跨中设置一道拉条；当墙梁跨度大于 6m 时，可在跨间三分点处各设置一道拉条。

⑱ 在刚架横梁的受压翼缘及刚架柱内侧翼缘受压区，是否按规程规定设置了隅撑。

⑲ 构件端板连接是否采用了高强度螺栓，端板厚度是否进行了设计计算。

⑳ 在门式刚架设计中，不应采用以混凝土柱代替钢柱的设计方案。

**3. 空间网格结构**

① 网架与网壳结构的计算模型应与实际构造相符。

② 网架和网壳结构中宜采用直径 $\phi60$ 以上、厚度 4mm 的钢管构件。网架和网壳杆件材料、计算长度和长细比，应符合《空间网格结构技术规程》（JGJ 7—2010）第 5.1 节的规定。

③ 网架和网壳结构焊接空心球节点设计，应符合《空间网格结构技术规程》（JGJ 7—2010）第 5.2 节的规定。

④ 网架和网壳结构螺栓球节点设计（包括采用的高强度螺栓、锥头等）应符合《空间网格结构技术规程》（JGJ 7—2010）第 5.3 节的规定。

⑤ 网架和网壳结构支座节点的设计，应符合《空间网格结构技术规程》（JGJ 7—2010）第 5.9 节的规定。

⑥ 网架和网壳结构的材料选用要求，制作和拼装要求，耐火等级、除锈等级、涂装和焊缝质量等级等要求，应遵从《钢结构设计规范》（GB 50017—2003）、《钢结构工程施工质量验收规范》（GB 50205—2001）和《空间网格结构技术规程》（JGJ 7—2010）的有关规定。

⑦ 风荷载体型系数应执行《建筑结构荷载规范》（GB 50009—2012）第 8.3.1 条的规定。对体型复杂的空间网格结构，其体型系数应依据风洞试验结果并结合工程经验综合确定。

⑧ 大跨度屋盖结构应考虑风压脉动对结构产生顺风向风振的影响。

⑨ 大跨度屋盖结构应考虑构件变形、支撑结构、位移边界约束条件和温度变化对其内力产生的影响，同时可根据结构的具体情况采用能适应变形的支座以释放附加内力。

⑩ 网架和网壳结构在抗震设防烈度为 8 度和 9 度的地区，应分别按《空间网格结构技术规程》(JGJ 7—2010) 第 4.4.1 条和 4.4.2 条的规定进行竖向和水平抗震验算。

**4. 高层建筑钢结构**

① 图纸设计总说明中，应注明所采用的钢材的牌号和质量等级以及相应的连接材料的型号，同时还应注明对钢材屈强比、伸长率、可焊性、冷弯试验和冲击韧性等性能的要求，当钢板厚度≥40mm 且承受沿板厚方向的拉力时，钢材厚度方向截面收缩率不应小于《厚度方向性能钢板》(GB/T 5313—2010) 关于 Z15 级规定的容许值；也应注明对钢结构的制作、安装，耐火等级、除锈等级及涂装等提出的相应要求。

② 结构的体系和布置是否符合《高层民用建筑钢结构技术规程》(JGJ 99—1998) 第 3 章及《建筑抗震设计规范》(GB 50011—2010) 第 8.1.1～8.1.9 条的规定。

③ 抗震设计时，应遵循《建筑抗震设计规范》(GB 50011—2010) 第 8.1.3 条的规定。

④ 抗震验算时，任一楼层的水平地震剪力应符合《建筑抗震设计规范》(GB 50011—2010) 第 5.2.5 条的规定。

⑤ 结构的层间位移应符合《建筑抗震设计规范》(GB 50011—2010) 表 5.5.1 或表 5.5.5 的要求。

⑥ 高层建筑钢结构在地震作用及风荷载作用下的侧移不宜超过《高层民用建筑钢结构技术规程》(JGJ 99—1998) 的规定，对于以钢筋混凝土为主要抗侧力构件的高层钢结构的侧移，应符合现行《高层建筑混凝土结构技术规程》(JGJ 3—2010) 的规定。

⑦ 高层建筑钢结构在水平脉动风作用下，其水平运动加速度应满足《高层民用建筑钢结构技术规程》(JGJ 99—1998) 中对舒适度的要求。

⑧ 高层建筑钢结构的计算应采用至少两种不同计算模型的计算软件进行对比复核计算。

⑨ 框架-支撑结构中，框架结构底部总地震剪力，应符合《建筑抗震设计规范》(GB 50011—2010) 第 8.2.3 条第 3 款的规定。

⑩ 框架梁和框架柱板件的宽厚比应符合《建筑抗震设计规范》(GB 50011—2010) 第 8.3.2 条的规定。

⑪ 中心支撑杆件的长细比和支撑杆件板件的宽厚比，非抗震设防时应分别符合《高层民用建筑钢结构技术规程》(JGJ 99—1998) 第 6.4.2 条和 6.4.3 条的规定，抗震设防时应符合《建筑抗震设计规范》(GB 50011—2010) 第 8.4.1 条的规定。

⑫ 框架柱的长细比，非抗震设防时应符合《高层民用建筑钢结构技术规程》(JGJ 99—1998) 第 6.3.6 条的规定，抗震设防时应符合《建筑抗震设计规范》(GB 50011—2010) 第 8.3.1 条的规定。

⑬ 梁柱连接节点处，柱在梁上下翼缘对应位置处应设置水平加劲肋，其稳定性和构造要求应符合《高层民用建筑钢结构技术规程》(JGJ 99—1998) 第 6.3.5 条、8.3.4 条、8.3.6 条～8.3.8 条的要求，抗震设计时，应符合《建筑抗震设计规范》(GB 50011—2010)

第 8.3.4 条～8.3.6 条的规定。

⑭ 箱形焊接柱、十字形焊接柱，箱形柱在工地上的焊接接头，其构造要求应分别符合《高层民用建筑钢结构技术规程》(JGJ 99—1998) 第 8.4.2 条和 8.4.6 条的规定。

⑮ 埋入式柱脚埋深等构造要求应符合《高层民用建筑钢结构技术规程》(JGJ 99—1998) 第 8.6.2 条的规定。

⑯ 抗剪支撑节点设计应符合《高层民用建筑钢结构技术规程》(JGJ 99—1998) 第 8.7.1 条的要求。

## 二、审查内容

### 1. 普通钢结构

① 材料或构件的选用和材质（钢材牌号、质量等级、力学性能和化学成分)。

② 钢结构的每一个温度区段支撑系统设置。

③ 钢框架梁、柱、板件的宽厚比。

④ 构件验算（包括强度、变形、平面内外及局部稳定、疲劳和长细比、宽厚比、轴压比)。

⑤ 单面连接的单角钢及施工条件较差的高空安装焊缝强度设计值折减。

⑥ 节点和支座节点设计与验算（包括焊缝、螺栓直径，高强度螺栓，强度余量控制)。

⑦ 钢结构柱脚设计和计算（包括地脚螺栓和抗剪件)。

⑧ 钢管外径与壁厚之比及钢管节点的构造要求。

⑨ 钢管主管与支管的连接焊缝设计计算和构造要求。

⑩ 钢结构的耐火等级、除锈等级、焊缝质量等级、防腐涂装要求和制造与安装规定。

⑪ 结构构件或连接计算时五种情况下对设计强度的折减。

⑫ 屋盖支撑系统设置。

### 2. 门式刚架

① 设计原则和指标应符合《冷弯薄壁型钢结构技术规范》(GB 50018—2002) 第 4.1、第 4.2 节要求。

② 不适用于直接承受动力荷载的承重结构和有强烈侵蚀的环境。

③ 钢材的牌号和质量等级及连接材料型号应注明。

④ 防腐蚀措施及防火设计。

⑤ 刚架、屋架、檩条和墙梁应考虑由于风吸力作用而引起构件内力变化的不利影响，此时永久荷载的分项系数应取 1.0。

⑥ 弯、压构件应进行强度、稳定性及变形计算，并应满足构造要求。

⑦ 一般构造规定（如受压板件的宽厚比、构件长细比）应满足《冷弯薄壁型钢结构技术规范》(GB 50018—2002) 第 4.3 节要求。

⑧ 门式刚架应设置完善的支撑体系（包括柱间支撑、屋盖横向水平支撑、刚性系杆)。

⑨ 屋盖应设置支撑体系形成支撑桁架；当支撑为圆钢时，必须具有拉紧装置。

⑩ 实腹式檩条跨度大于 4.0m 时，应在受压翼缘设置拉条和撑杆；圆钢拉条直径不宜小

于10mm，撑杆长细比不得大于200；墙梁参照上述要求设置拉条。

⑪ 刚架横梁的受压翼缘及刚架柱顶内侧翼缘受压区，应按规范规定设置隅撑。

⑫ 在门式刚架设计中，不应采用以混凝土柱代替钢柱的设计方案。

# 第二节　常见问题

## 一、结构计算问题

**1. 结构设计计算书的完整性**

用计算软件计算时，应注明所采用计算软件的名称、代号、版本及编制单位；计算软件必须经过有效审定或鉴定；电算结果应经分析判断确认其合理、有效后方可用于工程设计。当采用中国建筑科学研究院的钢结构CAD软件STS建模，采用SATWE软件进行多高层钢结构房屋整体分析和验算时，计算后主要应输出以下文件：

① 结构的总体信息、结构各层的平面简图和荷载简图（面荷载、线荷载和集中荷载等）；

② 各层的质量、质心坐标信息；各层构件数量、构件材料和层高；

③ 风荷载信息；

④ 各楼层的等效尺寸；各楼层单位面积上的质量分布；

⑤ 计算信息（侧刚模型或总刚模型，宜采用总刚模型）；

⑥ 各层刚心、偏心率、相邻层侧移刚度比等计算信息；

⑦ 抗倾覆验算结果、结构整体稳定验算结果（当$\frac{\sum N \cdot \Delta u}{\sum H \cdot h}>0.1$时，应计入重力二阶效应的影响）；

⑧ 楼层抗剪承载力及承载力比值；

⑨ 周期、地震力与振型输出文件；楼层最小剪重比（楼层最小地震剪力系数值）；地震有效质量系数（振型参与质量系数）；

⑩ 位移输出文件（层间位移、层间位移角及扭转位移比）；

⑪ 各层钢构件（有中心支撑时含中心支撑构件）应力比简图；各层钢梁弹性挠度简图；

⑫ 钢框架-中心支撑结构，钢框架部分承担的地震剪力的百分比输出文件及调整系数；

⑬ 钢框架柱和钢支撑杆件的长细比、钢框架梁、柱及支撑杆件板件的宽厚比验算结果输出文件；

⑭ 钢柱脚连接节点、钢梁柱连接节点、钢主次梁连接节点、钢支撑与钢框架连接节点以及钢柱、钢梁和钢支撑杆件的拼接节点等的设计计算文件；

⑮ 建筑装修荷载、填充墙荷载、隔墙荷载、顶棚荷载、装饰构架等非结构构件荷载取值和导算过程的手算计算书；

⑯ 构件补充手算计算书时，应给出构件布置简图和计算简图，计算书的内容应完整、清楚引用的数据应有可靠依据，采用的计算图表和不常用的计算公式，应注明其来源出处，构件编号、计算结果应与施工图纸一致；

⑰ 复杂的多高层钢结构房屋，进行多遇地震作用下的内力和变形分析计算时，应采用至少两个不同力学模型的结构分析软件进行整体计算；

⑱ 特别不规则的钢结构房屋建筑、甲类钢结构房屋建筑和《建筑抗震设计规范》（GB 50011—2010）表 5.1.2-1 所列高度范围的高层钢结构房屋建筑，应采用时程分析法进行多遇地震作用下的补充计算；

⑲ 甲类钢结构房屋建筑、8 度和 9 度时的乙类钢结构房屋建筑、竖向不规则的多层钢结构房屋建筑和高层钢结构房屋建筑，应进行罕遇地震作用下的弹塑性变形验算；

⑳ 根据工程规模、结构类型、结构复杂程度和使用要求，计算书的上述内容可酌情增减。

**2. 钢梁的整体稳定性计算要求**

单向弯曲梁整体稳定的计算公式为：

$$\frac{M_x}{\varphi_b W_x} \leqslant f$$

式中 $M_x$——绕强轴作用的最大弯矩；

$W_x$——按受压最大纤维确定的梁毛截面模量；

$\varphi_b$——梁的整体稳定系数，应按《钢结构设计规范》（GB 50017—2003）附录 B 确定；

$f$——钢材的抗弯强度设计值。

影响梁整体稳定系数因素如下。

① 荷载类型和沿梁跨的分布情况及其在截面高度上作用点的位置。以纯弯曲、均布荷载和跨中作用一个集中荷载三种典型荷载类型为例，纯弯曲作用对梁的整体稳定最不利，均布荷载次之，而跨中作用一个集中荷载较为有利。横向荷载（均布荷载或集中荷载）作用在梁上翼缘时，若梁发生扭转，则会使扭转加剧，助长屈曲，降低梁的整体稳定；反之，当横向荷载作用在梁下翼缘时，则会减缓扭转，提高梁的整体稳定。

② 梁的截面形式及其尺寸比例。在主平面内受弯的梁，其整体稳定性以侧向扭转屈曲的形式丧失，抗扭和侧向抗弯能力较强的截面有利于提高梁的整体稳定性。因此，工字形截面、箱形截面的形式比较理想，槽形截面、T 形截面次之；L 形截面最差，不宜采用。梁截面各部分尺寸的比例也影响梁的抗扭和侧向抗弯能力，尤其是截面宽度的影响更大。加强梁的受压翼缘，增加其对 $y$ 轴的惯性矩，能有效提高梁的整体稳定性。

③ 梁受压翼缘侧向支承点间的距离。梁的整体失稳系因受压翼缘的侧向变形而引起。因此，若受压翼缘有可靠（使截面无侧向转动和侧向变形）的侧向支承，且其间距适当，就能有效地保证梁的整体稳定性。

④ 梁端支承条件。梁端部支承条件不同，其抗侧向扭曲的能力也不同。如固端梁比简支梁和悬臂梁的约束程度都高，其抗侧向扭曲的能力比后两者都强。根据弹性稳定理论，梁

在端部支承处的约束应使梁端截面的弯曲和翘曲不受限制，但同时又不能使其产生扭转变形（扭转角 $\varphi=0$），否则将使梁的整体稳定性降低（临界弯矩降低）。

⑤ 钢梁初弯曲、初扭曲、荷载初偏心和残余应力等初始缺陷初弯曲、初扭曲和荷载初偏心会使梁一经荷载作用，就会立即产生双向弯曲和扭转，导致梁的临界弯矩降低。残余应力的影响非常复杂。当残余应力与梁的弯曲应力叠加后，将使一部分截面提前屈服，使截面受力性能改变，从而使梁的侧向抗弯刚度 $EI$ 和抗翘曲刚度 $EI$ 不同程度降低，梁的临界弯矩也随之降低。

⑥ 钢材强度。梁在弹性工作阶段丧失整体稳定性时（一般为细长梁），其临界弯矩与钢材强度无关。但在弹塑性工作阶段失稳时（一般为粗短梁或有一定侧向支承的梁），由于截面的一部分达到塑性或弹塑性，其变形模量比弹性区小，而数值和钢材的强度有关。故当钢材强度不同时，则失稳时截面的塑性区大小会不同，其临界弯矩亦不相同。当其达到各自稳定承载能力的上限——产生强度破坏时，钢材强度越高其临界弯矩亦越高。

**3. 轴心受压构件的稳定性计算要求**

轴心受压构件的稳定性应按下式计算：

$$\frac{N}{\varphi_{A}}\leqslant f$$

式中 $\varphi_{A}$——轴心受压构件的稳定系数（取截面两主轴稳定系数中的较小值），应根据构件长细比、钢材屈服强度和《钢结构设计规范》（GB 50017—2003）表 5.1.2-1、表 5.1.2-2 的截面分类按《钢结构设计规范》（GB 50017—2003）的附录 C 采用。

影响轴心受压构件的截面分类因素如下。

① 板厚小于 40mm 时，截面分为 a、b、c 三类；板厚等于大于 40mm 时，截面分为 b、c、d 三类。当板厚 $t\geqslant 40$mm 时，钢板中的残余应力不但沿板宽方向变化，在厚度方向的变化也比较明显。板件外表面往往以残余压应力为主，对构件稳定的影响较大。

② 圆形截面及对称截面优于其他截面形式。

③ 截面加工方法。轧制截面优于焊接截面；焊接截面中板件为焰切边者优于轧制或剪切边者。

④ 截面宽高比、板件宽厚比。轧制工字钢或 H 型钢截面宽高比小者优于宽高比大者；焊接箱形截面板件宽厚比大者优于宽厚比小者。

⑤ 屈曲方向。一般情况下，构件对 $x$ 轴屈曲或对 $y$ 轴屈曲有不同或相同的分类。

**4. 轴心受压构件（柱）支撑力计算要求**

① 长度为 $l$ 的单根柱设置一道支撑时，支撑力 $F_{b1}$ 计算如下。

a. 当支撑杆位于柱高度中央时：

$$F_{b1}=N/60$$

b. 当支撑杆位于距柱端 $\alpha l$ 处时（$0<\alpha<1$）：

$$F_{b1}=\frac{N}{240\alpha(1-\alpha)}$$

式中　$N$——被支撑构件的最大轴心压力设计值。

② 长度为 $l$ 的单根柱设置 $m$ 道等间距（或间距不等但与平均间距相比相差不超过20%）支撑时，各支承点的支撑力 $F_{bm}$ 为：

$$F_{bm}=N/[30(m+1)]$$

③ 被支撑构件为多根柱组成的柱列时，在柱高度中央附近设置一道支撑时，支撑力应按下式计算：

$$F_{bn}=\frac{\sum N_i}{60}\left(0.6+\frac{0.4}{n}\right)$$

式中　$n$——柱列中被支撑柱的根数；

$\sum N_i$——被支撑柱同时存在的轴心压力设计值之和。

④ 当支撑构件同时承担结构上其他作用效应时，其相应的轴力设计值可不与支撑力相叠加，而取两者中的较大值。

⑤ 被支撑构件截面的剪心：对双轴对称截面和极对称截面，剪心与形心重轴对称 T 形截面（包括双角钢组合 T 形截面）及角形截面，剪心在两组成板件轴线相交点，其他单轴对称和无对称轴的截面，其剪心位置可参阅有关力学或稳定理论资料。

**5. 框架梁挠度不满足规范要求**

设计人员按《门式刚架轻型房屋钢结构技术规程》(CECS：102—2002) 控制梁的挠度，审图时提出梁应按《钢结构设计规范》(GB 50017—2003) 要求进行计算，由于《门式刚架轻型房屋钢结构技术规程》(CECS：102—2002) 和《钢结构设计规范》(GB 50017—2003) 对梁挠度控制相差较大，若按《钢结构设计规范》(GB 50017—2003) 进行计算控制，梁截面很高，《钢结构设计规范》(GB 50017—2003) 第 A.1.1 注 2 给出可以通过预先起拱的办法来减小变形，但需提醒设计人员注意的是：

① 结构对挠度进行控制，是按正常使用极限状态进行设计；

② 对于钢结构来说，挠度过大容易影响屋面排水，给人造成恐惧感，因建筑结构挠度过大造成的以上破坏，可以通过起拱来解决；

③ 有些结构起拱很容易，比如双坡门式刚架梁，如果绝对挠度超限，可以在制作时通过加大屋面坡度来调整；有些结构起拱不太容易，比如对于大跨度梁，如果相对挠度超限，则每段梁都要起拱，由于起拱梁拼接后为折线，而挠度变形为曲线，两线很难重合，会造成屋面不平；

④ 如果用起拱的方式来降低由挠度控制的结构的用钢量，挠度控制规定可降低，这时必须控制活载作用下的挠度，恒载产生的挠度用起拱来予以抵消。

**6. 节点域验算要求**

① 节点域的屈服承载力要求：

$$\psi(M_{pb1}+M_{pb2})/V_p\leqslant 4/3f_{yv}$$

② 对于工字形截面柱：

$$V_p=h_{b1}h_{c1}t_w$$

③ 工字形截面柱和箱形截面柱的节点域验算：

$$t_w \geqslant (h_b + h_c)/90$$

$$(M_{b1} + M_{b2})/V_p \leqslant (4/3) f_v/\gamma_{RE}$$

式中 $M_{pb1}$、$M_{pb2}$——节点域两侧梁的全塑性受弯矩承载力；

$M_{b1}$、$M_{b2}$——节点域两侧梁的弯矩设计值；

$V_p$——节点域的体积。

**7. 门式刚架计算要求**

① 单层厂房采用钢筋混凝土柱，钢梁、轻型钢屋盖结构。

a. 非上人屋面活荷载的取值对于混凝土柱-H 形钢梁这种结构形式，其屋面一般是由 H 形钢梁，C 形的檩条和压型钢板所组成的。屋面结构形式属于压型钢板轻型屋面。则屋面竖向活荷载的取值按照《钢结构设计规范》（GB 50017—2003）第 3.2.1 条注的规定，当仅有一个可变荷载且受荷水平投影面积超过 60m$^2$时，屋面竖向均布活荷载的标准值可取 0.3kN/m$^2$，在既有屋面活荷载也有积灰荷载参与组合时，屋面活荷载仍应取 0.5kN/m$^2$。当考虑雪荷载时，屋面活荷载不与雪荷载同时考虑，取两者中较大值。对于檩条和压型钢板，屋面竖向均布活荷载的标准值仍取 0.5kN/m$^2$。

b. 风荷载取值问题。对于钢梁的设计，按《门式刚架轻型房屋钢结构技术规程》（CECS：102—2002）来取风荷载是比较合适的；而对混凝土柱的设计则须按《建筑结构荷载规范》（GB 50009—2012）来取风荷载。这样对整个结构的设计是偏于安全的。

c. 钢梁的挠度限值范围在 $L/300 \sim L/250$ 之间。除了控制钢梁的挠度以外，还必须控制屋面坡度的改变值。一般轻钢屋面的坡度比较小，在 1/20～1/8 之间。若屋面坡度变化过大会影响屋面的排水，引起屋面的渗漏，《门式刚架轻型房屋钢结构技术规程》（CECS：102—2002）的限值是挠度改变不大于坡度的 1/3。

d. 钢梁与柱假设铰接计算，钢筋混凝土柱计算时，往往未考虑钢梁与柱连接节点偏心影响（同时有吊车荷载情况时，其影响更大），也未考虑斜梁对柱产生的水平力作用，柱顶仅按轴压考虑，使柱配筋计算偏不安全。

e. 钢梁腹板高厚比和翼缘宽厚比不满足规范要求，应采取补强措施，按照《钢结构设计规范》（GB 50017—2003）第 4.3.2 条规定配置横向加筋肋。

② 门式刚架规程所规定的计算长度确立方法是针对单层轻型钢结构房屋，仅适用于单层门式刚架结构，实际工程中可能带夹层式或底层框架，顶层门式刚架的情况。对这种形式应采取适当的调整再进行验算和控制。

③ 刚架柱脚锚栓的直径应考虑实际跨度取值，且应设置双螺帽。一般情况下，刚架跨度小于等于 18m 时，采用 2M24 的锚栓；刚架跨度小于等于 24m 时，采用 4M24 的锚栓；刚架跨度大于等于 30m 时，采用 4M30 的锚栓。柱脚锚栓均应设双螺帽，以防螺帽松动，影响柱脚安全可靠的工作，锚栓应有足够的锚固长度或在端部设置锚板。

④ 节点域抗剪不满足要求，应采取加强措施。不少图纸梁柱拼接节点处端板封顶板，设计人员应按照程序计算结果设置，以免造成封顶板过薄。另外节点域抗剪计算应根据《门

式刚架轻型房屋钢结构技术规程》（CECS：102—2002）第 7.2.10 条验算。故在节点计算时应注意封板厚度及节点腹板厚度是否满足，否则应增加腹板厚度或加设斜加劲肋处理。

⑤ 钢构件材料选用要符合实际工程。一般来说对于小柱距（9m 以下）的门式刚架，采用低强度等级的次构件更经济，否则，宜采用高强度等级的材料；对于主结构，常为变截面的形式，采用不同强度等级用钢量差别较大，但相应的市场差价却不大，故一般应采用高强度等级的材料。材质等级说明中应注明质量等级牌号。

⑥ 刚架梁柱平面外计算长度应考虑实际檩条和隅撑的布置取值。在刚架平面外，实腹式梁和柱的计算长度，应取侧向支承点间的距离。作为侧向支承点的檩条、墙梁必须与水平支撑、柱间支撑或其他刚性杆件相连，否则，一般不能作为侧向支承点。但当屋面板、墙面板采用压型钢板、夹芯板等板材，而板与檩条、墙梁有可靠连接时，檩条、墙梁可以作为侧向支承点。当梁（或柱）两翼缘的侧向支承点间的距离不等时，为安全起见，应取最大受压翼缘侧向支承点间的距离。

⑦ 屋面檩条计算参数取值要正确，以免导致截面偏小。有些设计人员为了给业主省材料，檩条截面取得很小，檩条作为承受屋面板及作为梁侧向支撑的构件，审查时应加以重视。

## 二、结构设计问题

### 1. 钢框架结构设计要求

① 结构整体布置应考虑整个体系以及各组成部分的稳定性要求。结构构件的平面内和平面外的稳定计算必须和结构布置相一致。在实际的工程设计中，对于平面内的稳定计算取值一般问题不大，但对于平面外的稳定计算取值，许多设计者经常会单凭自己想象，而不是根据结构的整体布置来判断。《钢结构设计规范》（GB 50017—2003）第 8.1.4 条（强制性条文）规定：结构应根据其形式、组成和荷载的不同情况，设置可靠的支撑系统。在建筑物每一个温度区间段或分段建设的区段中，应分别设置独立的空间稳定的支撑系统。支撑布置常见问题有：

a. 未设柱间支撑，造成纵向失去抗水平荷载能力，可能在安装施工阶段造成厂房倒塌；

b. 在屋盖天窗开洞范围内，屋脊点未设屋架上弦通长水平刚性系杆（按受压长细比）；

c. 天窗两侧未设竖向支撑，或除天窗端开间外，未每隔 36m（有檩屋盖），或每隔 30m（无檩屋盖）各设一道竖向支撑；

d. 在屋脊处，两脊檩间未设拉条；

e. 在钢架转折处，多跨房屋中间柱顶，未沿纵向全长设置水平刚性系杆；

f. 屋架（大梁）端部高度≥900mm 时，在端开间大梁两端未设竖向支撑。

② 框架结构计算简图和实用计算方法所依据的简图应该一致。设计单层和多层框架结构时，应作框架稳定分析而是代之以框架柱的稳定计算。在采用这种方法时，计算框架柱稳定时用到的柱计算长度系数，应通过框架整体稳定分析得出，才能使柱稳定计算等效于框架稳定计算。然而，实际框架多种多样，而设计中为了简化计算工作，需要设定一些典型条件。按照这些假定，框架各柱的稳定参数及杆件稳定计算的常用方法，往往是依据一定的简

化假设或者典型情况得出的，设计者必须确知所设计的结构符合这些假设时才能正确应用。

③ 框架结构的细部构造和构件的稳定计算应一致。结构计算和构造设计相符合，一直是结构设计人员所必须注意的问题。对要求传递弯矩和不传递弯矩的节点连接，应分别赋予其足够的刚度和柔度，对桁架节点应尽量减少杆件偏心，这些都是设计人员处理构造细部时经常考虑到的。但是，当涉及稳定性能时，构造上时常有不同于强度的要求或特殊考虑，然而在处理梁整体稳定时上述要求就不够了。支座还必须能够阻止梁绕纵轴扭转，同时允许梁在水平平面内转动和梁端截面自由翘曲，以符合稳定分析所采取的边界条件。《钢结构设计规范》（GB 50017—2003）第 4.2.5 条已明确规定梁的支座处应采取构造措施，以防止梁端截面的扭转。

④ 钢结构柱脚在地面以下时保护做法应明确。柱脚容易受潮气、水分等的作用，使得钢板底面、地脚螺栓等发生锈蚀，而不容易维护。因此根据《钢结构设计规范》（GB 50017—2003）第 8.9.3 条（强制性条文）要求：对柱脚在地面以下部分采用强度等级较低的混凝土包裹（保护层厚度不应小于 50mm），包裹的混凝土应高出地面不小于 150mm。当柱脚底面在地面以上时，柱脚高出地面的高度不应小于 100mm。“地面”是指室内地面。

⑤ 柱脚底板剪力验算应满足要求，且应设抗剪连接件。依据《钢结构设计规范》（GB 50017—2003）第 8.4.13 条要求：柱脚锚栓不宜用以承受柱脚底部的水平反力，当柱脚底板剪力验算不满足时，建议在基础内设置抗剪件。

⑥ 对直接承受动力荷载的普通螺栓受拉连接应采用双螺帽或其他防止螺栓帽松动的有效措施。

⑦ 在屋脊处的双脊檩间应在其 1/3 处设拉条互相拉结；压型钢板应与檩条可靠连接，瓦楞铁、石棉瓦、彩钢板等应与檩条拉结。

**2. 组合楼板设计要求**

① 连续组合梁按塑性分析内力时，钢梁受压区腹板、翼缘宽厚比应符合《高层民用建筑钢结构技术规程》（JGJ 99—1998）第 7.1.2 条规定。

② 计算组合梁挠度时，应将其整体截面折算为钢梁截面。组合梁挠度应分别按钢梁施工阶段与组合梁使用阶段分别计算，整体挠度等于二者的叠加，二者都应满足。

③ 组合梁翼缘板的横向钢筋最小配筋量应符合《高层民用建筑钢结构技术规程》（JGJ 99—1998）第 7.2.17 条要求。

④ 处于高湿度环境下组合梁的负弯矩区裂缝宽度不应超限。

⑤ 组合梁在支座剪跨区（负弯矩区 $M_{max}$ 趋近于零）内的剪力连接件数量应满足计算要求。

⑥ 连续组合梁负弯矩区段内，钢梁下部受压翼缘处应设置侧向支撑。

⑦ 在集中荷载作用下，抗冲切计算应满足规范要求或应进行此项验算。

⑧ 梁翼缘上的栓钉长度太长，使焊后栓钉高度大于压型钢板波高＋30mm，或钉面保护层＜15mm。

⑨ 应进行施工阶段强度与变形验算。

⑩ 组合楼板的受力筋与大梁腹板平行时，梁顶部设置的抗裂钢筋应满足要求（小于跨中钢筋的 1/3）。

⑪ 压型钢板与混凝土之间应设可靠的连接措施。一般采用纵向波槽，槽上大下小，开小孔，加横向钢筋；在底板加锚固件等。

⑫ 挠度限值在施工阶段可取 $l/180$ 及 20mm 的较小值，在使用阶段分别按标准组合和准永久组合计算，应取 $l/360$。

⑬ 压型钢板应采用双面热镀锌钢板。

⑭ 当楼板耐火极限为 1.5h 时，应采取保护措施。板顶部厚度不小于 50mm，总厚不小于 190mm。

**3. 网架结构设计要求**

① 边界条件对于网架的内力影响很大，支座的刚度和节点的构造设计计算条件应与工程实际相符。将网架和下部结构分开计算，计算结果对有的构件可能相差好几倍，甚至改变受力性质。原因：分开计算一般没有考虑支座沉降，整体计算时，支座有沉降。网架的支座可能为柱、牛腿、梁、桁架，等等。柱及牛腿变形较小，而梁和桁架的变形则不容忽视。

② 网架结构必须是几何不变体系。有的工程设计时对网架结构选型不重视，以为网架结构刚度大，任意抽去杆件，使网架成为一个几何可变的结构体系，因而工程存在隐患甚至出了大问题。

③ 不应将网架支座设置在变形缝上，或网架整体跨越变形缝。若两座建筑之间用网架相连，应采取相应措施。

④ 若网架有较大的水平推力，支承它的框架柱顶应计入此项推力，在安装时主体框架已经完工，事后不得不作加固处理。

⑤ 网架结构选用杆件壁厚偏薄，应考虑加工负公差及除锈因素。

⑥ 轴力杆件设计绝对不容许使杆件中间承受荷载（作为上柱支点或悬挂重物），否则将使其成为压弯构件，而失稳破坏。

⑦ 将铰支的网架支座，设计成为固定端。这样将使网架支点不能转动，因此会产生次弯矩，使结构产生弯矩。若网架支承在柱上时，将使柱顶产生次弯矩从而影响全柱弯矩的重分配，若网架支承在梁上时，将使梁受扭。

⑧ 网架支座部分在柱上，部分在柱间梁上时，不能把它们都作刚性支座考虑，这时应按弹性支承考虑，计算时应考虑柱与梁的不同刚度。在上部网架与下部结构不是同一家设计院设计时，更应特别注意这种情况。

**4. 门式刚架设计要求**

① 梁、柱拼接节点一般按刚接节点计算，但往往由于端部封板较薄而导致与计算有较大出入，故应严格控制封板厚，以保证端板有足够刚度。

② 有的设计中斜梁与柱按刚接计算，而实际工程则把钢柱省去，把斜梁支承在钢筋混凝土柱或砖柱上，造成工程事故。因此，设计时应注意把节点构造表达清楚，节点构造一定

要与计算相符。

③ 多跨门式刚架中柱按摇摆柱设计，而实际工程却把中柱和斜梁焊死，致使计算简图与实际构造不符，造成工程事故。

④ 檩条设计常忽略在风吸力作用下的稳定，导致大风吸力作用下很容易产生失稳破坏。设计时应注意验算檩条截面在风吸力作用下是否满足要求。

⑤ 有的工程在门式刚架斜梁拼接时，把翼缘和腹板的拼接接头放在同一截面上，造成工程隐患。因此，设计拼接接头时翼缘接头和腹板接头一定要错开。

⑥ 有的单位在设计檩条时只简单要求镀锌，没有提出镀锌方法、镀锌量，故施工单位用电镀，造成工程尚未完成，檩条已生锈。因此，设计时要提出宜采用热镀锌带钢压制而成的翼缘，并提出镀锌量要求。

⑦ 隅撑的位置、檩条（或墙梁）和拉条的设置是保证整体稳定的重要措施，有的工程设计把它们取消，可能造成工程隐患。如果因特殊原因不能设隅撑时，应采取有效的可靠措施保证梁柱翼缘不出现屈曲。

⑧ 柱脚底板下如采用剪力键，或有空隙，在安装完成时，一定要用灌浆料填实，注意底板设计时一定要有灌浆孔。

⑨ 檩条和屋面金属板要根据支承条件和荷载情况进行选用，不应任意减小檩条和屋面板的厚度

⑩ 有些单位为节省檩条和墙梁而采取连续构件，但其搭接长度没有经过试验确定，导致搭接长度和连接难于满足连续梁的条件。在设计时，要强调若采用连续的檩条和墙梁，其搭接长度要经试验确定，同时还应注意在温度变化和支座不均匀沉降下可能出现的隐患。

⑪ 不少单位为了省钢材和省人工，将檩条和墙梁用钢板支托的侧向肋取消，这将影响檩条的抗扭刚度和墙梁受力的可靠性。设计时应在图纸上标明支座的具体做法，总说明中应强调施工单位不得任意更改。

⑫ 门式刚架斜梁和钢柱的翼缘板或腹板可以改变厚度，但有的单位翼缘板由 20mm 突然变成 8mm，相邻板突变对受力很不利。设计时，翼缘板或腹板应逐步变薄，一般以 2～4mm 板厚的级差变化为宜。

⑬ 有的工程建在 8 度地震区，可是其柱间支撑仍用直径不大的圆钢。建议建在 8 度地震区的工程，柱间支撑应进行计算，一般采用型钢断面为宜。

⑭ 有的工程，不管门式刚架跨度多大，柱脚螺栓均按最小直径 M20 选用，造成工程事故。螺栓应按最不利的工况进行计算，并应考虑与柱脚的刚度相称，还要考虑相关的不利因素影响，一般情况下，当刚架跨度：小于等于 18m 采用 2 个 M24；小于等于 27m 采用 4 个 M24；大于等于 30m 采用 4 个 M30。

⑮ 有的门式刚架安装时没有采取临时措施保证其侧向稳定，造成安装过程中门式刚架倒地，建议在设计总说明中应写明对门式刚架安装的要求。

⑯ 屋面防水和保温隔热是关键问题之一，设计时要与建筑专业配合，认真采取有效

措施。

⑰ 当跨度大于 30m 以上时，采用固接柱脚较为合理。

⑱ 关于托梁，按普钢设计。应控制托梁挠度，托梁的挠度不能太大，太大就会使刚架内力发生变化，引起附加弯矩。

## 三、结构连接问题

### 1. 焊缝连接的构造要求

① 焊缝金属应与主体金属相适应。当不同强度的钢材连接时，可采用与低强度钢材相适应的焊接材料。

② 在设计中不得任意加大焊缝，避免焊缝立体交叉和在一处集中大量焊缝，同时焊缝的布置应尽可能对称于构件形心轴。焊件厚度大于 20mm 的角接接头焊缝，应采用收缩时不易引起层状撕裂的构造。

注：钢板的拼接当采用对接焊缝时，纵横两方向的对接焊缝，可采用十字形交叉或 T 形交叉；当为 T 形交叉时，交叉点的间距不得小于 200mm。

③ 对接焊缝的坡口形式，宜根据板厚和施工条件按有关现行国家标准的要求选用。

④ 在对接焊缝的拼接处：当焊件的宽度不同或厚度在一侧相差 4mm 以上时，应分别在宽度方向或厚度方向从一侧或两侧做成坡度不大于 1∶2.5 的斜角（图 7-1）；当厚度不同时，焊缝坡口形式应根据较薄焊件厚度按③ 的要求取用。

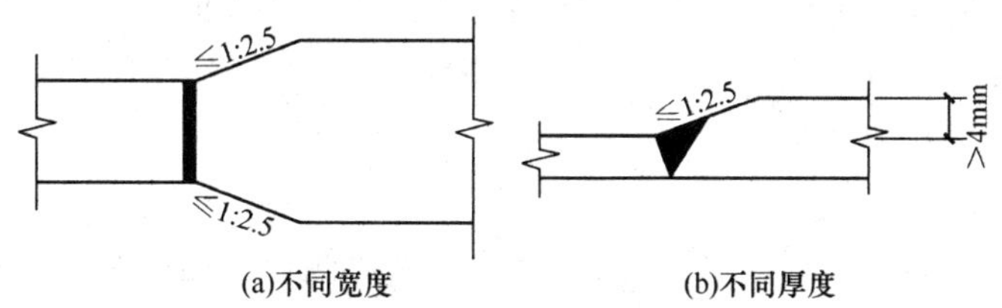


**图 7-1　不同宽度或厚度钢板的拼接**

注：直接承受动力荷载且需要进行疲劳计算的结构，本条所指斜角坡度不应大于 1∶4

⑤ 当采用部分焊透的对接焊缝时，应在设计图中注明坡口的形式和尺寸，其计算厚度 $h_e \geqslant 1.5\sqrt{t}$ ，$t$（mm）为焊件的较大厚度。在直接承受动力荷载的结构中，垂直于受力方向的焊缝不宜采用部分焊透的对接焊缝。

⑥ 角焊缝两焊脚边的夹角 $\alpha$ 一般为 90°（直角角焊缝）。夹角 $\alpha > 135°$ 或 $\alpha < 60°$ 的斜角角焊缝，不宜用作受力焊缝（钢管结构除外）。

⑦ 角焊缝的尺寸应符合下列要求。

a. 角焊缝的焊脚尺寸 $h_f \geqslant 1.5\sqrt{t}$ ，$t$（mm）为较厚焊件厚度（当采用低氢型碱性焊条施焊时，$t$ 可采用较薄焊件的厚度）。但对埋弧自动焊，最小焊脚尺寸可减小 1mm；对 T 形连接的单面角焊缝，应增加 1mm。当焊件厚度等于或小于 4mm 时，则最小焊脚尺寸应与焊件厚度相同。

b. 角焊缝的焊脚尺寸不宜大于较薄焊件厚度的1.2倍（钢管结构除外），但板件（厚度为$t$）边缘的角焊缝最大焊脚尺寸，尚应符合下列要求：

Ⅰ. 当$t\leqslant 6$mm时，$h_f\leqslant t$；

Ⅱ. 当$t>6$mm时，$h_f\leqslant t-$（1～2）mm。

c. 圆孔或槽孔内的角焊缝焊脚尺寸尚不宜大于圆孔直径或槽孔短径的1/3。

d. 角焊缝的两焊脚尺寸一般为相等。当焊件的厚度相差较大且等焊脚尺寸不能符合a、b项的要求时，可采用不等焊脚尺寸，与较薄焊件接触的焊脚边应符合b项的要求；与较厚焊件接触的焊脚边应符合a项的要求。

e. 侧面角焊缝或正面角焊缝的计算长度不得小于$8h_f$和40mm。

f. 侧面角焊缝的计算长度不宜大于$60h_f$，当大于上述数值时，其超过部分在计算中不予考虑。若内力沿侧面角焊缝全长分布时，其计算长度不受此限。

⑧ 在直接承受动力荷载的结构中，角焊缝表面应做成直线形或凹形。焊脚尺寸的比例：

a. 对正面角焊缝宜为1∶1.5（长边顺内力方向）；

b. 对侧面角焊缝可为1∶1。

⑨ 在次要构件或次要焊缝连接中，可采用断续角焊缝。断续角焊缝焊段的长度不得小于$10h_f$或50mm，其净距不应大于$15t$（对受压构件）或$30t$（对受拉构件），$t$为较薄焊件的厚度。

⑩ 当板件的端部仅有两侧面角焊缝连接时，每条侧面角焊缝长度不宜小于两侧面角焊缝之间的距离；同时两侧面角焊缝之间的距离$b$应符合下列要求：

a. 当$t>12$mm，$b\leqslant 16t$；

b. 当$t\leqslant 12$mm，$b\leqslant 190$mm。

注：$t$为较薄焊件的厚度。

⑪ 杆件与节点板的连接焊缝（图7-2）宜采用两面侧焊，也可用三面围焊，对角钢杆件可采用L形围焊，所有围焊的转角处必须连续施焊。

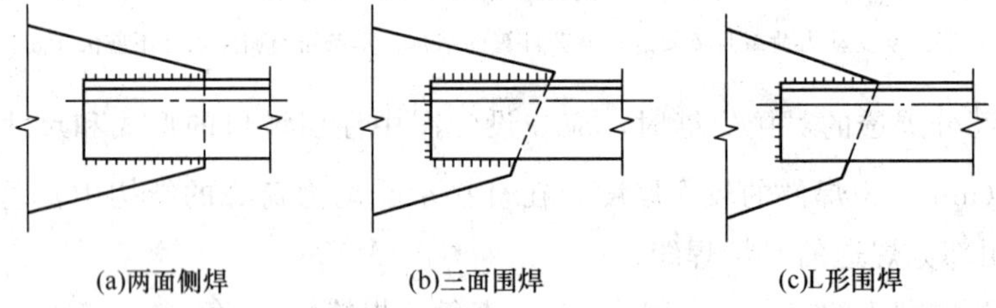

(a)两面侧焊　(b)三面围焊　(c)L形围焊

图7-2　杆件与节点板的焊缝连接

⑫ 当角焊缝的端部在构件转角处做长度为$2h_f$的绕角焊时，转角处必须连续施焊。

⑬ 在搭接连接中，搭接长度不得小于焊件较小厚度的5倍，并不得小于25mm。

**2. 普通螺栓连接和高强度螺栓连接的构造要求**

① 每一杆件在节点上以及拼接接头的一端，永久性的螺栓（或铆钉）数不宜少于2个。对组合构件的缀条，其端部连接可采用1个螺栓（或铆钉）。

② 高强度螺栓孔应采用钻成孔。摩擦型连接的高强度螺栓的孔径比螺栓公称直径 $d$ 大 1.5～2.0mm；承压型连接的高强度螺栓的孔径比螺栓公称直径 $d$ 大 1.0～1.5mm。

③ 在高强度螺栓连接范围内，构件接触面的处理方法应在施工图中说明。

④ 螺栓或铆钉的距离应符合表 7-1 的要求。

**表 7-1　螺栓或铆钉的最大、最小容许距离**

<table>
<tr><th>名称</th><th colspan="3">位置和方向</th><th>最大容许距离<br>（取两者的较小值）</th><th>最小容许距离</th></tr>
<tr><td rowspan="5">中心间距</td><td colspan="3">外排（垂直内力方向或顺内力方向）</td><td>$8d_0$或 $12t$</td><td rowspan="5">$3d_0$</td></tr>
<tr><td rowspan="3">中间排</td><td colspan="2">垂直内力方向</td><td>$16d_0$或 $24t$</td></tr>
<tr><td rowspan="2">顺内力方向</td><td>构件受压力</td><td>$12d_0$或 $18t$</td></tr>
<tr><td>构件受拉力</td><td>$16d_0$或 $24t$</td></tr>
<tr><td colspan="3">沿对角线方向</td><td>—</td></tr>
<tr><td rowspan="4">中心至构件边缘距离</td><td colspan="3">顺内力方向</td><td rowspan="4">$4d_0$或 $8t$</td><td>$2d_0$</td></tr>
<tr><td rowspan="3">垂直内力方向</td><td colspan="2">剪切边或手工气割边</td><td rowspan="2">$1.5d_0$</td></tr>
<tr><td rowspan="2">轧制边、自动气割或锯割边</td><td>高强度螺栓</td></tr>
<tr><td>其他螺栓或铆钉</td><td>$1.2d_0$</td></tr>
</table>

注：1. $d_0$为螺栓或铆钉的孔径，$t$ 为外层较薄板件的厚度。

2. 钢板边缘与刚性构件（如角钢、槽钢等）相连的螺栓或铆钉的最大间距，可按中间排的数值采用。

⑤ 对直接承受动力荷载的普通螺栓受拉连接应采用双螺帽或其他能防止螺帽松动的有效措施。

⑥ 当型钢构件拼接采用高强度螺栓连接时，其拼接件宜采用钢板。

⑦ 沉头和半沉头铆钉不得用于沿其杆轴方向受拉的连接。

⑧ 沿杆轴方向受拉的螺栓（或铆钉）连接中的端板（法兰板），应适当增强其刚度（如加设加劲肋），以减少撬力对螺栓（或铆钉）抗拉承载力的不利影响。

**3. 普通螺栓、锚栓和铆钉连接要求**

在普通螺栓、锚栓和铆钉的连接中，每个普通螺栓、锚栓和铆钉的承载力设计值，应按表 7-2所列的公式计算。

**表 7-2　普通螺栓、锚栓和铆钉的承载力设计值**

<table>
<tr><th colspan="2">受力情况</th><th>普通螺栓承载力设计值</th><th>锚栓的承载力设计值</th><th>铆钉的承载力设计值</th></tr>
<tr><td rowspan="2">受剪连接</td><td>抗剪</td><td rowspan="2">$N_v^b=n_v\frac{\pi d^2}{4}f_v^b$<br>$N_c^b=d\sum t\cdot f_c^b$<br>取两者中的较小者</td><td rowspan="2">—</td><td rowspan="2">$N_c^r=n_v\frac{\pi d_0^2}{4}f_v^r$<br>$N_c^r=d_0\sum t\cdot f_c^r$<br>取两者中的较小者</td></tr>
<tr><td>承压</td></tr>
</table>

续表

| 受力情况 | 普通螺栓承载力设计值 | 锚栓的承载力设计值 | 铆钉的承载力设计值 |
|---|---|---|---|
| 杆轴方向受拉连接 | $N_t^b=\frac{\pi d_e^2}{4}f_t^b$ | $N_t^a=\frac{\pi d_e^2}{4}f_t^a$ | $N_t^r=\frac{\pi d_0^2}{4}f_t^r$ |
| 同时承受剪力和杆轴方向拉力 | $\sqrt{\left(\frac{N_v}{N_v^b}\right)^2+\left(\frac{N_t}{N_t^b}\right)^2}\leqslant 1$<br>$N_v\leqslant N_c^b$ | — | $\sqrt{\left(\frac{N_v}{N_v^r}\right)^2+\left(\frac{N_t}{N_t^r}\right)^2}\leqslant 1$<br>$N_v\leqslant N_c^r$ |

注：表中 $n_v$——受剪面数目；

$d$——螺栓杆直径；

$d_0$——铆钉孔直径；

$\sum t$——在不同受力方向中一个受力方向承压构件总厚度的较小值；

$f_v^b$、$f_c^r$——螺栓的抗剪和承压强度设计值；

$f_v^r$、$f_c^r$——铆钉的抗剪和承压强度设计值。

$d_e$——螺栓或锚栓在螺纹处的有效直径；

$f_t^b$、$f_t^a$、$f_t^r$——普通螺栓、锚栓和铆钉的抗拉强度设计值；

$N_v$、$N_t$——某个普通螺栓或铆钉所承受的剪力和拉力；

$N_v^b$、$N_t^b$、$N_c^b$——一个普通螺栓的受剪、受拉和承压承载力设计值；

$N_v^r$、$N_t^r$、$N_c^r$——一个铆钉的受剪、受拉和承压承载力设计值。

**4. 高强度螺栓连接要求**

高强度螺栓摩擦型连接中，每个高强度螺栓的承载力设计值应按表 7-3 中所列的公式计算。

**表 7-3 高强度螺栓的承载力设计值**

| 受力情况 | 公式 |
|---|---|
| 抗剪连接 | $N_v^b=0.9n_f\mu_p$ |
| 螺栓杆轴方向受拉的连接中 | $N_t^b=0.8P$ |
| 同时承受摩擦面间的剪力和螺栓杆轴方向的外拉力 | $\frac{N_v}{N_v^b}+\frac{N_t}{N_t^b}\leqslant 1$ |

注：表中 $n_f$——传力摩擦面数目；

$\mu$——摩擦面的抗滑移系数，应按表 7-4 采用；

$P$——一个高强度螺栓的预拉力，应按表 7-5 采用；

$N_v$、$N_t$——某个高强度螺栓所承受的剪力和拉力；

$N_v^b$、$N_t^b$——一个高强度螺栓的受剪、受拉承载力设计值。

**表 7-4 摩擦面的抗滑移系数 $\mu$**

| 在连接处构件接触面的处理方法 | 构件的钢号 | | |
|---|---|---|---|
| | Q235 钢 | Q345 钢、Q390 钢 | Q420 钢 |
| 喷砂（丸） | 0.45 | 0.50 | 0.50 |
| 喷砂（丸）后涂无机富锌漆 | 0.35 | 0.40 | 0.40 |

续表

| 在连接处构件接触面的处理方法 | 构件的钢号 | | |
|---|---|---|---|
| | Q235 钢 | Q345 钢、Q390 钢 | Q420 钢 |
| 喷砂（丸）后生赤锈 | 0.45 | 0.50 | 0.50 |
| 钢丝刷清除浮锈或未经处理的干净轧制表面 | 0.30 | 0.35 | 0.40 |

**表 7-5 一个高强度螺栓的预拉力 *P*** 单位：kN

| 螺栓的性能等级 | 螺栓公称直径 | | | | | |
|---|---|---|---|---|---|---|
| | M16 | M20 | M22 | M24 | M27 | M30 |
| 8.8 级 | 80 | 125 | 150 | 175 | 230 | 280 |
| 10.9 级 | 100 | 155 | 190 | 225 | 290 | 355 |

## 四、结构布置问题

### 1. 单层厂房柱网布置要求

排架柱的定位轴线在平面上排成的网格称为柱网，其布置就是确定纵向定位轴线之间（跨度）和横向定位轴线之间（柱距）的尺寸。柱网的布置应符合生产和使用要求，经济合理，结构形式和施工方法上具有先进性和合理性，适应生产发展和技术革新要求，并应符合厂房建筑统一化基本规则。

厂房跨度在 18m 以下时，应采用 3m 的倍数；在 18m 以上时，应采用 6m 的倍数。厂房柱距应采用 6m 或 6m 的倍数，如图 7-3 所示。当工艺布置和技术经济有明显的优越性时，也可采用 21m、27m 和 33m 的跨度，采用 9m 或其他尺寸柱距。从经济指标和材料消耗而言，6m 柱距比 12m 柱距优越。

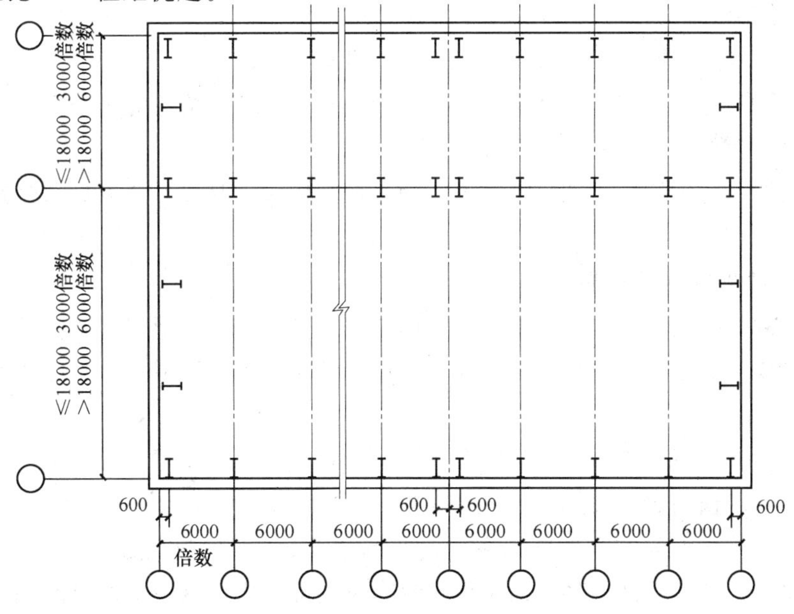


图 7-3 厂房柱的纵、横定位轴线

**2. 单层厂房变形缝设置要求**

（1）伸缩缝　伸缩缝的作用是减小厂房的温度应力。因为当厂房过长或过宽时，气温变化产生盼温度应力会导致墙面、屋面开裂，影响正常使用。为此，可设置伸缩缝将厂房结构分为若干个温度区段，使一个区段内温度应力不致过大。伸缩缝的做法是：从基础顶面开始，将两个温度区段的上部结构和建筑全部分开，并留有一定的宽度；伸缩缝之间的距离即温度区段长度称为伸缩缝间距，取决于结构类型、结构整体性和结构所处环境条件。对装配式排架结构，伸缩缝最大间距为 100m（室内或土中）或 70m（露天）。当排架结构的柱高（从基础顶面算起）低于 8m、屋面无保温或隔热措施、位于气候干燥地区、夏季炎热且暴雨频繁地区，或经常处于高温作用下时，伸缩缝间距宜适当减少。此外，材料收缩较大、室内结构因施工外露时间较长时，也宜减少伸缩缝间距。伸缩缝的构造，如图 7-4 所示。

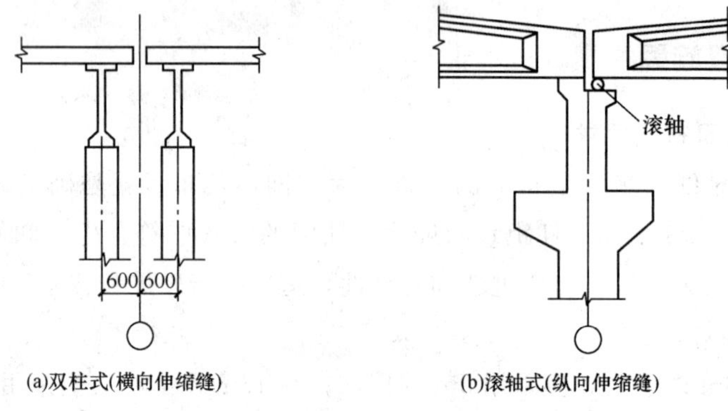


图 7-4　单层厂房伸缩缝的构造

（2）沉降缝　沉降缝的作用是避免不均匀沉降产生的影响，一般在单层厂房中不需设置。但当厂房相邻两部分高差大于 10m、地基承载力或下卧土层有巨大差异、相邻跨间起重量相差悬殊或厂房施工间隔相差很久时，应考虑设置沉降缝。

沉降缝的做法是将建筑物从基础到屋顶全部分开，使两边成为完全独立的结构。沉降缝可兼作伸缩缝，但伸缩缝不能兼作沉降缝。

（3）防震缝　防震缝是为减轻地震灾害而采取的措施，具体做法参见《建筑抗震设计规范》（GB 50011—2010）。

**3. 单层厂房支撑体系布置要求**

支撑体系的作用是：加强厂房结构的空间刚度，使厂房结构形成整体；保证结构构件在安装和使用阶段的稳定和安全；传递风荷载、吊车刹车力等水平荷载。支撑体系包括屋盖支撑和柱间支撑。

（1）屋盖支撑　屋盖支撑包括设置在屋架间的垂直支撑、水平系杆，如图 7-5 所示，在上、下弦平面内的横向水平支撑和下弦平面内的纵向水平支撑，如图 7-6 所示。

（2）柱间支撑　柱间支撑的作用主要是提高厂房纵向刚度和稳定性。对于有吊车的厂房，柱间支撑分上部和下部两种。前者位于吊车梁上部，用以承受山墙上的风力并保证厂房上部的纵向刚度；后者位于吊车梁下部，用以承受上部支撑传来的力和吊车梁传来的纵向制动力，并把它们传至基础，如图 7-7 所示。

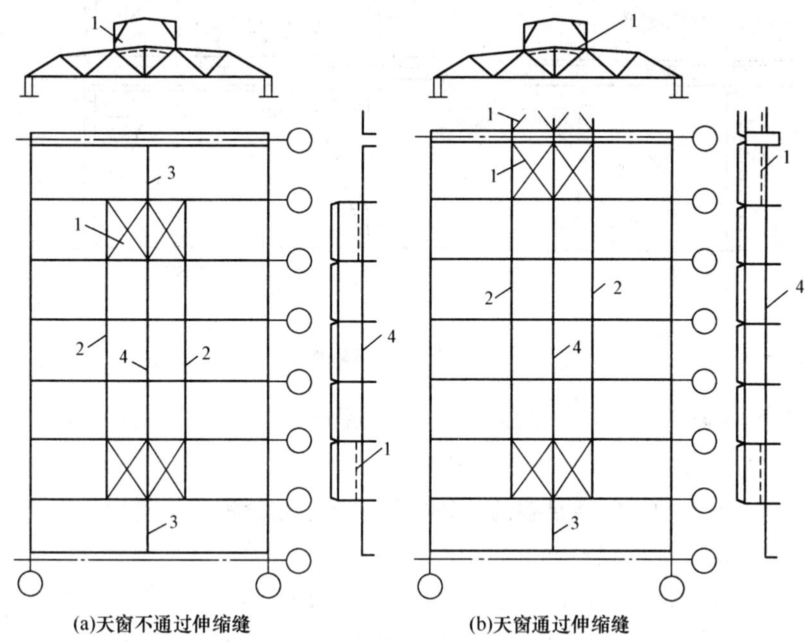


**图 7-5 屋盖垂直支撑和水平系杆**

1—上弦横向支撑；2—下弦系杆；3—垂直支撑；4—上弦系杆

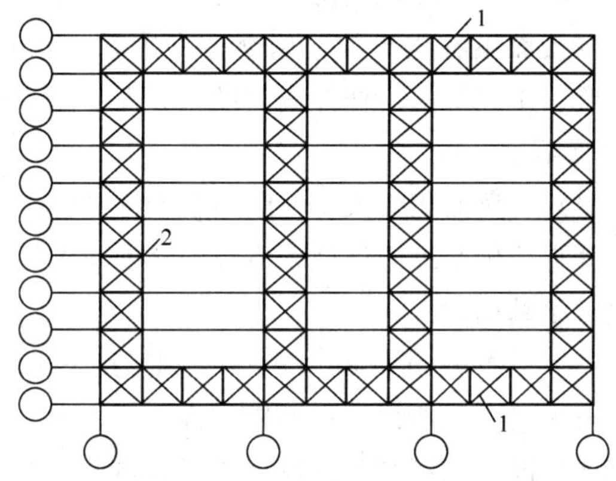

**图 7-6 下弦横向、纵向水平支撑**

1—横向支撑；2—纵向水平支撑

一般单层厂房，凡属下列情况之一者，应设置柱间支撑：

① 厂房跨度在 18m 及以上或柱高在 8m 以上时；

② 纵向柱列的总数在 7 根以下时；

③ 露天吊车栈桥的柱列；

④ 设有悬臂式吊车或 3t 及以上的悬挂式吊车；

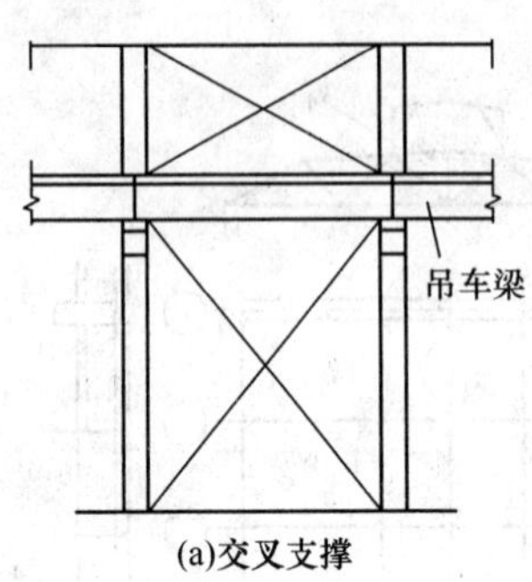


(a)交叉支撑

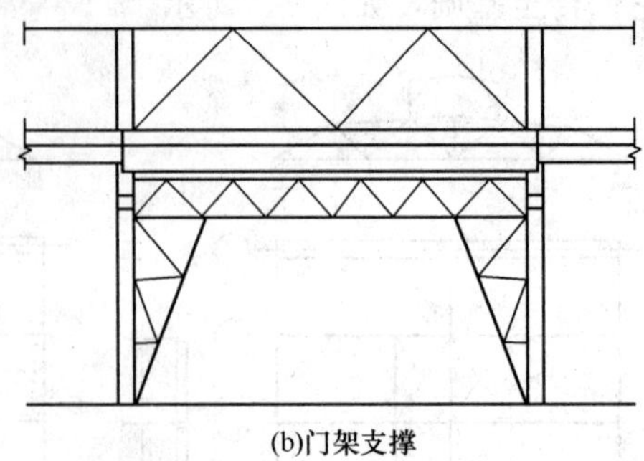

(b)门架支撑

**图 7-7　柱间支撑的形式**

⑤ 设有工作级别为 A6～A7 的吊车或工作级别为 A1～A5、吊车起重量在 10t 及以上时。

当柱间设有承载力和稳定性足够的墙体，且与柱连接紧密能起整体作用，吊车起重量又较小（不大于 5t）时，可不设柱间支撑。

柱间支撑通常设在伸缩缝区段的中央或临近中央的柱间。这样布置，当温度变化或混凝土收缩时，有利于厂房结构的自由变形，而不致产生过大的温度或收缩应力。

当柱顶纵向水平力没有简捷途径（如通过连系梁）传递时，必须在柱顶设置一道通长的纵向水平系杆。

柱间支撑宜用杆件交叉的形式，杆件倾角通常在 35°～55°之间，如图 7-7（a）所示。当柱间交通设备布置或柱距较大而不宜或不能采用交叉支撑时，也可采用如图 7-7（b）所示的门架支撑。柱间支撑一般采用钢结构，杆件截面尺寸应经承载力和稳定性验算。

**4. 单层厂房抗风柱布置要求**

单层厂房的端墙（山墙）受风面积较大，一般须设置抗风柱将山墙分成几个区格，以使墙面受到的风荷载，一部分直接传给纵向柱列，另一部分则经抗风柱上端通过屋盖结构传给纵向柱列和经抗风柱下端传给基础。

当厂房高度和跨度均不大（如柱顶在 8m 以下，跨度为 9～12m）时，可采用砖壁柱作为抗风柱；当高度和跨度较大时，一般都采用钢筋混凝土抗风柱。抗风柱一般与基础刚接，与屋架上弦铰接，根据具体情况，也可与下弦铰接或同时与上、下弦铰接。抗风柱与屋架连接必须满足两个要求：一是在水平方向必须与屋架有可靠的连接，以保证有效地传递风荷载；二是在竖向应允许两者之间有一定相对位移的可能性，以防厂房与抗风柱沉降不均匀时产生的不利影响。因此，抗风柱和屋架一般采用竖向可移动、水平方向又有较大刚度的弹簧板连接，如图 7-8（b）所示；如厂房沉降较大时，则宜采用通过长圆孔的螺栓进行连接，如图 7-8（c）所示。

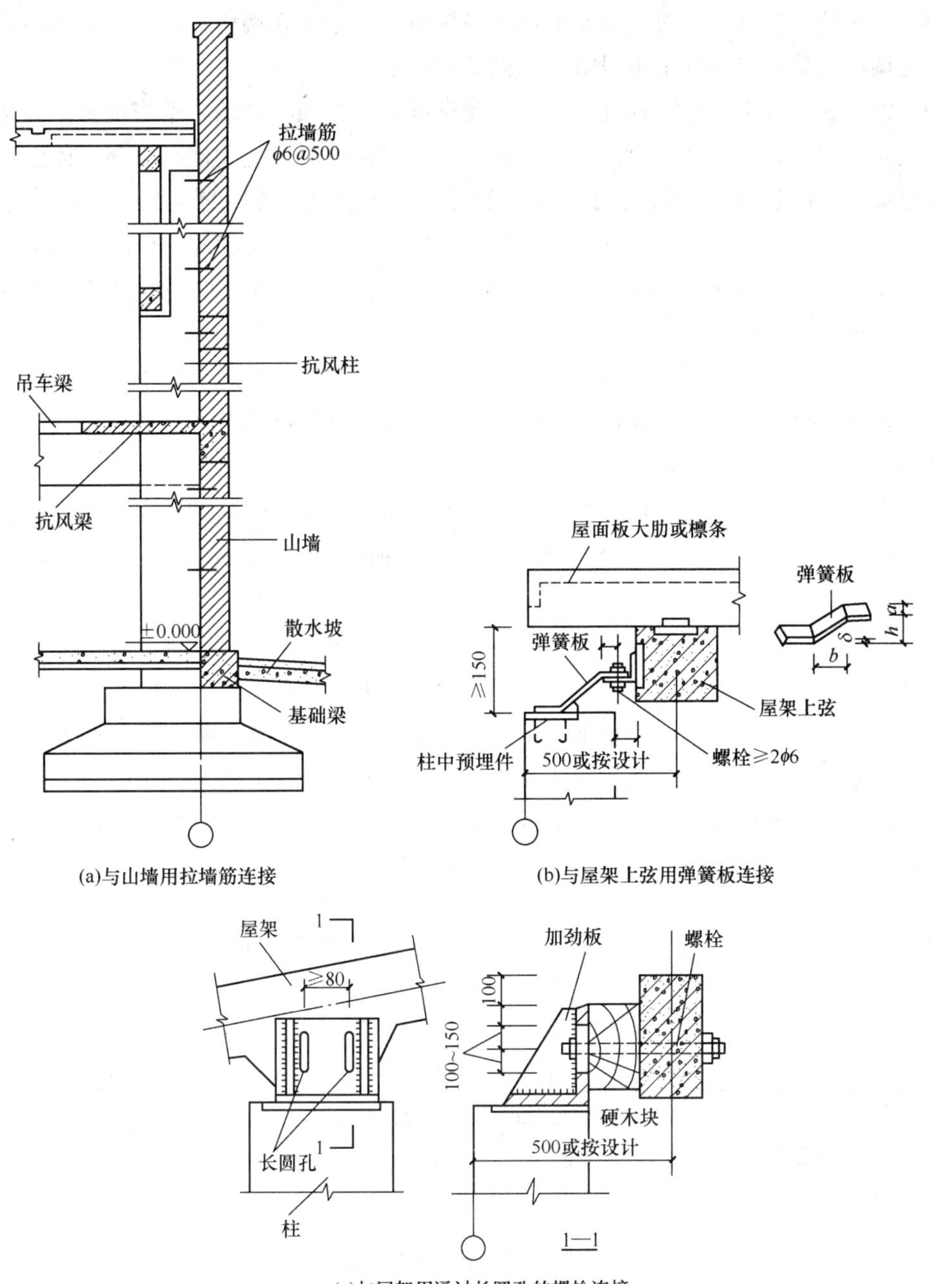


(a)与山墙用拉墙筋连接

(b)与屋架上弦用弹簧板连接

(c)与屋架用通过长圆孔的螺栓连接

**图 7-8　钢筋混凝土抗风柱构造**

**5. 单层厂房维护结构构件布置**

当单层厂房的维护结构采用砌体墙时，须在墙上适当位置设置钢筋混凝土圈梁、连系梁、过梁、基础梁等结构构件。

(1) 圈梁　作用是将墙体同厂房柱箍在一起，以加强厂房的整体刚度，防止由于地基的不均匀沉降或较大振动荷载对厂房引起的不利影响。圈梁设在墙内，并与柱用钢筋拉结。圈梁不承受墙体重量，因此柱上不设置支承圈梁的牛腿。

圈梁的设置位置为：檐口标高处、吊车梁标高处、窗顶处及墙中适当位置。圈梁应连续设置在墙体的同一标高处并成封闭状。当圈梁被洞口截断时，应在洞口上部墙体内设置补强圈梁（过梁），其截面尺寸不应小于被截断的圈梁且伸过洞口的长度不得小于1m，并不应小于其垂直间距的2倍。圈梁的宽度宜与墙厚相同，当墙厚 $h \geqslant 240$mm 时，其宽度不宜小于 $2h/3$。圈梁高度不应小于120mm，纵向钢筋不应少于 $4\phi10$，绑扎接头的搭接长度按受拉钢筋考虑，箍筋间距不应大于300mm。

（2）连系梁　作用是连系纵向柱列，以增强厂房的纵向刚度，并将风荷载传给纵向柱列。此外，连系梁还承受其上墙体的自重。连系梁通常是预制的，两端搁置在柱牛腿上，用螺栓或电焊与牛腿连接。

（3）过梁　作用是承托门窗洞口上部墙体的自重。在进行厂房结构布置时，应尽可能将圈梁、连系梁、过梁结合起来，使一个构件起到2种或3种构件的作用，以节约材料，简化施工。

（4）基础梁　作用是承托围护墙体的自重，因此围护墙不另做基础。基础梁底部距土壤表面要预留100 mm的空隙，使梁可随柱基础一起沉降。当基础梁下有冻胀性土时，应在梁下铺设一层干砂、碎砖或矿渣等松散材料，并留50～150mm的空隙，防止土壤冻胀时将梁顶裂。基础梁与柱一般不要求连接，直接搁置在基础杯口上，如图7-9（a）、（b）所示；当基础埋置较深时，则搁置在基础顶面的混凝土垫块上，如图7-9（c）所示。施工时，基础梁支承处应坐浆。基础梁顶面一般设置在室内地坪以下50mm标高处，如图7-9（b）、（c）所示。

注：当厂房不高、地基比较好、柱基础又埋得较浅时，也可不设基础梁，而做砌体或混凝土基础。

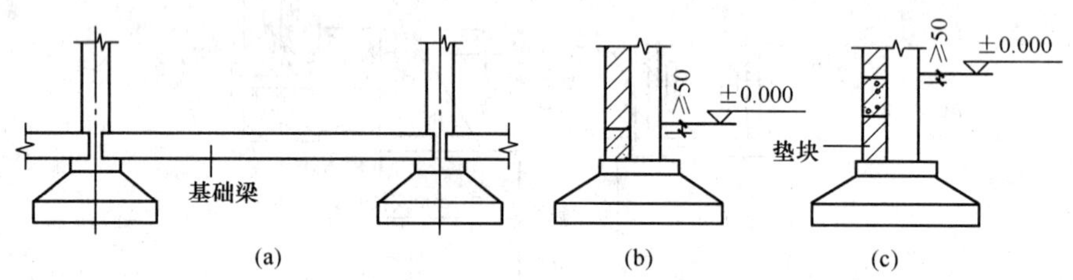


**图7-9　基础梁的布置示意图**

# 参考文献

[1] 中华人民共和国住房和城乡建设部．建筑结构荷载规范（GB 50009—2012）［S］．北京：中国建筑工业出版社，2012.

[2] 中国工程建设标准化协会．门式刚架轻型房屋钢结构技术规程（2012 年版）（CECS 102—2002）［S］．北京：中国计划出版社，2012.

[3] 中华人民共和国建设部和中华人民共和国国家质量监督检验检疫总局．钢结构设计规范（GB 50017—2003）［S］．北京：中国建筑工业出版社，2003.

[4] 中华人民共和国建设部国家质量监督检验检疫总局．建筑设计防火规范（GB 50016—2014）［S］．北京：中国计划出版社，2015.

[5] 中华人民共和国建设部、国家质量监督检验检疫总局．建筑结构可靠度设计统一标准（GB 50068—2001）［S］．北京：中国建筑工业出版社，2002.

[6] 中华人民共和国住房和城乡建设部．建筑地基基础设计规范（GB 50007—2011）［S］．北京：中国建筑工业出版社，2011.

[7] 中华人民共和国住房和城乡建设部．砌体结构设计规范（GB 50003—2011）［S］．北京：中国建筑工业出版社，2011.

[8] 中华人民共和国住房和城乡建设部．混凝土结构设计规范（GB 50010—2010）［S］．北京：中国建筑工业出版社，2011.

[9] 中华人民共和国建设部、中华人民共和国国家质量监督检验检疫总局．冷弯薄壁型钢结构技术规范（GB 50018—2002）［S］．北京：中国标准出版社，2003.

[10] 中华人民共和国住房和城乡建设部、中华人民共和国国家质量监督检验检疫总局．建筑抗震设计规范（GB 50011—2010）［S］．北京：中国建筑工业出版社，2010.

[11] 中华人民共和国建设部．建筑桩基技术规范（JGJ 94—2008）［S］．北京：中国建筑工业出版社，2008.

[12] 中华人民共和国建设部．高层民用建筑钢结构技术规程（JGJ 99—1998）［S］．北京：中国建筑工业出版社，1998.

[13] 中华人民共和国住房和城乡建设部．建筑地基处理技术规范（JGJ 79—2012）［S］．北京：中国建筑工业出版社，2013.

[14] 中华人民共和国住房和城乡建设部．高层建筑混凝土结构技术规程（JGJ 3—2010）

[S]．北京：中国建筑工业出版社，2011.

[15] 中华人民共和国住房和城乡建设部．空间网格结构技术规程（JGJ 7—2010）[S]．北京：中国建筑工业出版社，2011.

[16] 中华人民共和国建设部．混凝土异形柱结构技术规程（JGJ 149—2006）[S]．北京：中国建筑工业出版社，2006.

[17] 中华人民共和国住房和城乡建设部．高层建筑筏形与箱形基础技术规范（JGJ 6—2011）[S]．北京：中国建筑工业出版社，2011.

[18] 中华人民共和国住房和城乡建设部．建筑工程抗震设防分类标准（GB 50223—2008）[S]．北京：中国建筑工业出版社，2008.

[19] 中华人民共和国住房和城乡建设部．地下工程防水技术规范（GB 50108—2008）[S]．北京：中国计划出版社，2008.

[20] 姜学诗．建筑结构施工图设计文件审查常见问题分析 [M]．北京：中国电力出版社，2009.

[21] 北京市建筑设计研究院．建筑结构专题技术措施 [M]．北京：中国建筑工业出版社，2007.

[22] 吴德安．混凝土结构计算手册 [M]．北京：中国建筑工业出版社，2002.

[23] 高立人等．高层建筑结构概念设计 [M]．北京：中国计划出版社，2004.

[24] 王亚勇等．建筑抗震设计规范疑问解答 [M]．北京：中国建筑工业出版社，2004.

[25] 魏利金．建筑结构设计常遇问题及对策 [M]．北京：中国电力出版社，2009.